VOIRIES

ET

CIMETIÈRES.

THÈSE

PRÉSENTÉE AU CONCOURS POUR LA CHAIRE D'HYGIÈNE

A LA FACULTÉ DE MÉDECINE DE PARIS,

ET SOUTENUE LE 1er MARS 1852,

PAR

Ambroise TARDIEU,

Professeur-Agrégé à la Faculté de médecine de Paris,
Membre du Comité consultatif d'hygiène publique, médecin de l'hospice La Rochefoucauld.

PARIS,

CHEZ J.-B. BAILLIÈRE,

LIBRAIRE DE L'ACADÉMIE NATIONALE DE MÉDECINE,

RUE HAUTEFEUILLE, 19.

1852.

JUGES DU CONCOURS.

MM. Bérard, *Président,*
Adelon,
Bouillaud,
Denonvilliers,
Gavarret,
Laugier,
Requin,
Rostan,
Trousseau,
} Professeurs de la Faculté.

Caventou,
Gérardin,
Lecanu,
Soubeiran,
Villermé,
} Membres de l'Académie nationale de médecine.

Amette, *Secrétaire.*

COMPÉTITEURS.

MM. Béclard,
Bouchardat;
Guérard,

MM. Marchal (de Calvi),
Sanson,
A. Tardieu.

A

EUGÈNE CELLE,

Docteur en médecine des Facultés de Paris et de Mexico,
ex-chirurgien de l'hôpital militaire de Mazatlan.

Cher Ami,

La distance qui nous sépare te rend étranger aux émotions de la lutte dans laquelle je suis engagé. J'ai voulu du moins y associer ton nom en te dédiant cette thèse, comme un souvenir de mon inaltérable attachement.

Ambroise TARDIEU.

VOIRIES

ET

CIMETIÈRES.

On donne le nom de *voiries* aux dépôts publics ou particuliers d'immondices, de matières fécales et de cadavres d'animaux.

Les *cimetières* sont les lieux consacrés à la sépulture des hommes.

Le rapprochement qui est fait ici entre les voiries et les cimetières indique suffisamment que ces deux grands foyers de décomposition animale doivent être étudiés au point de vue commun des émanations putrides qui s'en exhalent et de leur influence sur la santé des populations au milieu desquelles ils sont placés. Cette analogie, que justifient à la fois la nature des choses et l'utilité générale, ne saurait offenser les sentiments de respect et de piété qui s'attachent aux lieux où repose la dépouille mortelle de l'homme. Personne ne songera à les méconnaître ni à les amoindrir.

Mais, en dehors de ces hautes considérations morales, la double question d'hygiène publique et de salubrité que nous avons à traiter et dans laquelle viennent se confondre des éléments en apparence si divers et si distincts, par cela seul qu'elle intéresse au plus haut degré le bien-être et la santé des hommes, conserve encore une incontestable grandeur, et mérite d'occuper à la fois les méditations de l'homme de science et toute la sollicitude de l'administrateur.

A l'époque où nous vivons, au sein d'une ville comme Paris, après les progrès immenses qui se sont accomplis sous nos yeux dans les arts, dans l'industrie et dans cette science du bien-être qui forme le caractère et comme le cachet de la civilisation moderne, il semble que la santé publique n'a plus à se défendre contre les émanations des foyers de matières immondes dont le génie de l'homme est parvenu à utiliser les moindres parcelles en leur enlevant toute leur insalubrité, et que l'étude hygiénique des voiries et des cimetières n'offre plus qu'un intérêt rétrospectif. Mais, s'il en est ainsi jusqu'à un certain point pour notre capitale, il s'en faut de beaucoup qu'il ne reste plus rien à faire même dans les plus grandes villes, soit à l'étranger, soit en France, et à plus forte raison dans des centres de population moins étendus.

Parmi les causes d'insalubrité signalées le plus hautement et avec le plus de persistance par les conseils d'hygiène publique, institués depuis peu d'années dans chacun des arrondissements de notre pays, il n'en est pas qui reparaissent plus souvent que celles qui nous occupent, et qui accusent plus manifestement l'incurie dans laquelle les habitants de certaines communes rurales restent plongés, pour tout ce qui regarde le soin de leur santé. Dans tous les rapports des médecins consciencieux et dévoués qui observent les épidémies, dont nos campagnes sont trop souvent infestées, et qui s'efforcent d'en pénétrer l'origine, on n'en voit pas un, pour ainsi dire, qui ne place en première ligne l'oubli des règles d'hygiène les plus simples dans la disposition des cimetières et dans l'enlèvement des immondices. Il y a sans doute à rechercher quelle est en réalité l'étendue de cette influence ; mais dès à présent nous pouvons dire qu'elle est regardée comme très active, et mérite par cette raison d'être sérieusement étudiée.

La salubrité des villes n'a pas de condition plus essentielle que la propreté des rues et des habitations, c'est-à-dire l'enlèvement de toutes les immondices, de toutes les matières infectes, de tous les détritus organiques qui peuvent donner lieu à des émanations putrides. Nous aurons plus d'une occasion de signaler l'état vraiment déplorable que présentent à cet égard dans tous les pays les cités les plus importantes, et dans le nôtre presque toutes les villes du Midi. Partout l'assainissement repose en partie sur un bon système de voirie, et sur une disposition convenable des lieux de sépultures.

Ces courtes réflexions suffiront pour faire entrevoir l'étendue et l'importance pratique du sujet. Il nous reste, avant de l'aborder, à exposer sommairement le plan que nous nous proposons de suivre.

Afin de mettre en lumière, dès le principe, le caractère commun des voiries et des cimetières, et de montrer clairement le jour sous lequel nous devons les envisager, nous commencerons par indiquer quelle est l'action présumée des émanations putrides en général. Cet aperçu nous permettra de faire mieux ressortir le lien qui unit les deux parties de la question.

Nous entreprendrons, séparément pour chacune d'elles, l'histoire de leurs principales dispositions, les principales conditions de salubrité ou d'insalubrité qu'elles présentent, les effets qui résultent de ces conditions, enfin les règles qui leur sont applicables. Nous réunirons ainsi dans deux cadres distincts, mais semblables, tous les détails qui se rapportent soit aux voiries, soit aux cimetières. Il nous a paru tout à fait convenable, non seulement pour la clarté de l'exposition, mais en raison même de la nature du sujet, de ne pas confondre les deux descriptions.

Dans une dernière partie, au contraire, nous nous proposons de résumer les analogies et les différences que peuvent présenter au point de vue de la salubrité les voiries et les cimetières, et de formuler les principes qui doivent présider à l'établissement et à l'assainissement des unes et des autres.

INTRODUCTION.

Des effets généraux attribués aux émanations putrides.

Quelles que soient les données de la science sur les effets généraux des émanations putrides, et notamment sur leur innocuité, il est incontestable que, dans l'opinion du plus grand nombre, les foyers d'où elles se dégagent demeurent, à tort ou à raison, comme le type de l'insalubrité. Il serait bien difficile qu'il en fût autrement, car ce n'est pas seulement par leur composition, par leur nature intime qu'elles agissent : elles frappent les sens, et produisent sur les organes les moins délicats une impression pénible et repoussante qui se traduit par une répugnance instinctive, et semble l'avertissement d'un danger réel. Ce serait s'exposer presque certainement à l'erreur que de méconnaître ce fait capital dans l'interprétation des phénomènes que peuvent produire les émanations putrides. En effet, si les matières organiques, et, en particulier, les matières animales, donnent lieu, en se décomposant, à des produits gazeux ou volatiles que la chimie peut, pour la plupart, caractériser de la manière la plus certaine, elles fournissent encore certains principes confondus sous la dénomination commune de *miasmes*, et cependant fort distincts dans leurs effets, comme aussi, sans doute, dans leur nature, principes dans lesquels semblent se cacher les propriétés essentielles, et, pour ainsi dire, la vertu secrète des émanations putrides.

Les gaz qui naissent de la décomposition des matières animales sont tous, à divers degrés, irrespirables ou toxiques ; et il est évident que, s'ils sont assez concentrés, ils agissent d'une manière nuisible sur la santé et sur la vie des animaux. Mais, ainsi que l'ont admirablement compris Fourcroy (1) et Berzelius (2), les combinaisons fétides dont l'énergie délétère et terrible est malheureusement trop prouvée « appartiennent à un autre ordre de corps que les produits connus de la putréfaction, et contiennent une matière plus divisée, plus fugace, qui échappe aux physiciens et constitue la matière active de ces fluides dangereux. » Le docteur Riecke, de Stuttgart (3), admet qu'en dehors des produits de décomposition que la chimie découvre, l'odeur putride témoigne de l'existence d'un principe particulier rentrant plutôt dans les lois de la nature organique, et que ses effets rapprochent des poisons organiques. Il est curieux de voir ces données théoriques recevoir une confirmation singulière de certains procédés qui ont passé dans la pratique de la désinfection.

L'action des vapeurs putrides diffère, suivant M. Riecke, de celle des gaz irrespirables et délétères, et semble s'exercer plutôt sur les organes de l'odorat, puis médiatement sur le système nerveux; ou s'introduire dans le sang à la manière d'un ferment putride, se rapprochant ainsi des miasmes et des contagium. Riecke regarde donc comme affectées primitivement (*atria morbi*) les branches des nerfs de l'odorat qui sont en rapport si intime avec le cerveau et les organes respiratoires, où les vapeurs putrides sont mises en contact avec la masse du sang et absorbés. Ces deux modes ne sont pas nécessairement liés l'un à l'autre. Dans le premier, l'acte est dynamique, et il faut

---

(1) *Mémoire sur les différents états des cadavres trouvés dans les fouilles du cimetière des Innocents*, 1786-1787.

(2) *Traité de Chimie*, t. VII, p. 696.

(3) *Ueber den Einfluss der Verwesungsdünste, etc. (De l'influence des émanations putrides sur la santé de l'homme, et des cimetières au point de vue de la police médicale)*, Stuttgart, 1840, in-8°, p. 232.

tenir grand compte des susceptibilités individuelles, en raison de la sensibilité plus ou moins grande de l'odorat ; dans
le second cas, il existe une sorte de combinaison chimique,
et l'action, quoique souvent très lente, a toujours lieu, si le
principe délétère est en quantité suffisante. Ces différences
d'action, auxquelles il convient d'ajouter l'influence de l'habitude, pourraient servir peut-être à expliquer les divergences d'opinions.

Ce qui est hors de doute à cet égard, c'est le fait de l'absorption des principes putrides, soit à l'état d'émanations
aériformes, soit sous forme de matières liquides. Les recherches de Gaspard (1) ont fait connaître les effets extrêmement funestes qui suivent l'introduction des matières putrides dans le système circulatoire. Et M. le professeur P. Bérard (2) a tracé avec une rare sagacité le tableau tout à fait
neuf de la résorption et de l'infection putrides, très distinctes de l'infection purulente. Il est également impossible de nier l'introduction, soit par les voies respiratoires,
soit par la peau, comme l'a démontré Bichat (3), des principes émanés des corps animaux en décomposition. Les
expériences de M. Magendie (4) en ont fourni des preuves
multipliées ; et il suffit d'avoir assisté à une exhumation ou
d'avoir pratiqué l'autopsie d'un cadavre en voie de putréfaction, pour voir en quelques instants toutes les sécrétions
se charger du principe odorant caractéristique des émanations putrides. Ce n'est pas d'ailleurs à ce seul effet que se
borne leur action, et les accidents qui en sont parfois la
suite, caractérisés par des hémorrhagies et par des lésions
des voies digestives, marquent assez qu'il y a eu absorption

(1) *Journal de Physiologie expérimentale* de Magendie, t. II.
(2) *Dictionnaire de médecine*, 1842, t. XXII, art. Pus.
(3) *Anatomie générale*, etc., p. 352, Paris, 1821.
(4) *Journal de Physiologie expérimentale*, t. III.

des principes putrides, et très certainement altération du sang. Cette altération elle-même a quelque chose de caractéristique. Elle consiste dans cet état de dissolution du sang qui, d'après les recherches si neuves et si fécondes de MM. Andral et Gavarret sur ce point, tient à la diminution de la fibrine et à l'augmentation de la quantité d'alcali libre, et reproduit cet ensemble de phénomènes qui constituaient la *putridité* des auteurs, si bien décrite par les grands épidémiographes du dernier siècle (1).

Cependant, indépendamment de l'opinion que l'on peut se faire de la composition, de la nature intime et du mode d'action des émanations putrides, il existe, relativement aux effets qu'elles peuvent produire sur la santé et sur la vie des êtres vivants, une sorte d'incertitude dans la doctrine et une apparente contradiction entre les faits. Il en résulte une confusion véritablement déplorable, qui se fait sentir surtout dans l'hygiène. Nous n'avons ni la prétention ni l'espoir de la faire cesser. Mais, après avoir exposé les principales observations qui peuvent servir à éclairer ce problème obscur, nous nous efforcerons de faire ressortir quelques points qui pourront fournir l'occasion de remarques utiles, et expliquer, au moins en partie, certaines divergences.

Les occasions dans lesquelles des accidents très graves et même mortels ont pu être attribués aux émanations putrides, sont nécessairement très variées. Nous choisirons de préférence les cas qui se rattachent à notre sujet, c'est-à-dire aux voiries et aux cimetières.

Un premier fait qui n'a pas besoin d'être longuement développé, c'est le danger incontestable des émanations putrides, lorsqu'elles sont concentrées dans un espace com-

(1) Voyez *Essai d'hématologie pathologique*, par G. Andral. Paris, 1843, les écrits de Grant, Sarcone, Schwenck, Huxham, cités dans ce beau travail.

primé, comme dans une fosse d'aisances, ou dans un caveau mortuaire. L'empoisonnement spécial désigné sous le nom de *plomb*, et l'asphyxie qui ont frappé trop souvent les ouvriers en vidange ou les fossoyeurs, ne peuvent être contestés par personne, et il serait superflu de s'y arrêter. Un autre point de vue plus important est celui qui a trait à la dissémination des émanations putrides et à l'extension de leurs effets, soit d'une manière soudaine sur de grandes masses d'hommes, soit sur ceux qui s'y trouvent exposés pendant un temps plus ou moins long. Il ne manque pas d'exemples à cet égard, auxquels leur authenticité et leur gravité donnent une véritable valeur scientifique.

Les maladies pestilentielles dont l'histoire des temps antiques nous a conservé le récit ont presque toujours été expliquées par l'insalubrité des villes ou par la formation de foyers de corruption. Thucydide (1), Diodore de Sicile (2), Tite-Live (3), dans leurs tableaux immortels, ont dépeint ces sources de mort sous les couleurs les plus frappantes. Galien (4), parmi les causes qu'il assigne aux fièvres pestilentielles, signale l'état putride de l'air occasionné par un grand nombre de corps morts laissés sur les champs de bataille. Saint Augustin rapporte (5) qu'une grande quantité de sauterelles noyées dans la mer et rejetées sur les côtes, où elles se pourrirent, occasionnèrent une peste des plus cruelles.

Dans des temps plus modernes, Forestus (6) a été témoin oculaire d'une peste causée également par l'amoncellement des cadavres. Il parle aussi d'une fièvre maligne qui parut à Egmont, dans la Hollande septentrionale, par suite de la

(1) Lib. II, § 52.
(2) *Bibl. hist.*, lib. XII, cap. 45.
(3) Lib. III, cap. 6.
(4) *De febr. differ.*, lib. I, cap. 4.
(5) *Cité de Dieu*, lib. III, cap. 31.
(6) *Observ.*, lib. VI, obs. 26, et obs. 9, *Schol.*

putréfaction d'une baleine abandonnée sur le rivage, ainsi que l'a vu Ambroise Paré (1) sur les côtes de la Toscane ; et d'une fièvre pestilentielle qui fit de son temps beaucoup de ravages à Venise et avait été produite par une espèce de petit poisson qui se putréfia dans cette partie de l'Adriatique : observation répétée par Jean Wolf (2), dans la relation de la fièvre maligne épidémique, arrivée en 1731 à Cork en Irlande, où l'on tuait tous les ans, pour l'usage de la flotte, plus de 120.000 bêtes. Rogers (3) n'hésite pas à mettre au nombre des causes les plus actives l'infection provenant d'une grande quantité de tueries et les restes qu'on laissait corrompre dans les rues. Pringle (4), dont les observations révèlent un esprit si sagace et un sens si éminemment pratique, indique hautement et presque à chaque pas les pernicieux effets de la putréfaction des substances animales.

Les ouvrages d'Ambroise Paré offrent des faits non moins concluants sur les effets des exhalaisons animales. On y lit que, dans l'Agénois, en 1562, il régna une fièvre pestilentielle qui porta ses ravages dans un rayon de dix lieues, et qui avait été occasionnée par des vapeurs putrides animales élevées d'un puits du château de Pem, dans lequel on avait jeté, deux mois auparavant, beaucoup de corps morts. « On creusait des souterrains à Paris dans l'église de Saint-Eustache, ce qui obligea de déplacer quelques cadavres, et de mettre ceux qui survinrent dans une cave fermée depuis longtemps. Des enfants qui allaient au catéchisme dans le lieu dont nous parlons, en furent incommodés ; les mêmes symptômes se montrèrent aussi chez

(1) *De la peste*, œuvres complètes. Paris, 1841, t. III, liv. XXIV, chap. 3, p. 357.

(2) *Choses mémorables*, vol. 1, centur. 10.

(3) *Essay on epidemical diseases*.

(4) *Observations sur les maladies des armées et mémoires sur les substances septiques et antiseptiques*. Trad. franç., 2ᵉ édit., Paris, 1793.

plusieurs adultes. M. Ferret, docteur-régent de la Faculté de Paris, fut chargé d'en faire un rapport. Il trouva que la respiration était très gênée chez ces malades, que l'action du cerveau était troublée, que le cœur battait irrégulièrement et que quelques uns éprouvaient des mouvements convulsifs dans les bras et dans les jambes (1). »

L'abbé Rosier (2) dit qu'un particulier de Marseille fit, vers l'année 1760, ouvrir des fosses pour planter des arbres dans un endroit où en 1720, lors de la peste, on avait enterré un grand nombre de cadavres. A peine eut-on donné quelques coups de bêche que trois des ouvriers furent subitement suffoqués, sans qu'on pût les rappeler à la vie. Ramazzini raconte qu'un porteur étant descendu, pendant la nuit, dans un charnier, pour dépouiller le cadavre d'un jeune homme qui y avait été déposé avec tous ses habits, y fut suffoqué, et tomba mort sur le cadavre dont il violait la sépulture (3).

Mais des faits beaucoup plus importants en raison de la notoriété qu'ils ont acquise, beaucoup plus importants surtout au point de vue où nous sommes placé, ont été rapportés par plusieurs auteurs du siècle dernier dont les noms resteront attachés à la réforme hygiénique des sépultures, par Habbermann (4), Maret (5), Navier (6), Vicq-d'Azyr (7). Cette réforme était d'ailleurs ardemment sollicitée par tous les

(1) Habbermann, *Dissert. de optimo sepeliendi usu.* Vindob., 1772.

(2) *Observations de physiques*, année 1773, t. I, p. 109.

(3) *Traité des maladies des différents ouvriers*, chap. 17, p. 45.

(4) *Mémoires sur les dangers des inhumations dans les églises.* Montpellier, 1747.

(5) *Mémoires sur l'usage d'enterrer les morts dans les églises et dans les enceintes des villes.* Dijon, 1773.

(6) *Réflexions sur les dangers des inhumations précipitées, sur les abus des inhumations dans les églises.* Paris, 1775.

(7) *Essai sur les lieux et les dangers des sépultures*, trad. de l'italien de Scipion Piattoli, Paris, 1778, et *OEuvres complètes*, Paris, 1805, t. VI.

organes de l'opinion publique. Voltaire (1), par exemple, s'écriait, dans une de ces boutades où la verve domine, sinon la raison : « Les maladies contagieuses produites par les vapeurs sont innombrables. Vous en êtes les victimes, malheureux Welches, habitants de Paris! *Je parle au pauvre peuple qui loge auprès des cimetières.* Les exhalaisons des morts remplissent continuellement l'Hôtel-Dieu; et cet Hôtel-Dieu, devenu l'hôtel de la Mort, infecte le bras de la rivière sur lequel il est situé. O Welches, vous n'y faites nulle attention, et la dixième partie du petit peuple est sacrifiée chaque année, et cette barbarie subsiste dans la ville des jansénistes, des financiers, des spectacles, des bals, des brochures et des filles de joie! »

Haguenot rapporte le fait suivant (2): « Le 17 août 1744, vers les six heures du soir, on fit l'inhumation du sieur Guillaume Boudou, pénitent blanc, dans une des caves communes de l'église paroissiale de Notre-Dame, à Montpellier. Pierre Balfagette, porte-faix, qui n'avait jamais servi dans cette église, fut employé ce jour-là par l'enterreur de la confrérie des pénitents. A peine fut-il descendu dans la cave, qu'on le vit agité par des mouvements convulsifs et bientôt étendu sans mouvement. Alors un frère pénitent, nommé Joseph Sarrau, eut la générosité de s'offrir pour retirer ce misérable. Il se fit tenir, en descendant, par le bout de son sac et de son cordon qu'il donna à un frère pénitent. A peine eut-il saisi l'habit du porte-faix qu'il perdit la respiration. On le retira à demi mort; bientôt il reprit ses sens, mais il lui resta une espèce de vertige et des étourdissements, avant-coureurs des mouvements convulsifs et des défaillances qui se manifestèrent un quart d'heure après. Il éprouva pendant toute la nuit des faiblesses, des tremblements dans tout le corps, et des palpitations qui disparurent par le moyen d'une saignée et de

(1) *Dictionnaire philosophique*, art. AIR.
2) *Loc. cit.*

quelques cordiaux. Il fut longtemps pâle et défiguré, et il porta depuis dans toute la ville le nom de Ressuscité. Ce triste événement n'empêcha pas Jean Molinier, pénitent de la même confrérie, de s'exposer avec le même zèle pour sauver le porte-faix; mais à peine fut-il à l'entrée de la cave, que, se sentant suffoqué, il fit signe qu'on le retirât et qu'on lui donnât la main. Il en sortit si faible et si défait, qu'un instant de délai lui aurait certainement coûté la vie. Robert Molinier, frère de celui-ci, plus robuste et plus vigoureux, se fiant sur sa force, crut pouvoir braver le danger et suivre le mouvement que la charité lui inspirait; mais il en fut la victime, et il mourut presque aussitôt qu'il fut descendu au fond de la cave. Cette scène tragique fut terminée par la mort de Charles Balfagette, frère du porte-faix qui était resté dans la cave. Comme il fut obligé de ranger le corps de Robert Molinier, il resta plus longtemps qu'il n'aurait dû, et l'impression qu'il sentit le força de se retirer et de sortir. Il crut qu'à la faveur d'un mouchoir imbibé d'eau de la reine de Hongrie et mis entre les dents il se garantirait du danger en descendant une seconde fois. Cette précaution fut inutile; on le vit bientôt gagner l'échelle en chancelant, faire des efforts pour remonter, et au troisième échelon tomber à la renverse sans donner aucun signe de vie. Tout le monde comprit alors que c'était s'exposer à une mort certaine que de descendre dans cette cave, et malgré les exhortations les plus pressantes faites par les prêtres à ceux qui assistaient au convoi, il n'y eut personne, ni parmi eux, ni parmi ceux qui étaient présents, qui osât faire de nouvelles tentatives. On se servit de crochets pour retirer les trois cadavres. Leurs habits exhalaient une puanteur horrible, et ils étaient couverts d'une matière verte jaune et semblable à de la rouille. »

« Un homme très gros fut enterré, dit Maret (1), il y a

(1) *Loc. cit.*, p. 19.

T.

environ trente-cinq ans, dans l'église paroissiale de Talant, ancienne ville, située à trois quarts de lieue de Dijon. On n'avait pas proportionné l'évasement du fond de la fosse au volume du cadavre, et l'on ne put faire descendre le cercueil qu'à un pied au-dessous du niveau du sol, de sorte qu'on ne le recouvrit que d'un pied de terre et de la tombe, qui avait sept à huit pouces d'épaisseur. Quelques jours après, la putréfaction étant devenue considérable, des émanations cadavéreuses infectèrent l'air, et trois semaines s'étaient à peine écoulées que l'infection obligea de déserter l'église. Pour y remédier, on résolut d'exhumer le cadavre et de l'enterrer dans une fosse plus profondément creusée, à peu de distance de celle où il avait été déposé. Trois fossoyeurs entreprirent cette translation ; deux d'entre eux ne purent résister à la fétidité des vapeurs, eurent des nausées suivies de vomissements considérables, et, étant sortis de l'église, refusèrent d'y rentrer. L'espoir du gain soutint le courage du troisième, qui acheva l'ouvrage ; mais à peine eut-il assez de force pour se rendre chez lui ; il vomit à plusieurs reprises, prit la fièvre, se mit au lit et mourut au bout de dix jours. »

« Le 15 janvier 1773, dit encore Maret, au rapport du père Cosse, prêtre de l'Oratoire, un fossoyeur, creusant une fosse dans le cimetière de Montmorency, donne un coup de bêche sur un cadavre enterré un an auparavant ; il en sortit une vapeur infecte qui le fit frissonner, et lui fit dresser les cheveux sur la tête. Comme il s'appuyait sur sa bêche pour fermer l'ouverture qu'il venait de faire, il tomba mort, et les secours qu'on lui donna furent inutiles (1).

« M. Hecquet, médecin à Dunkerque, s'étant chargé, en 1783, de diriger les exhumations dans l'église Saint-Éloi de

____

(1) *Observation de physique*, etc., par l'abbé Rosier, année 1773, vol. I, p. 109.

cette ville, rapporte, dans son journal sur les opérations à cet effet, l'événement suivant : 18, 19, 20 mars. J'ai fait procéder pendant ces trois jours à l'enlèvement de nouveaux cadavres dans la grande fouille dont j'ai parlé ci-dessus. Je me bornerai à dire que l'on en a exhumé cent trente-trois, dont dix-neuf entiers, vingt-sept en lambeaux, et quatre-vingt-sept en ossements plus ou moins desséchés ; les cercueils toujours accumulés les uns sur les autres depuis cinq jusqu'à huit rangées. Pendant le cours de ce travail, deux jeunes gens, attirés par la curiosité, vinrent voir l'enlève-ment des cadavres. L'un d'eux fut tout à coup frappé d'une douleur violente de tête ; trois à quatre jours après, la pe-tite-vérole se déclara, et il mourut. Je ne veux rien con-clure ; mais il est à observer que, parmi le nombre de ces cadavres, une partie avait été enlevée par des fièvres pu-trides, malignes, des dyssenteries et des petites-véroles confluentes, maladies contagieuses qui, en différents temps, ont fait des ravages à Dunkerque ; et si l'on se donnait la peine de lire l'histoire de cette ville, on verrait qu'elle a été maltraitée par des épidémies qui y ont régné à différentes époques, circonstances, qui rendaient nos précautions par-ticulièrement indispensables (1). »

« Le seigneur d'un village situé à deux lieues de Nantes, mourut d'une fièvre putride, le 5 décembre 1773. On voulut lui préparer une fosse distinguée dans l'église. Pour cet effet on remua plusieurs cadavres, et l'on déplaça le cercueil d'une de ses parentes enterrée au mois de février précédent. L'infection se répandit aussitôt dans l'église ; ce qui n'em-pêcha pas de continuer la cérémonie.... Quinze de ceux qui assistèrent à ces obsèques moururent en huit jours de temps. De ce nombre sont quatre malheureux paysans, qui

---

(1) *Journal des opérations* de M. Hecquet, lors des exhumations dans l'église Saint-Éloi à Dunkerque, 1783.

avaient levé la tombe, préparé la fosse et remué les cercueils. Six curés assistant à cette révoltante cérémonie, ont
aussi manqué de périr (1). »

Un exemple plus frappant encore est cité par Maret (2),
sous les yeux duquel il venait, pour ainsi dire, de se passer.
« La petite ville de Saulieu vient d'essuyer une épidémie,
sur les événements de laquelle des émanations cadavéreuses
ont sensiblement influé. Il régnait dans cette ville, depuis
la fin de février, une fièvre catarrhale épidémique, principalement du genre putride-bilieux, dont les symptômes
n'étaient point alarmants, et dont l'issue était rarement fâcheuse. Mais on avait inhumé le 3 mars, dans l'église paroissiale, qui est sous le vocable de Saint-Saturnin, le cadavre
d'un homme d'une grosse corpulence, et qui était mort de
la fièvre désignée. On fut dans le cas d'y enterrer le 20 avril
une femme morte en couches, et attaquée de la même maladie. On ouvrit la fosse près de celle du mort qui avait été
inhumé le 3 mars. Ce fut dans la matinée que se fit cette
ouverture, et la fosse resta ouverte pendant plus de dix heures. Le curé, qui disposait cent dix-sept enfants à faire leur
première communion le dimanche suivant, les rassemblait
dans cette église le matin et le soir, et les y retenait deux à
trois heures chaque fois. Ils s'y trouvèrent le matin dans le
temps de l'ouverture de la fosse, et le soir lors de l'enterrement. Plusieurs de ces enfants se plaignirent ce jour
même à leurs parents de ce que l'on sentait très mauvais à
l'église, et leurs plaintes continuèrent les jours suivants.
Cette odeur fétide était surtout très sensible le matin, quoique la fosse eût été fermée. Ce qui avait encore contribué
à rendre cette infection plus considérable, c'est qu'en descendant le cercueil dans la nouvelle fosse, une corde avait

(1) Vicq d'Azyr, *loc. cit.* Extrait de la *Gazette de santé* du 17 février 1774.
(2) *Loc. cit.*, p. 30.

glissé; ce qui avait donné une secousse au cadavre, et déterminé un écoulement de sanie qui avait répandu une odeur affreuse, dont tous les assistants furent vivement affectés. On avait fait le même jour, dans l'église Saint-Saturnin, deux mariages, l'un dans le moment où la tombe venait d'être levée, l'autre pendant qu'on creusait la fosse. Ainsi en réunissant aux cent dix-sept enfants instruits par le curé le nombre des assistants aux deux mariages et à l'enterrement, on peut compter que le jour de l'ouverture de cette funeste fosse, il y eut cent soixante-dix-neuf personnes exposées à respirer et à avaler les miasmes qui s'exhalaient dans l'église; et de ce nombre, cent quarante-neuf ont été attaquées d'une fièvre nerveuse-putride-maligne, qui participait de la qualité de la fièvre catarrhale régnante, mais qui en différait par l'intensité des accidents et par la nature des éruptions qui avaient enfin le caractère de la fièvre hongroise, de la fièvre d'hôpital, maladie qui est reconnue avoir pour cause l'infection animale putride. Le curé, le vicaire, un des chantres, les deux fossoyeurs, cent treize communiants, trois assistants au premier mariage, dix-sept de ceux qui étaient présents au second, deux des personnes qui entendirent la messe qu'on dit lors de cette cérémonie, et neuf de celles qui assistèrent au convoi, ont eu cette maladie, ce qui prouve sensiblement que les émanations cadavéreuses contribuèrent à la répandre. Une autre preuve non moins sensible, c'est qu'au 6 mai on ne comptait parmi les malades que quinze personnes qui ne se fussent pas trouvées à l'église le 20 avril; qu'il n'est mort aucun de ceux-ci, et que leur maladie ne différait pas de celle qui régnait avant l'infection de l'église. Malgré la grandeur du mal et la durée du règne de la maladie, qui, le 24 juin, n'avait pas encore cessé, il n'était mort à cette date que vingt-cinq malades. De ce nombre était le curé de la paroisse. M. Bonnet se plaignit d'un mal-être dès le soir du 20 avril, et le 25, faisant ses adieux à ses élèves, il leur dit : « Mes chers enfants, j'ai fait tout mon possible pour vous instruire ; je n'ai pas craint d'altérer ma santé ; je l'ai fait en vue de Dieu, dont j'attends ma récompense, et ma situation actuelle me fait espérer que je la recevrai bientôt. Je vous demande, pour toute reconnaissance, de prier pour moi si Dieu m'appelle à lui. » Il se mit au lit le lendemain, et mourut treize jours après. Avec lui succombèrent encore M. Soleau, vicaire, un chantre, un fossoyeur, et un des enfants qui ont fait leur première communion. Le curé est mort le 3 mai. Dans le courant de ce mois, il y a eu quinze morts et dix en juin. A la date du 3 juillet, dit le docteur Bauxon, la maladie continuait ; et comme l'église Saint-Saturnin, surtout aux environs de la tombe qui recouvre la fosse cause de l'infection, était remplie d'insectes ailés de l'espèce de ceux que produit la corruption des cadavres, le bailliage a rendu une ordonnance qui défend de faire aucun office dans l'église infectée, et aucune inhumation dans les autres églises de la même ville pendant le cours de l'été. A la fin de juillet, le nombre des morts était de trente. »

Jamais les craintes légitimes que peuvent inspirer les foyers de décomposition putride à la population d'une grande cité ne furent plus hautement manifestées qu'à l'occasion du *cimetière des Saints-Innocents*, dont la destruction n'eut lieu qu'après des sollicitations continuées durant un très grand nombre d'années. Ces craintes trouvèrent un appui considérable dans l'opinion de quelques savants touchant le danger des émanations putrides. Ainsi, M. Cadet de Vaux (1), cité par Thouret (2) dans son excellent rapport, comparait aux poisons les plus subtils, à ceux dont les sau-

(1) *Mémoire historique et physique sur le cimetière des Saints-Innocents*, lu à l'Académie royale des Sciences en 1781 (*Journal de physique*, Paris, 1783).

(2) *Rapport sur les exhumations du cimetière et de l'église des Saints Innocents*, au nom d'une commission composée de MM. le duc de Larochefoucauld, de

vages imprègnent leurs flèches meurtrières, la terrible activité des émanations qui, des fosses du cimetière, avaient infecté toutes les caves voisines. Les murs, baignés de l'humidité dont elles les pénétraient, pouvaient communiquer, disait-on, par le simple attouchement, les accidents les plus redoutables.

De Lassone (1) donne des détails d'une épidémie de fièvres malignes accompagnées de coliques violentes, de ténesme, de flux dysentérique, etc., qui sévit en 1749, dans la maison de l'Enfant-Jésus. Ce médecin attribuait cette affection aux émanations d'un grand nombre de vaches qui avaient été enterrées à peu de profondeur dans un champ voisin de l'établissement.

« Je n'en eus plus de doute, dit-il, quand il fut reconnu
» et constaté que tous ces maux étaient bornés aux seuls en-
» droits qui avoisinaient l'espace de terre où pourrissaient
» les corps des vaches mortes de l'épizootie régnante. »

« Quoi qu'il en soit de cette opinion, il est certain que la maladie cessa en même temps que l'odeur infecte, après que les fosses eurent été couvertes de chaux et d'une grande quantité de terre. »

Desgenettes a fait connaître l'observation suivante, qui n'offre pas moins d'intérêt (2) :

« Vaidy, en 1796, près de Nuremberg, avait été chargé de diriger l'inhumation des cadavres laissés sur le champ de bataille après une affaire très chaude ; le nombre de ceux-ci s'élevait à quatre cents hommes et près de deux cents chevaux ; il fallut plus de deux heures pour terminer l'opération, pour laquelle les villageois des environs avaient été

Lassone, Poulletier de la Salle, Geoffroy, Despérières, Colombier, de Horne, Vicq d'Azyr, de Fourcroy et Thouret (*Mémoires de la Société royale de Médecine*, t. VIII, p. 238, an 1786).

(1) *Mémoires de la Société royale de Médecine*, t. I, an. 1776.
(2) *Dictionnaire des Sciences médicales*, art. DYSENTERIE.

mis en réquisition. Vaidy resta à cheval tout le temps que dura sa mission. Il ne cessa d'éprouver des nausées et de fortes coliques, et le cheval jeune et vigoureux qu'il montait donnait en même temps des preuves évidentes d'une vive souffrance. De retour au quartier général, le cheval se courba et mourut promptement de la colique connue des vétérinaires sous le nom de tranchées ; dès le soir même le médecin éprouva une lienterie, et, bientôt après, un flux dysentérique qui, en peu de jours, céda à un régime convenable. Deux des quatre gendarmes qui avaient accompagné Vaidy éprouvèrent les mêmes accidents, et un palefrenier qui était resté loin du foyer de la putréfaction ne ressentit aucune incommodité, non plus que son cheval. Il est à regretter que l'on manque de renseignements sur ce qui arriva aux paysans chargés de creuser les fosses et d'y transporter les cadavres. »

Dans un autre ordre de faits qui touche à l'influence des professions, il est intéressant de voir à quelles observations ont donné lieu celles qui exigent un contact habituel et prolongé avec des cadavres. Ramazzini (1) déplore le sort des fossoyeurs : il signale leur face livide, leur aspect triste, et affirme n'en avoir vu aucun devenir vieux ; et Fourcroy, son traducteur, ajoute que « quand on a observé sur un grand nombre de ces hommes la pâleur du visage et tous les symptômes qui annoncent l'action d'un poison lent, on doit penser qu'il serait dangereux de nier entièrement l'effet de l'air des cimetières sur les habitants voisins. » Si ces observations ont perdu de leur vérité aujourd'hui, elles n'en conservent pas moins une signification très importante pour montrer le mal que pouvaient faire les émanations putrides lorsqu'elles n'étaient pas corrigées par une plus saine entente des lois de l'hygiène. C'est, du reste, ce qui arrive

(1) *Traité des maladies des artisans*. Édit. de M. Patissier, Paris, 1822, p. 151.

pour un grand nombre de professions, et il y a quelque légèreté à reprocher, comme on le fait souvent, au savant et consciencieux Ramazzini, des allégations qui n'ont cessé d'être fondées que par les progrès accomplis dans les mœurs et dans la salubrité générale.

La fréquentation des amphithéâtres de dissection, aujourd'hui assainis, était loin d'être toujours exempte de dangers à l'époque où les procédés salutaires de désinfection des cadavres n'étaient pas en usage. Il n'est presque aucun de nous qui n'ait eu l'occasion de voir quelqu'un de ses premiers condisciples obligé de renoncer aux études qu'exige la profession médicale pour n'avoir pu résister à la pernicieuse influence des émanations putrides. Qui oserait affirmer aussi, malgré la réserve que doivent imposer les opinions de Parent-Duchâtelet (1) et de M. le professeur Andral (2), qu'aucun étudiant ne paie de sa vie le rude apprentissage de la science? Louis (3), l'illustre secrétaire de l'Académie de chirurgie, regarde comme certain que le principe vital est altéré par les vapeurs corrompues qui s'élèvent des cadavres. M. le professeur Requin (4) n'hésite pas à proclamer la réalité des influences nuisibles que peuvent exercer les émanations putrides des amphithéâtres, et M. Guérard (5) en cite un exemple curieux à plus d'un titre. Nous ajouterons, comme complément sur ce point, la mention des accidents très graves éprouvés par l'un des membres du conseil de salubrité, M. Chevallier, qui, à la suite de la désinfection des cadavres des victimes de juil-

---

(1) *De l'influence et de l'assainissement des salles de dissection,* Paris, 1831 (*Ann. d'hyg. et de méd. lég.*, t. V, p. 243).

(2) *Ibidem,* p. 300.

(3) *De la certitude des signes de la mort,* Paris, 1788, p. 157.

4) *Hygiène de l'étudiant en médecine et du médecin.* Thèse de concours, Paris, 1837, p. 16.

(5) *Des inhumations et des exhumations sous le rapport de l'hygiène.* Thèse de concours, Paris, 1837, p. 57.

let 1830, fut atteint, pendant trois mois, d'une ophthal-
mie, puis d'un phlegmon charbonneux à la nuque. Je l'ai
entendu bien des fois s'élever, avec toute l'autorité de sa
vaste expérience, contre l'innocuité des émanations putrides.

De même que nous avons vu l'opinion commune attribuer
une action éminemment délétère aux exhalaisons des cimetières et des cadavres humains, de même des plaintes n'ont
cessé de se faire entendre à toutes les époques contre les
voiries de diverses espèces. Nous n'en donnerons en ce moment qu'un aperçu, qui doit trouver place dans ces géné-
ralités préliminaires.

Quelque temps avant l'épidémie cholérique de 1832, une
commission aux soins de laquelle était confié le quartier de
Paris qui se rapproche le plus de Montfaucon, s'exprimait
ainsi (1) : « Bien que cette double cause d'insalubrité (dépôts de matière fécale et clos d'équarrissage) ait été depuis
longtemps l'objet de justes et vaines réclamations, la commission croit devoir néanmoins la mentionner ici comme
l'une des plus importantes et des plus capables de compromettre la santé publique ; que si l'administration pouvait
encore persister à la méconnaître sous le prétexte de son
innocuité ou même de ses effets salutaires, nous lui dirions
avec une profonde conviction que jamais des émanations
putrides et des foyers d'infection ne peuvent être des causes
de santé, quels que soient à cet égard le préjugé populaire
et même l'opinion des hygiénistes.

Il est bien vrai que l'on vit, par nécessité d'abord, puis
par habitude, dans une atmosphère en putréfaction, mais
l'influence d'une telle cause n'en est pas moins constante,
et quand elle se surajoute à celle d'une épidémie quelconque, elle n'en devient que plus redoutable et plus meur-

---

(1) *Rapport sur la marche et les effets du choléra-morbus dans Paris et les
communes rurales*, Paris, 1832, p. 181.

trière; c'est toujours un ennemi qui cache sa puissance et qui en attend un autre pour la faire éclater avec plus de violence. Nous proposons donc à l'administration de hâter le plus possible l'exécution du projet d'éloignement de cette cause d'insalubrité. »

Vers le même temps la commission sanitaire du canton de Pantin écrivait au préfet de police : « Nous avons dû apporter (disent les commissaires) d'autant plus de sévérité et d'exactitude dans nos investigations, que le canton de Pantin est le plus infect et le plus malsain, non seulement du département de la Seine, mais peut-être de la France entière. Nous nous efforcerons d'en développer les causes et de les signaler à l'attention de l'autorité, persuadés que nous sommes que si quelques maladies épidémiques venaient à frapper la population de nos contrées, cette maladie trouverait, dans les foyers d'infection que renferment plusieurs communes du canton, un fécond aliment à la contagion, et que ses ravages pourraient être d'autant plus funestes que les communes les plus insalubres sont voisines des barrières.... » Après quelques considérations sur les bassins des vidanges et sur les dangers qui doivent résulter des émanations stercorales, fournies par une superficie de plus de dix arpents, la commission décrit en ces termes les clos d'équarrissage.

« ....Qu'on se figure un espace de plusieurs arpents couvert de milliers de cadavres en décomposition : ici, des boyaux pourris, des ossements encore garnis de parties charnues en putréfaction ; là, des amas immondes de chair et de débris qu'on laisse putréfier pour la production des asticots ! Partout une horrible saleté ; partout le sang des animaux, mélangé à tous les résidus qui proviennent des intestins, est foulé aux pieds et rend, dans tous les temps humides, l'approche de ces lieux impraticable : il semblerait qu'on eût voulu rassembler dans un même endroit tout ce qui pouvait porter au loin l'infection et charger l'atmosphère de miasmes putrides ; on dirait, enfin, un cimetière à découvert, établi à dessein pour éloigner l'homme de ces lieux empoisonnés. Nous avons, disent les commissaires, tout vu, tout examiné avec soin, et nous avons trouvé des causes d'insalubrité partout ; des moyens d'assainissement, nulle part. Nous croyons inutile de prolonger ces détails repoussants, qui ne peuvent offrir qu'une idée bien imparfaite de la réalité : ces matières animales exposées à l'action de l'humidité et du soleil développent, dans cet endroit, une immense quantité de gaz délétères qui font de ce lieu le cloaque le plus méphitique qu'on puisse imaginer. Il n'aurait d'autre inconvénient que la mauvaise odeur qu'il répand dans le voisinage, qu'il faudrait se hâter de le faire disparaître ; à plus forte raison, le faut-il lorsqu'il y a péril pour la santé publique... Quant à nous, malgré tous les renseignements des gens de l'art et toute la logique de la science, notre esprit se refuse à croire que des établissements aussi infects que ceux de Montfaucon n'offrent aucune cause d'insalubrité. Se peut-il, en effet, que des chairs en décomposition, qui développent des animalcules et qui chargent l'air atmosphérique de miasmes putrides, ne soient, en aucune manière, nuisibles à la santé? S'il en était ainsi, pourquoi tant de mesures sanitaires présentées pour les inhumations par les ordonnances et règlements ? Pourquoi six pieds de terre aux cadavres humains, si ceux des animaux peuvent, sans danger, pourrir en plein air ? Les uns sont-ils donc seuls pestilentiels, tandis que les autres ne le seraient pas ? »

Si l'événement n'a pas justifié ces sinistres prévisions, il n'est personne qui puisse rester absolument sourd à de telles doléances et qui jusqu'à un certain point ne les comprenne. Elles se sont produites non moins vives, non moins ardentes et presque sous la même forme dans une foule d'autres circonstances, notamment à l'occasion des enquêtes pour l'établissement d'une usine d'équarrissage perfectionné à Clichy et à Grenelle, et plus tard pour la fondation du dépotoir de vidanges à la Villette. Dans la première de ces affaires, la seule dont nous voulions dire un mot en ce moment, les opposants, parmi lesquels figurait notre excellent et regrettable maître Marjolin, qui, il est permis de le penser, agissait là plutôt en horticulteur passionné qu'en hygiéniste, convaincu, s'écriaient que l'établissement allait faire naître des maladies pestilentielles ; qu'il s'en dégagerait des odeurs infectes, insalubres, qui deviendraient pour les communes populeuses et voisines de Paris un véritable foyer d'infection, et y développeraient les germes de maladies graves, peut-être contagieuses, du genre des typhus. « Il ne faut être, disait-on, ni chimiste, ni médecin pour savoir que l'air atmosphérique chargé de matières animales devient pernicieux pour ceux qui le respirent. En 1814, nous avons vu des fièvres nombreuses et le typhus après la fâcheuse bataille de Paris. » Ce sont ces récriminations très exagérées, sans doute, qui motivèrent de la part de Parent-Duchâtelet une réfutation dans laquelle l'ardeur de la conviction l'entraîna jusqu'à l'acrimonie et à la violence, et dont le titre seul indique suffisamment l'esprit et le ton (1).

C'est qu'en effet il y avait là, pour cet homme qui avait voué sa vie à la recherche des vérités utiles et au progrès de l'hygiène publique, toute une question de doctrine, et comme une thèse favorite sur laquelle il semble avoir tenu à épuiser toutes ses facultés d'observation et de dialectique, sur laquelle aussi il a, pour la seule fois peut-être, compromis sa réserve et sa circonspection habi-

____

(1) *Des obstacles que les préjugés médicaux apportent dans quelques circonstances à l'assainissement des villes et à l'établissement de certaines manufactures* (Ann. d'hyg. et de méd. lég., 1835, t. XIII, p. 245).

tuelles. On pourrait croire, après tous les faits que nous avons rapportés, et dont quelques uns surtout portent avec eux un caractère d'irrécusable authenticité, que pas une voix ne s'élèverait pour soutenir que les exhalaisons infectes des corps d'animaux décomposés n'ont en général sur la santé et sur la vie des hommes aucune action fâcheuse. Cependant il est des faits qui, ingénieusement observés et habilement groupés plutôt qu'interprétés sérieusement par Warren (1), en Amérique, et Parent-Duchâtelet (2), en France, pourraient paraître de nature à contredire l'opinion commune en rendant pour le moins douteuse la nocuité prétendue des émanations putrides. Avant eux Wurzer (3) s'était fait l'apologiste des cimetières intérieurs, comme plus récemment Eisenmann (4), qui prétend que le préjugé seul conseille d'éloigner des villes les cimetières, les abattoirs et les voiries.

Les principaux arguments sur lesquels s'appuient les deux premiers observateurs que nous venons de citer, ceux qui conservent une valeur réelle, sont tirés des conditions de santé parfaite que leur ont présentées les individus livrés aux professions réputées les plus insalubres en raison de leur exposition aux émanations putrides. Il est certain que les vidangeurs, les équarrisseurs, les fossoyeurs, les garçons d'amphithéâtre, etc., ne paraissent pas, ainsi que l'a établi Parent-Duchâtelet, ressentir d'une manière fâcheuse les effets de leur travail repoussant. Les exemples analogues cités par Warren, tels que la bonne constitution du gardien de l'amphithéâtre de l'hôpital Saint-Barthélemy, et de sa famille logée au-dessous des salles de dissection ;

(1) *Journal des Progrès*, t. IX, p. 66, Paris, 1830.
(2) *Collection complète des mémoires sur l'hygiène publique*, Paris, 1835, *passim*.
(3) *Annales de Chimie*, 1794, t. II, cahier 8, n° 1.
(4) *Annalen der Staats-Arzneikunde*, 1840.

l'absence de maladies spéciales chez les ouvriers employés dans une fabrique de gras de cadavre près de Bristol, l'emploi inoffensif pour les laboureurs d'engrais composés de poissons pourris dont la décomposition charge l'air d'émanations infectes ; ces exemples présentent le plus grand intérêt et doivent profondément modifier l'opinion que l'on serait tenté de se faire touchant l'influence de ces exhalaisons. Il en est de même des remarques de Guersant et Labarraque, sur la belle santé des boyaudiers. Enfin on peut citer comme fait très extraordinaire ce prodigieux entassement de chevaux morts qui, laissés sur le champ de bataille de Paris, en 1814, au nombre de quatre mille, furent dépouillés par les chiffonniers et les équarrisseurs, et brûlés sous la surveillance de D'Arcet, sans que, pendant les douze jours qui précédèrent l'opération et malgré une température moyenne de 15° R., l'état sanitaire des nombreux ouvriers qui y prirent part, et des habitants des communes voisines, parût le moins du monde altéré.

Mais si ces observations portent en elles-mêmes un enseignement très positif et peuvent fournir des arguments sérieux, il n'en est pas tout à fait ainsi de ceux qui, invoqués au même titre par Warren et Parent-Duchàtelet, sont tirés de la résistance qu'ont présentée, dans certaines épidémies, les ouvriers des professions précédemment indiquées. A ceux qui signalaient les engrais de matières fécales comme devant servir de foyer pendant l'épidémie, Parent pouvait répondre que les habitants les plus voisins des lieux où sont déposés ces engrais n'ont pas été atteints ; que les habitants des maisons les plus rapprochées du dépôt, et qui sont quelquefois tourmentés par des fièvres, n'ont éprouvé aucune indisposition ; qu'un vieillard, qui fait métier de vendre aux cultivateurs des engrais animaux, et vit continuellement au milieu des tas en fermentation, n'a pas ressenti le plus léger dérangement ; que les habitants de quelques maisons dans les cours desquelles on avait déposé clandestinement de ces engrais n'en ont pas été incommodés, et que, loin de croire que ces fumiers soient insalubres, les paysans se sont persuadé, depuis nombre d'années, que les matières qu'ils contiennent en fermentation purifient l'air. Il pouvait invoquer, contre ceux qui accusaient par avance Montfaucon, la mortalité, relativement très faible, qui avait atteint les équarrisseurs, les ouvriers qui préparent la poudrette, les boyaudiers, et, en général, tous les habitants du voisinage. Mais il est, à ce sujet, une remarque très importante à faire et très propre à diminuer la portée des conclusions de Parent-Duchâtelet : c'est que les maladies épidémiques ont, en elles-mêmes, quelque chose de trop spécial pour que les causes ordinaires puissent influer sur leur marche et sur leurs effets ; c'est que le choléra en particulier, et plus qu'aucune autre peut-être, se joue de toutes les circonstances de salubrité et d'insalubrité qui paraissent le plus capables d'augmenter ou de diminuer ses ravages, et qu'il est, par conséquent, impossible, de conclure rationnellement du chiffre de la mortalité relative à l'innocuité ou au danger de telle ou telle profession, à la salubrité ou à l'insalubrité de telle ou telle localité. Nous n'avons pas besoin d'insister pour faire voir que ces objections sont également applicables aux observations de Rush, de Clarke, de Warren et d'autres encore touchant l'immunité des fossoyeurs à l'égard de la fièvre jaune et des autres maladies pestilentielles.

Il est encore un point auquel Parent-Duchâtelet nous semble avoir attaché une importance tout à fait exagérée : c'est la démonstration qu'il a prétendu faire, par une série de faits et d'expériences compendieusement réunis (1), du

(1) *Recherches pour déterminer jusqu'à quel point les émanations putrides, provenant de la décomposition des matières animales peuvent contribuer à*

peu de fondement de l'opinion qui attribue aux émanations putrides la propriété d'accélérer la putréfaction des substances alimentaires avec lesquelles on les met en contact. Sans vouloir examiner en détail ces expériences, qui n'ont trait à notre sujet que d'une façon très indirecte, nous pouvons dire avec assurance qu'elles ne reproduisent nullement les conditions d'action des émanations putrides sur les êtres vivants et ne peuvent, par conséquent, servir à démontrer leur innocuité sur la santé et sur la vie.

En 1828, eut lieu à l'Académie de médecine une discussion singulièrement propre à montrer combien les meilleurs esprits sont divisés sur les effets produits par les exhalaisons putrides (1), et nous ne résistons pas au désir d'en donner un aperçu.

A l'occasion de l'influence exercée sur la salubrité de Narbonne par la rivière dite du Rempart, le rapporteur M. Villermé, posait en fait: que les émanations animales ne sont pas celles qui occasionnent les fièvres intermittentes et que ces émanations sont en général sans danger. MM. Chomel et Bricheteau contestent cette dernière assertion. S'il est vrai, disent-ils, que les matières animales ne soient pas nuisibles, quand elles ne sont pas encore en putréfaction, et qu'elles ne donnent lieu qu'à de mauvaises odeurs, il n'en est plus ainsi quand leur putréfaction est en pleine activité. M. Andral exprime la même opinion ; en vain on a argué de l'innocuité de la voirie de Montfaucon et de celle des amas de poudrette , les vents balayent les émanations à mesure qu'elles se produisent. M. Parent-Duchâtelet, dont on a sur ceci invoqué l'autorité, a cité lui-même des faits, qui prouvent le danger des émanations

l'altération des substances alimentaires (Ann. _d'hyg. publ. et de méd. lég._ t. V. p. 1, 1831).

(1) _Archives générales de médecine,_ 6ᵉ année, t, XVIII, p. 459. Paris, 1828.

animales ; il a parlé de bateaux chargés de poudrette, et envoyés de Paris au Havre, de Bordeaux en Amérique, et qui ont donné lieu à des typhus aussitôt que la matière a été mise en contact avec l'air. M. Chomel répète qu'il faut distinguer ce qui est de la putréfaction, qui se fait en plein air, de celle qui se fait dans des conditions telles que ses produits ne peuvent se dissiper ; dans ce dernier cas, le danger est fort grand, et comme preuve il en appelle aux influences exercées par les égouts dans les grandes villes ; il cite l'autorité de Senac, qui a vu un troupeau de bœufs être atteint en entier d'une affection gangréneuse épidémique à la suite de semblables émanations. M. Moreau appuie l'assertion de M. Chomel, de tout ce qui a été observé jadis à l'occasion du cimetière des Innocents à Paris, et des caveaux de sépulture dans les églises. M. Gérardin conteste que la maladie qui s'est développée dans les navires qui transportaient au Havre et en Amérique de la poudrette, et dont vient de parler M. Andral, ait été due au dégagement d'émanations putrides ; elle tient, selon lui, à ce qu'il se développa sur les navires une chaleur telle qu'on ne pouvait plus y respirer ; et en effet, la maladie qu'eurent les équipages n'est pas encore déterminée. M. Bally, enfin, cite deux faits en faveur de l'innocuité des émanations de la poudrette ; l'un est relatif aux habitants du quartier du Temple à Paris, lesquels, ayant à supporter pendant les mois les plus chauds de l'année les émanations infectes de cette substance, n'en éprouvent pas de maladies ; l'autre a trait à un individu qui, déblayant près du Mont-Parnasse un terrain, y a trouvé une mine de poudrette si riche qu'il en envoie jusqu'en Amérique, et cependant l'exploitation de cette mine n'a donné lieu à aucune maladie.

En présence de ces opinions contraires, de ces faits si diversement interprétés, dans l'impossibilité de fixer ses idées, n'est-on pas en droit de s'écrier avec Pariset (1) : « Sur les produits de cette décomposition putride, que nos lumières sont bornées ! Peut-être n'est-il pas deux espèces dans les animaux, deux animaux dans la même espèce, deux parties dans le même animal, qui, toutes choses égales d'ailleurs, se décomposent de la même manière, et donnent exactement les mêmes produits. Les conditions originelles de l'organisation, l'âge, la nourriture, les maladies, l'accès ou l'exclusion de l'air, les degrés si diversement associés entre eux de la chaleur, de l'humidité, de la pression ; les diverses qualités des terres où l'objet qui se décompose est enseveli ; toutes ces données, toutes ces causes font prodigieusement varier la nature de ces produits ; et c'est à la faveur de ces variétés sans limites, que l'on peut comprendre comment de la décomposition des corps, partielle, générale, ralentie, précipitée, naissent des émanations indifférentes, pernicieuses, mortelles ; comment, lorsqu'une mauvaise police peuplait de cadavres l'intérieur de nos villes et de nos églises, après une épidémie meurtrière, des années s'écoulaient sans accidents manifestes, comment un abus tolérable dans les contrées du Midi, et comment enfin la faute commise à Rome et à Constantinople ne fit éclore aucune maladie nouvelle, tandis qu'en Égypte cette même faute tira du néant la plus redoutable des calamités. »

Cependant, malgré cette confusion réelle dans les opinions et dans les faits, on peut, sans prétendre la dissiper, poser quelques principes touchant les effets généraux des émanations putrides.

Leur influence nuisible est démontrée d'une manière évidente ; mais cette influence n'est pas constante, elle dépend de circonstances mal connues, parmi lesquelles on doit ranger en première ligne le mode de putréfaction, la

______

(1) *Mémoire sur les causes de la Peste* (*Ann. d'hyg. publ. et de méd. lég.*, 1831, t. V, p. 270).

nature des émanations, leur degré de concentration et la résistance plus ou moins grande que leur oppose l'organisme en raison de la force individuelle ou de l'habitude acquise.

Ce sont là les points que nous nous efforcerons de développer et d'éclaircir dans l'étude des deux questions spéciales que nous avons à traiter et dans les réflexions générales par lesquelles nous terminerons.

PREMIÈRE PARTIE.

VOIRIES.

Définition, division. — Le mot de *voirie,* ou *voierie,* dans les anciennes coutumes, ne signifie pas autre chose que *voie, chemin, rue commune* et d'une façon plus restreinte la *charge* et la *juridiction* de l'officier de police ou édile appelé *voyer, viarius* ou l'ensemble des règles de droit applicables à cet objet. C'est en ce sens que le langage administratif a consacré la division de *grande et petite voirie,* suivant l'importance des voies de communication. Mais il est un autre sens, et c'est précisément celui dans lequel nous aurons à employer ce mot, dont l'origine est difficile à démêler. Chacun sait, en effet, qu'on appelle encore du nom de *voirie* une place publique vaine et vague située dans le voisinage des grands chemins où l'on porte les boues, charognes et autres immondices des villes et bourgs. Telle est la définition du *Dictionnaire* de Trévoux. Or y a-t-il lieu de chercher, pour ce sens particulier du mot *voirie,* une étymologie particulière et différente de celle de *viarius* ou *viaria* ? L'honorable directeur général de l'administration de l'assistance publique, M. Davenne, auteur de l'excellent *Traité de la voirie urbaine,* regarde comme assez probable que, par une assimilation qui remonte à des temps assez reculés de notre histoire, on a pu confondre les gémonies de la haute justice seigneuriale auxquelles étaient réunis les dépôts de tous les objets immondes avec les grands chemins au bord desquels les gibets étaient assez généralement situés pour effrayer les voleurs qui en faisaient le théâtre de leurs rapines ? Faut-il accepter de préférence l'étymologie un peu trop poétique et recherchée de Ménage qui fait dériver de *vulturia* le nom des lieux où les vautours trouvaient leur pâture? Ou enfin faut-il ne voir là qu'une extension de sens du mot *viaria*, un détail de la charge du *voyer* qui devait veiller à tenir la voie nette et assigner la place où seraient portées les ordures et immondices? Cette dernière explication, adoptée par Trévoux, nous paraît la plus simple et la plus plausible ; c'est à elle que nous nous rangerons.

Au point de vue de la salubrité et de l'hygiène publique, la question des voiries, dont ne peut être séparée sous ce rapport celle des cimetières, doit être ramenée aux termes suivants : *Quels sont les moyens en usage pour évacuer hors des villes, décomposer ou transformer de la manière à la fois la moins insalubre, la plus utile et la plus décente les masses de débris organiques putréfiés ou putrescibles qui résultent de la vie animale dans les grands centres de population ?*

Ces débris peuvent être distribués en trois classes :

I. IMMONDICES.

a. Débris des halles et marchés, de l'économie domestique, boues, etc.

II. EXCRÉMENTS.

b. Excréments humains.
c. Excréments des animaux domestiques.

III. CADAVRES D'ANIMAUX.

d. Cadavres des animaux domestiques non comestibles.
e. Cadavres humains.

D'où la division des voiries en :

1° Voiries d'immondices ;
2° Voiries de matières fécales ;
3° Voiries d'animaux morts ;

qui doivent être successivement étudiées, eu égard à la nature des matières, à leur origine, et aux conditions à remplir pour les rassembler, les décomposer, ou les transformer. Il est bien entendu que le dernier groupe, celui des cadavres humains, doit être mis à part et former à lui seul l'objet de la question des cimetières.

Considérations générales. Historique. — Mais avant d'entrer dans les développements que comporte l'étude des diverses voiries, il importe de présenter quelques remarques générales qui sont indispensables pour faire bien comprendre l'état actuel de la question et en déterminer exactement les limites.

Dans toute agglomération d'hommes, les besoins les plus impérieux de la vie donnent naissance à une quantité de produits de décomposition, immondes ou excrémentitiels, dont toute société policée doit chercher à se débarrasser, non seulement dans l'intérêt de la propreté et de la salubrité des villes, mais certainement aussi par une sorte de respect de soi-même qui porte l'homme à éloigner de lui les corps privés de vie et les objets immondes ou infects, qui sont de nature à offenser les sens ou la pensée. Aussi ce qu'il y aurait en apparence de plus souhaitable serait d'arriver à faire disparaître complétement ces différentes matières. C'est là en effet ce qui a lieu, ainsi que nous le verrons dans un grand nombre de localités. Mais si l'on considère que ces débris recèlent en eux une foule de principes que l'agriculture et les arts peuvent utiliser soit directement soit indirectement, et savent rendre éminemment féconds, on comprendra qu'un intérêt nouveau s'attache à ces matières confondues sous le nom d'immondices; et que leur conservation et leur emploi présentent une haute importance. Les voiries n'ont donc pas seulement pour but d'en débarrasser la voie publique ou les habitations, elles forment de véritables entrepôts où l'industrie va puiser les matériaux qu'elle saura appliquer de mille façons utiles. Mais ce n'est pas là encore le dernier progrès à accomplir. S'il était possible de donner à ces matières immondes un emploi immédiat, et de ne plus les laisser attendre dans des dépôts la destination qu'elles doivent recevoir, on aurait certainement réalisé avec la suppression des voiries une des améliorations les plus incontestables, dans les conditions de la salubrité.

Nous pouvons donc, dès à présent, faire pressentir quelles seront les phases que doit traverser l'histoire des voiries. Ou les matières immondes disparaîtront plus ou moins complétement, ou elles seront conservées tantôt sans précautions et sans triage préalable, tantôt dans des dépôts séparés et disposés avec plus ou moins d'art ; ou enfin elles subiront certaines métamorphoses artificielles qui les mettront en état d'être employées au moment même où elles seront enlevées. Le dernier terme ne sera sans doute pas atteint ; par des raisons que nous développerons bientôt, la suppression absolue des voiries dans les localités où l'on voudra ne pas perdre les matières utilisables, ne paraît pas pouvoir être jamais possible ; mais il y aura dans ces établissements des transformations successives qui , suivant les progrès de l'industrie, modifieront d'une manière plus ou moins profonde les conditions d'insalubrité qu'elles présentent. Il est facile de voir combien cette question s'agrandit, puisque désormais l'assainissement des voiries dépend de l'emploi qui sera fait des produits qu'elles renferment. C'est là, nous ne craignons pas de le dire, une face nouvelle du sujet, et nous ne pourrions la négliger sans courir le risque de rester fort au-dessous de notre tâche. Mais il en résulte une extrême difficulté, due principalement aux différences capitales qui existent dans les diverses localités, et à la multiplicité des détails dans lesquels nous serons forcé d'entrer pour donner seulement un aperçu de ce qu'ont été les voiries, de ce qu'elles sont actuellement, et de ce qu'elles seront demain peut-être.

Avant de parler des diverses espèces de voiries, il convient d'appeler l'attention sur deux points essentiels, qui se rattachent à la partie historique de la question. C'est d'une part l'absence totale de voiries dans certains pays et à certaines époques; et d'une autre part le défaut de triage et le mélange, dans un même lieu, de tous les produits. L'importance capitale de ces circonstances, au point de vue de la salubrité générale des villes, ressortira de l'exposé que nous allons faire des origines et des modes divers de constitution des voiries.

Il est très difficile, d'après le petit nombre de renseignements qui nous sont parvenus, de se faire une idée exacte de ce que devenaient les immondices dans les cités antiques et même à Rome. On ne saurait douter cependant du soin apporté à la salubrité de la ville dans les temps les plus reculés et jusque sous les rois. Tite-Live (1) signale parmi les travaux que le second Tarquin fit exécuter le *Grand cloaque*, réceptacle des toutes les immondices de la ville : « Foros in circo faciendos, cloacamque (2) maximam, recep- » taculum omnium purgamentorum urbis, sub terram agen- » dam, quibus duobus operibus vix nova hæc magnificentia » quidquam adæquare potuit. » Il est souvent question dans les auteurs qui ont traité de l'édilité romaine (3) et dans les inscriptions (4) des *curatores viarum, curatores cloacarum urbis*. Il semble même que les immondices fussent parfois

____

(1) *Hist.*, c. I, l. 56.

(2) On lit dans le *Dictionnaire de Facciolati* au mot *Cloaca* : Locus cavus sive is publicus sive privatus sit, fossa, via subterranea parietibus in modum aquæductus munita per quam aqua pluvia, extra urbem vel in fluvium dilabens, urbis sordes secum rapit.

(3) Guillaume Schubert, *De Romanorum ædilibus*, 1828.

(4) Orelli, *Inscript. latin. select. ampliss. collect.*, n° 150.

enlevées et déposées en monceaux ; car Cicéron parle d'individus qui « luta et limum aggerebant. » Mais ce qui paraît beaucoup plus certain, c'est que tous les débris immondes de la ville étaient entraînés dans le fleuve comme on le voit encore dans tant de localités modernes. On lit dans Ovide (1) :

Donec ab Iliaca placidus purgamina Vesta
Detulerit flavis in mare Tibris aquis.

Il n'est pas sans intérêt de rapprocher sur le champ de ce fait les conditions actuelles de la salubrité dans une foule de villes qui, soit en France, soit à l'étranger, n'ont pas de voiries et qui écoulent directement les immondices dans les eaux des rivières ou dans la mer. Nous citerons notamment dans notre pays Nantes, où les matières sont conduites à la Loire par des canaux appelés *toucs*. L'eau manque souvent pour faciliter l'écoulement, aussi est-il fort irrégulier, et lors des fortes averses il règne dans plusieurs quartiers une odeur infecte. Il en est de même dans la plupart des ports de l'Océan. A Avignon, à Marseille (2), et presque dans tout le Midi, les matières fécales et les urines reçues dans des tonneaux qui parcourent la ville deux fois par jour sont transportées à la mer. A Londres et dans un grand nombre de villes d'Angleterre, à Bruxelles également, les voiries sont remplacées par un système général de drainage qui passe sous chaque maison. Les communs, cuisines, offices, etc., se trouvent toujours en contrebas du sol, et toutes les eaux ménagères, de même que les vidanges, se rendent de suite dans des tuyaux garnis d'écluses que l'on ouvre à certaines

(1) *Fastes*, VI, 237.
(2) *Rapport général sur les travaux du conseil de salubrité du départ. des Bouches-du-Rhône.* Marseille, 1840, p. 26.

heures et qui aboutissent à la Tamise, pour Londres , à la Senne, pour la capitale de la Belgique et à d'autres lieux de décharge pour d'autres villes. La grande quantité d'eau jetée dans les lieux d'aisance facilite l'écoulement. Ce système, qui simplifie beaucoup le nettoiement des villes, a le grand inconvénient de perdre des matières d'une grande valeur pour l'agriculture. Il est extrêmement probable que les mœurs anglaises ont été longtemps un obstacle considérable à l'utilisation des matières fécales ; mais dans ces derniers temps les plus grands efforts ont été faits, surtout en Écosse et en Irlande, pour en tirer parti (1).

Dans les pays chauds, où l'on produit, en général, moins de matières fécales, et où la sécheresse et les insectes les réduisent plus promptement à l'état de matières inodores, le mode d'écoulement est néanmoins pratiqué dans des localités très importantes. A Trébisonde, où le terrain est très incliné, les matières des cloaques s'écoulent naturellement par le milieu des rues, qui présentent une espèce de canal découvert formant à la fois le ruisseau et l'égout. Il faut, certainement, rapprocher de ces systèmes dans lesquels on fait disparaître les immondices, la perte des matières des fosses d'aisance dans les puits absorbants. Ainsi, à Paris, dans le faubourg Saint-Jacques, les conduits de certaines maisons se rendent à d'anciennes carrières où l'on ne pénètre pas et dont on ne connaît même pas la position. Nous n'avons pas à nous occuper de ces différents procédés d'évacuation des débris organiques qui ont été conseillés jusqu'à ces derniers temps pour Paris même, et qui sont précisément l'opposé des voiries.

Mais là où, soit par incurie, soit par économie, soit par

(1) *First report of the commissioners for inquiring into state of large towns and populous districts.* London 1844, vol. II, passim.

(2) *Bulletin de la Société d'encouragement,* Paris, 1825. — *De l'enlèvement*

toute autre cause, les immondices n'étaient pas entraînées ou perdues, il a fallu pourvoir à leur enlèvement. Telle est l'origine des voiries, que nous allons suivre jusqu'au moment où la séparation fut prescrite entre les diverses espèces de matières immondes.

La fétidité des boues qui couvraient le sol a été la cause du premier acte public qui a eu en vue la salubrité de Paris, nous voulons parler du pavage ordonné par Philippe-Auguste en 1184. On lit dans Rigord : « Philippus rex Parisiis » aliquantulum moram faciens, dum sollicitus pro négotiis » regni agendis in aulam regiam (*le palais en la cité*) de- » ambularet, veniens ad palatii fenestras unde fluvium » Sequanæ pro recreatione animi quandoque inspicere con- » sueverat, rhedæ equis trahentibus per civitatem trans- » euntes fœtores intolerabiles lutum revolvendo procrea- » verunt. Quod rex in aula deambulans ferre non sustinens, » arduum opus sed valde necessarium excogitavit, quod » omnes prædecessores sui ex nimia gravitate et operis im- » pensa aggredi non præsumpserant. Convocatis autem » burgensibus cum præposito ipsius civitatis regia auctoritate » præcepit quod omnes vici et viæ totius civitatis Parisii » duris et fortibus lapidibus sternerentur. » Mais si la féti- dité des boues a donné dès le xiie siècle l'idée du pavage, il n'était pas encore question des voiries.

Dans le principe, les habitants de chaque rue, obligés au balayage du devant de leurs maisons, louaient en commun un tombereau qui conduisait les ordures aux champs. C'est en 1348, qu'une ordonnance du prévôt de Paris prononça pour la première fois des amendes contre le défaut de nettoiement.

des Boues et des Immondices de Paris considéré sous le double rapport de la salubrité et de l'économie dans les dépenses, par Huzard fils. Paris, 1826. — *Notice historique sur le nettoiement de la ville de Paris*, par M. A. Chevallier (*Ann. d'hyg. et de méd. lég.*, 1849, t. XLII, p. 262).

En 1348 et en 1356, le roi Jean confirma l'ordonnance du prévost : « Nul ne doit nourrir pourceaux chez soi, à découvert ou en lieu caché, ni laisser pareilles bêtes errer par les rues, à peine de 60 sous d'amende et d'occision des porcs. Sont seuls exceptés, les religieux de Saint-Antoine, à cause du cochon attribut de leur patron. En temps de pluie, défense d'arrêter ou de détourner l'eau, ou de balayer avant que la pluie soit passée. Défense aux maçons de faire amas de gravois et décombres dans les rues, et aux habitants de faire amas de matières puantes, à peine de 60 sous d'amende. En 1395, l'inobservation des ordonnances fît ajouter contre les contrevenants, à l'amende de 60 sous, la prison au pain et à l'eau. Malgré la sévérité des ordonnances, les voituriers, au lieu de conduire les ordures aux champs, dans la plaine Saint-Denis ou dans la plaine de Gentilly, avaient pris l'habitude de vider leurs tombereaux dans l'intérieur de la ville, au milieu des places un peu vastes. A la fin du xive siècle, la place Maubert était tellement encombrée et infectée que les marchands de la halle, qui occupaient le milieu de la place, cessèrent d'y venir, chassés par la puanteur. Plusieurs maisons étaient inhabitées ; dans d'autres, régnaient des maladies pestilentielles. C'est en 1389 seulement que la place fut purifiée, et la dépense couverte au moyen d'une taxe imposée aux voisins et aux marchands. En 1392, défense de porter sur la place de Grève, pendant la nuit, et d'y amasser les *fientes des latrines* et les boues des égouts, à peine de 40 sous d'amende. En 1396, institution d'un corps de voituriers chargés d'enlever dans des tombereaux les immondices de la ville et de les conduire, moyennant dix deniers parisis par tombereau, aux différentes voiries placées hors des portes de la ville. Le lieu le plus communément affecté à cet usage depuis l'origine était Montfaucon. En 1399, Charles VI ordonna que toutes personnes, même les *princes du sang*, les écoliers, gens d'église ou de robe, doivent faire nettoyer à leurs frais le devant de leurs hôtels, enlever les immondices, charognes, etc., les faire conduire hors la ville, et ce, sous peine de grosses amendes ou de saisie des biens. Ces ordonnances sont renouvelées pendant tout le cours du xve siècle. En 1506, le Parlement impose pour la première fois une taxe générale et permanente sur les bourgeois pour les frais d'enlèvement des boues et de nettoiement des rues de Paris. En 1539, François Ier publie une grande ordonnance sur la police des rues, où il met en ordre et développe les prescriptions des temps antérieurs. Une ordonnance d'Henri IV, en 1608, renouvela et compléta celle de François Ier.

Un arrêt du conseil de 1639 donne la liste des voiries de Paris existant à cette époque. Il y en avait sept, situées à la porte Saint-Antoine, à la porte du Temple, à la porte Saint-Lazare, à la porte Montmartre, à la porte de la Conférence (quai de Billy), à la porte Saint-Victor, et, pour le faubourg Saint-Germain, dans le Pré-aux-Clercs. Il est fait défense formelle de conduire les immondices partout ailleurs que dans ces voiries, et tous les propriétaires sont tenus de construire immédiatement des fosses et des égouts dans leurs maisons. Lorsque le prévôt Hugues Aubriot eut terminé, en 1383, la deuxième enceinte fortifiée, les habitants formèrent un dépôt de décombres et d'immondices, à droite, en dehors de la porte du Temple; ce dépôt devint si considérable par la suite, qu'il finit par dominer le rempart. En 1670 et 1671, les remparts ayant été démolis et leur emplacement converti en boulevart, on fit des plantations d'arbres sur cette ligne et l'on y établit une chaussée pavée, en laissant enfouies sous le sol les immondices qui s'y trouvaient. Un grand nombre d'autres points furent successivement convertis en voiries dans différentes parties de la ville. Avant 1674, à Paris, les seigneurs hauts-jusliciers étaient obligés de fournir des voiries suffisantes pour contenir les vidanges de l'étendue de leurs justices, et s'ils n'avaient pas d'emplacement suffisant, on les contraignait d'en acheter. En 1674, toutes les justices particulières furent réunies à celle du Châtelet. L'édit du mois dé mars de cette année, qui met à la charge du Roi l'entretien des voiries, fixe les règles d'établissement de celles-ci. On distingue alors deux sortes de voiries : celles pour les boues, et celles pour les matières fécales et charognes ; elles doivent être placées loin des maisons de la ville et des faubourgs, et des grands chemins.

Mais ces amas d'immondices et de gravois nommés *buttes*, *voiries*, *monceaux*, *mottes*, placés d'abord à l'extérieur des murs, se trouvèrent ensuite, par incurie, maintenus dans l'intérieur même de la ville, et, comme on sait, cette circonstance peut expliquer, jusqu'à un certain point, l'inégalité du sol dans les anciens quartiers de Paris.

Cette séparation des voiries d'immondices et des voiries de matières fécales est inconnue dans un grand nombre de villes modernes et presque dans toutes nos campagnes.

Nous empruntons à M. le docteur Willemin, actuellement médecin sanitaire à Damas, le tableau hideux que durant son séjour en Égypte il traçait du Caire. « Ce qui frappe, avant tout, les yeux du médecin qui recherche les vices hygiéniques de cette grande et insalubre cité, c'est l'extrême malpropreté qui règne dans les rues comme dans l'intérieur des édifices. Les immondices, les débris de toute sorte, sont parsemés dans les rues et surtout dans ces nombreuses impasses où elles aboutissent. Le sol, qui n'est ni pavé, ni macadamisé, est révêtu d'une épaisse couche de matières végétales et animales en décomposition. Cette espèce de limon formé d'ordures et de terre pétris ensemble augmente incessamment d'épaisseur. Aussi le terrain s'exhausse-t-il insensiblement ; à ce point, que dans un grand nombre de rues, les portes des maisons sont en partie enterrées ; il n'est pas rare que le sol de quelques pauvres boutiques soit de quelques pieds plus bas que celui de la rue, ce qui donne à ces étroites loges l'apparence de l'entrée d'un caveau. Sur un sol de de cette nature, on comprend aisément quel peut être l'effet de l'arrosage prescrit pendant les chaleurs de l'été deux fois par jour, mais qu'on exécute, il est vrai, assez irrégulièrement.

» L'eau qu'on y répand ne sert qu'à cimenter ces débris où l'élément fécal prédomine. Au moment de la première évaporation, il s'élève de cette glaise des miasmes d'une extrême fétidité. C'est également ce qui arrive, lorsqu'une de ces pluies, rares dans le pays, vient à humecter les rues, les terrasses, les anciens cimetières. (Il est un de ces cimetières, situé au N.-E. de la place, dont, chaque fois que par un temps de pluie j'ai traversé ce lieu, qui est devenu un passage, j'ai été frappé de la fétidité des exhalaisons qui en émanent.) D'autres emplacements où l'infection est en quelque sorte permanente, ce sont les impasses, les petites places qui servent ou de marché ou de lieu de station pour ces milliers d'ânes et de chameaux, tenus à la disposition du public. L'urine de ces animaux, imprégnant continuellement le sol tout couvert de matières fécales, y forme de véritables cloaques, dont l'odeur est des plus fétides. Un médecin distingué avait regardé depuis longtemps l'urine des ânes et des chameaux si nombreux au Caire et dont le sol est sans cesse humecté, comme une cause du développement de la peste.

« Les immondices s'élèvent au bord même du fleuve dont elles forment la berge ; si on les jetait deux pas plus avant, le Nil les entraînerait et on éviterait ainsi ce foyer d'infection. Au reste, la ville est entourée en tous sens, d'amas d'ordures semblables. C'est surtout au côté sud que l'on rencontre une véritable colline formée de ces débris amoncelés. C'est là en Égypte la plaie de presque tous les lieux habités. »

Malheureusement cette plaie s'étend dans bien d'autres pays et nous aurons à la signaler dans le cours de ce travail.

I. Voiries d'immondices.

Sous la dénomination commune d'*immondices*, on comprend généralement les résidus organiques et minéraux qui couvrent la voie publique, c'est-à-dire, les boues, les débris des halles et marchés, des cuisines, et d'une foule de petites industries qui ne sauraient être énumérées.

On comprend par ce seul énoncé qu'il soit absolument impossible d'indiquer la composition exacte des immondices que peut produire une grande ville. Ce qu'il est permis de dire seulement, c'est que l'on y trouve mêlés des excréments d'animaux et des débris de charognes, des végétaux dont quelques uns sont très sulfurés et très azotés comme les choux et les haricots, des lambeaux de tissus, des tessons de verre et de poterie, des cendres et enfin des fragments de fer provenant de l'usure des fers de chevaux et des roues de voitures.

Ces matières ont été pendant longtemps, à Paris, déposées soit dans les voiries générales, soit dans des lieux spéciaux dont on retrouve encore des traces nombreuses. M. Trébuchet (1) fait remarquer qu'à mesure que la ville s'est agrandie, la quantité de boue à enlever s'est accrue ; et que cet accroissement a obligé de multiplier les lieux destinés à les recevoir en dépôt ; ces lieux se sont trouvés peu à peu au milieu des habitations et il a fallu successivement en choisir d'autres plus éloignés. Il y a vingt ans on comptait encore en service les voiries de la barrière de Montreuil, de

---

(1) *Instruction pour le Peuple*, Cent traités, n° 27, Salubrité publique, Paris, 1847.

la rue de Ménilmontant, de la rue Château-Landon, de la
rue de la Voirie, de la barrière des Fourneaux, de la barrière
d'Enfer, de l'ancienne barrière des Deux-Moulins. Ces voiries furent peu à peu supprimées et remplacées il y a peu
d'années par trois grands dépôts d'immondices formés à
l'entrée de Vincennes, à Montrouge et à Clichy; ces établissements, qui soulevaient à juste titre les plus vives réclamations des localités environnantes, ont eux-mêmes disparu; et depuis le nouveau cahier des charges de l'entreprise du nettoiement, il n'y a plus de voiries à boue. Les
immondices enlevées de Paris par les cultivateurs des environs qui ont sous-traité avec l'entrepreneur sont presque
immédiatement employées à l'engrais de leurs terres. On
enlève chaque jour de Paris de 400 à 500 mètres cubes
de boues.

L'article 21 du cahier des charges que nous venons de
mentionner, et qui remonte au mois de juin 1831, est ainsi
conçu : « Toutes voiries existantes sont supprimées. Les
produits du nettoiement doivent être transportés à 2,000
mètres des barrières sur des terrains dont l'entrepreneur
doit se pourvoir à ses frais, risques et périls, en se conformant aux lois et règlements relatifs aux établissements
insalubres. »

Toutes ces immondices, emportées soit par bateaux, soit
dans des tombereaux, vont directement dans les campagnes
qui environnent la ville et où, sous le nom de *gadoues*, elles
sont employées comme engrais. Les anciennes voiries urbaines et publiques sont donc actuellement transformées
en dépôts privés, disséminés dans les champs et dans les
communes rurales où leurs émanations se répandent en
liberté. C'est là d'ailleurs le système usité dans la plupart
des départements agricoles en France, et dans les principales villes d'Europe, en Belgique notamment (1). Mais les

(1) Chevallier, *loc. cit.*, p. 317.

immondices sont ordinairement soumises, avant d'être enlevées, à un triage qui est admirablement opéré pour les
chiffonniers dont les magasins constituent secondairement
de véritables dépôts d'immondices dont les effets doivent
être rapprochés de ceux des voiries.

Des conditions d'insalubrité des voiries d'immondices. — Les
immondices réunies en masses considérables subissent une
véritable fermentation putride dont les produits présentent
au plus haut degré les caractères des émanations infectes
réputées insalubres ; ces inconvénients ont pu, dans certains cas, acquérir une telle gravité que les populations ont
fait entendre les plaintes les plus énergiques, et que les
conseils de salubrité ont eu maintes fois à se prononcer sur
des réclamations relatives à de semblables dépôts. Elles se
sont produites notamment contre les dépôts de boues, d'immondices et de fumiers, formés dans les communes rurales
du département de la Seine, sur des champs avoisinant la
voie publique, aux environs des habitations et même jusque
dans les cours des fermes et des maisons des villages, et le
conseil de salubrité (1) a constaté qu'elles étaient justes et
fondées, surtout pour certaines localités, telles que les communes d'Asnières et de Genevilliers. Ces dépôts d'immondices en fermentation exhalaient une odeur infecte, des
flaques d'eau croupissantes baignaient la base de ces tas de
boues et d'immondices, ramassées dans la ville. Ces engrais restaient souvent plusieurs mois dans un même lieu
avant d'être employés, attendu qu'il est de l'intérêt des
cultivateurs de ne les jeter sur la terre que lorsqu'ils ont
subi une fermentation suffisante, et qu'ils sont *faits,* suivant
leur expression. « Les réflexions sont inutiles pour démontrer jusqu'à quel point un tel état de choses pouvait compromettre la salubrité des communes où, la culture exigeant

(1) *Collection des rapports généraux sur les travaux des conseils de salubrité de la ville de Paris,* par F. de Moléon. Paris, 1830 et 1843.

une quantité notable de ces engrais, l'air était vicié par ses émanations, et l'habitation de certaines localités était devenue intolérable. »

En 1825 l'administration fut pour ainsi dire forcée par les habitants de la rue de Ménilmontant de supprimer la voirie qui existait dans cette rue. Une véritable émeute eut lieu dans ce quartier : les nombreux habitants des environs de la voirie, las de ne pas voir leurs plaintes écoutées, avaient pris le parti de se faire justice eux-mêmes. Ils fermèrent la voirie et en expulsèrent les tombereaux. Les motifs singulièrement exagérés de ces violences reposaient sur l'insalubrité des émanations de la voirie qui, disait-on, auraient donné la mort à un grand nombre de personnes, qui corrompaient tous les aliments et empêchaient même les boulangers de donner à leur pain toutes les qualités désirables. Les boues, ne pouvant plus être portées dans la voirie de Ménilmontant, dont je viens de parler, furent dirigées sur celles de Montreuil, qui, continuant toujours à recevoir celles du quartier pour lequel elle était destinée, ne tarda pas à être à un tel point encombrée, que les immondices s'élevèrent de 4 à 5 mètres au-dessus du niveau de la route ; on se trouvait alors en été, la chaleur était intense, et les orages se succédaient à peu de jours d'intervalle, ce qui détermina une fermentation très active dans cette masse d'immondices ; il s'ensuivit un dégagement abondant d'effluves putrides et infectes qui se répandirent dans les habitations voisines. Nous ne saurions omettre que Parent-Duchâtelet s'est livré sur ces faits à une enquête, dans laquelle il s'est efforcé d'en atténuer considérablement la portée (1).

A une autre époque, les fouilles de l'église Bonne-Nouvelle, qui se creusaient pendant les grandes chaleurs de

____

(1) *Recherches sur l'influence des émanations putrides sur les aliments* (loc. cit.), p. 12.

l'été dernier, ont donné naissance au développement de miasmes très dangereux pour les ouvriers, et même pour le voisinage. Cela provenait de ce que l'emplacement sur lequel a été bâti le quartier Bonne-Nouvelle était fort anciennement celui d'une voirie, dont le sol se composait des immondices infectes que l'on enlevait des rues de la ville. Des lotions et des fumigations appropriées ont été prescrites, et le danger a disparu.

Il n'est pas douteux que ces dépôts d'immondices récents ou anciens ne puissent donner lieu à ces émanations putrides dont nous avons cherché en commençant à apprécier l'action sur la santé. Les effets ne sont pas moins marqués dans les magasins de chiffons qui, nous l'avons dit, sont des espèces de voiries particulières. En effet, parmi les objets recueillis par les chiffonniers, il n'en est aucun dont l'accumulation donne lieu autant que les chiffons sales et les os, à une odeur fétide et insupportable pour le voisinage. De là la prescription imposée constamment par les conseils d'hygiène, de recevoir ces derniers bien secs, de les placer à la cave dans un tonneau fermé d'un couvercle à charnière, et de les enlever deux fois par semaine. Quant aux chiffons, ils doivent être lavés au fur et à mesure des livraisons, et séchés, autant que possible, hors des magasins. Il est défendu d'effectuer ce lavage dans le ruisseau de la rue. Quelquefois même, lorsque la position du dépôt l'exige, on a soin de préciser que l'établissement ne recevra que des chiffons blancs. Enfin, les locaux consacrés à l'industrie dont il s'agit doivent toujours être vastes et percés d'un nombre d'ouvertures suffisant, pour que l'air s'y renouvelle avec facilité. Le conseil de salubrité de la ville de Paris n'approuve guère la formation de semblables dépôts, que dans les quartiers où les habitudes des voisins, les industries qu'ils exercent, etc., en éprouvent le moins de gêne possible. Malgré toutes ces restrictions, il peut encore se faire que l'incommodité résultant de leur présence soit telle, que le conseil en demande la clôture. C'est ce qui est arrivé pour un établissement de ce genre situé rue du Champ-de-l'Alouette, quartier Saint-Marcel, contre lequel s'élevaient les réclamations de plus de vingt-cinq propriétaires du voisinage. Leurs maisons, étaient envahies jour et nuit par les émanations infectes de ce dépôt, et plusieurs locataires avaient pris le parti d'aller demeurer ailleurs, n'ayant pas d'autre moyen de s'y soustraire.

. Les effets que peuvent produire les émanations qu'exhalent de semblables dépôts sont parfois extrêmement redoutables lorsqu'ils ne sont pas tenus avec soin et entourés des précautions qui viennent d'être rappelées. On en trouve un exemple bien remarquable dans le récit des accidents formidables dont a failli être victime l'un des hommes qui ont le plus fait pour la médecine publique dans notre pays (1).

« Ollivier (d'Angers) étant allé pour visiter un magasin de chiffons tenu par le sieur Maurice, rue Saint-Germain-l'Auxerrois, demanda à voir une cave voûtée, sans communication avec l'air extérieur, si ce n'est par la porte d'entrée, qui est ordinairement fermée, cave dans laquelle le locataire renferme les os qui lui sont apportés par les chiffonniers. On le conduisit dans ce lieu. Il remarqua que le sol et la voûte étaient humides, et que les murs étaient d'un noir verdâtre ; que l'air dans lequel brûlait la lumière était infect et avait une odeur nauséabonde. Mais à peine fut-il au milieu de la cave, qu'il fut pris de vertiges : il ressentit des nausées et des envies de vomir qui le forcèrent à s'éloigner sur-le-champ et à regagner l'entrée de la cave et l'escalier qui y conduit. Sorti de la cave, son état s'améliora ; cependant il ressentit un malaise pendant le reste de la journée. Etant invité à dîner en ville, il crut cependant se trouver assez bien pour se rendre à ce dîner : il mangea même

(1) *Lettre* de A. Chevallier (*Ann. d'hyg. et de méd. lég.*, 1832, t. VII, p. 216).

avec appétit ; mais à peine le dîner était-il terminé, qu'il ressentit des pincements de ventre très-douloureux autour du nombril ; les pincements se faisaient sentir d'abord par intervalles éloignés, ensuite ils se firent ressentir davantage et d'une manière plus rapprochée : M. Ollivier fut forcé de se courber sur lui-même, de s'accroupir. Les pincements devenant plus multipliés et étant suivis d'un anéantissement général, il se fit transporter chez lui. Les secousses de la voiture n'augmentèrent pas sensiblement la douleur ; mais à peine fut-il arrivé, qu'il éprouva un vomissement qui lui fit rejeter une portion des aliments qu'il avait pris. Les vomissements furent suivis de sueurs froides, de déjections liquides, de syncopes continuelles. De nouveaux vomissements donnèrent lieu à l'expulsion du reste des aliments ; ils furent suivis de nausées, de syncopes, de sueurs froides, d'évacuations liquides très fétides. Les évacuations se succédèrent jusqu'à quinze fois, depuis sa rentrée jusqu'à cinq heures du matin ; à cette heure, les sueurs froides devinrent plus abondantes ; il y eut des évacuations sanguines par les selles. Les pincements de ventre, qui n'ont pas cessé de se renouveler par intervalles, sont aussi intenses, mais moins prolongés. Le malade éprouve un sentiment de brisure général ; les nausées cessent, mais il y a toujours des évacuations fétides, en partie jaunâtres, en partie sanguinolentes. Ces symptômes ont persisté le 4 et le 5, et ce dernier jour il y eut encore huit évacuations alvines sanguinolentes. Dans la soirée du 5, les pincements cessèrent de se faire ressentir ; le rétablissement se fit ensuite successivement : il était complet le 10. Cependant, le jeudi, M. Ollivier, ayant voulu sortir, fut saisi d'un accès de fièvre qui le força de rentrer : l'accès dura douze heures. »

On peut dire néanmoins d'une manière générale que les voiries d'immondices, lorsqu'elles sont construites suivant certaines règles dans un emplacement convenablement choisi, n'offrent pas d'inconvénients bien sérieux. C'est un fait que les conseils d'hygiène publique et de salubrité des départements ont eu plus d'une fois l'occasion de constater. Celui des Bouches-du-Rhône a montré à cet égard une grande sollicitude, et celui de la Gironde a signalé, par l'organe de son rapporteur, M. Arnozan (1), l'innocuité du dépôt d'immondices où sont portées les boues de la ville de Bordeaux. La description qu'il en donne et les observations qu'elles lui suggèrent peuvent utilement trouver place ici comme spécimen de ce qui peut se présenter dans un grand nombre d'autres localités.

« La propriété a son entrée sur le chemin de Tivoli ; son étendue est de 3 hectares environ, partagée en trois parallélogrammes à peu près égaux et complétement clos ; à gauche, est une prairie ; à droite est un terrain consacré en partie à recevoir les boues, et dont le reste est exploité en sablière ; le centre est l'emplacement destiné à recevoir les tombereaux et les immondices qui n'ont pu être embarquées ; il est traversé dans toute sa longueur par une chaussée pavée, aboutissant aux écuries. Ce local est aussi sur le plateau qui domine le versant du coteau du Bouscat ; le sol en est sablonneux, ferme, sec et perméable. Il est impossible de percevoir aucune espèce d'odeur ; les amas d'immondices ne sont qu'au nombre de deux, presque secs, mesurant à peu près 6 mètres carrés de superficie sur 1 de hauteur ; les boues, que l'on recueille principalement en hiver, forment dans l'enclos qui leur est affecté, des monceaux d'une plus grande étendue ; leur surface, comme leur intérieur, n'a offert aucune exhalaison putride ; on y reconnaît seulement, quand on les flaire de près, l'odeur spéciale de la terre ; ces amas n'ont pas tous la même ancien-

____

(1) *Rapport sur les dépôts d'immondices de la ville (travaux du conseil d'hygiène publique et de salubrité du départ. de la Gironde.* Bordeaux, 1851, p. 67).

neté, quelques uns sont récents, et cependant nous n'avons aperçu entre eux de différence que dans la quantité d'humidité. Cette observation nous indique que les boues ne contiennent pas de matières putrescibles, si ce n'est en très minime proportion. Lors de la visite, les résultats des recherches furent parfaitement les mêmes, et l'on acquit alors, comme précédemment, la conviction que cet établissement n'est pas insalubre. A cette occasion, la commission rechercha si les servitudes, les magasins, les écuries, ne pourraient pas donner lieu à quelques émanations malsaines ; mais ces divers services de l'entreprise sont soumis à une surveillance, à un ordre et à une bonne administration qui en éloignent toute apparence d'incommodité, et qui sont autant de garanties en faveur de cet établissement.

» L'endroit où l'on réunit ce que les conducteurs de tombereaux ramassent dans les bourriers de la ville se compose de vieux débris de fer, de verre cassé, de chiffons ou guenilles, etc. Tous ces objets, triés à leur arrivée et déposés dans un local situé au fond de l'établissement, sont exempts de mauvaises odeurs, grâce aux précautions que l'on a prises là comme partout. Ainsi les chiffons, les guenilles, tout ce qui est susceptible d'être décomposé par l'humidité, est étendu sur de vastes treillages et n'est mis en magasin qu'après une entière dessiccation ; les os sont immédiatement pesés et transportés chez les industriels qui en font le commerce.

» Quelques protestations accusent cet établissement d'avoir occasionné les maladies putrides dont seraient morts plusieurs animaux dans les environs. La seule inspection des lieux fait repousser une pareille allégation. »

Règles relatives à l'établissement des voiries d'immondices. — Ces dernières observations de la commission du conseil de salubrité de la Gironde nous conduisent à résumer les règles pratiques qui doivent être suivies dans l'établissement des voiries d'immondices.

L'insalubrité dépend en grande partie de la nature des immondices. On a vu en effet que l'infection produite par les voiries était d'autant plus grande que celles-ci contenaient des matières plus putrescibles. Le triage des immondices peut, jusqu'à un certain point, remédier à cet inconvénient; mais il ne faut pas perdre de vue que la valeur de celles qui sont consommées à l'engrais tient principalement aux débris de substances animales qu'elles renferment en abondance et dont l'odeur prédomine dans le gadoue.

Quant aux dépôts en eux-mêmes ils sont le plus souvent, ils étaient toujours autrefois, établis à ciel ouvert et formaient des monceaux ordinairement très considérables. Les anciennes voiries à boues de Paris étaient disposées de manière à faciliter l'arrivage et le déchargement des tombereaux. Elles présentaient une jetée en pente douce, garnies d'une espèce de parapet, soutenues par des murs solides, et hautes quelquefois de plus de 20 pieds sur une longueur d'autant plus grande que la voirie devait recevoir plus d'immondices. Le fond était pavé, afin que les voitures chargées pussent s'y mouvoir facilement. Enfin l'eau qui sort des immondices devait trouver un écoulement facile. M. Chevalier a proposé soit l'établissement de bâtiments fermés, surmontés de cheminées d'aérage dans lesquelles les boues seraient déposées et où elles pourraient même être désinfectées, soit l'enfouissement prolongé des immondices qui seraient converties en terreau.

Il y a lieu de faire remarquer encore que les boues fraîches ou *vertes* ont été longtemps réputées beaucoup moins bonnes, comme amendement, que celles qui ont subi la fermentation; d'où l'usage de les conserver pendant plusieurs mois avant de les employer. C'est là certainement une des conditions d'insalubrité les plus évidentes, et que l'on doit combattre en interdisant l'amoncellement prolongé des matières à l'air libre.

Nous ne pouvons mieux faire, pour compléter cette partie de notre sujet, que de citer l'ordonnance de police qui dans le département de la Seine a réglé ces diverses questions.

Ordonnance concernant les dépôts d'engrais et d'immondices dans les communes rurales (1).

(8 novembre 1839.)

Nous, etc., considérant qu'il est habituellement formé dans les campagnes aux environs de Paris, un nombre considérable de dépôts d'engrais, composés de boues, d'immondices ou de débris de matières animales qui, sans constituer précisément des voiries, répandent cependant des exhalaisons infectes ;

Considérant qu'il importe de préserver les habitations et les routes de l'influence insalubre que peuvent produire de telles exhalaisons, sans nuire aux avantages que les cultivateurs retirent de l'emploi de ces engrais ;

Vu les nombreuses réclamations qui nous ont été adressées à cet égard, etc. ;

ordonnons ce qui suit :

1. Tous dépôts de boues et immondices, autres que ceux qui, formant des voiries, sont soumis aux formalités prescrites pour les établissements insalubres de première classe, ne pourront être faits dans le ressort de la préfecture de police, sans notre autorisation.

2. Dans aucun cas, il ne sera accordé d'autorisation de former de semblables dépôts dans l'intérieur des cours, jardins ou autres enclos contigus aux habitations, non plus que sur des emplacements qui seraient à une distance moindre de deux cents mètres de toute habitation, et de cent mètres des routes royales et départementales, ainsi que des chemins vicinaux.

Cette distance pourra être réduite dans le cas où les chemins vicinaux ne serviraient qu'à l'agriculture.

3. Lors de l'emploi des boues et immondices à l'engrais des terres, ces matières seront étendues sur le sol, dans les vingt-quatre heures qui suivront leur apport aux champs.

4. Les dispositions prescrites par les articles précédents ne sont point applicables aux dépôts de fumier ordinaire de cheval, de vache et de mouton.

(1) *Collection officielle des ordonnances de police depuis 1800 jusqu'à 1844,* publiée par ordre de M. Gabriel Delessert. Paris, 1845, t. III, p. 329.

5. Les contraventions seront constatées et poursuivies devant les tribunaux compétents, conformément aux lois et règlements.

II. VOIRIES DE MATIÈRES FÉCALES.

Considérations générales et historiques. — Les voiries de matières fécales ont une importance beaucoup plus grande que les précédentes. Elles sont pour ainsi dire dès à présent, et sont destinées à devenir plus tard les seules voiries; les seules surtout qui, malgré des espérances hautement proclamées, ne pourront très probablement jamais être supprimées dans les grands centres de population, en raison de la quantité énorme des produits qu'elles reçoivent et des obstacles que l'on rencontrera sans doute toujours dans l'utilisation immédiate de la totalité de ces produits ; ajoutons en raison de la valeur vénale considérable de l'engrais qu'ils fournissent.

Les voiries de matières fécales sont constituées par le dépôt des déjections solides et liquides de l'homme.

Les excréments des animaux domestiques ne sont pas transportés à ces voiries. Ceux des herbivores qui contiennent une proportion relativement moindre de substances azotées et sulfureuses ont une odeur très supportable ; on attribue même à leurs émanations des propriétés salutaires. Leur consistance, également très différente, est moins visqueuse ; et ils sont ordinairement mêlés à une certaine quantité de litière. Par ces raisons, leur conservation temporaire dans les habitations et leur évacuation ne commandent pas l'établissement d'un système spécial. Quant aux carnivores ou omnivores, chiens, chats, cochons, rats, souris, leurs excréments sont comparables à ceux de l'homme, au moins par leur odeur infecte, mais il n'y a pas lieu de s'en préoccuper en raison de leur quantité insignifiante. De sorte que les excréments des animaux domestiques ne sont pas en général compris dans les voiries de matières fécales, et se confondent avec les diverses immondices.

Les excréments humains sont très azotés et très sulfurés et par suite très infects ; après avoir été recueillis et concentrés temporairement dans des fosses que l'on cure périodiquement, ils demandent, pour être évacués hors des habitations et conservés en vue de leur emploi agricole, des précautions toutes particulières. Ils doivent en outre subir un traitement et une transformation qui s'opèrent en grand ou s'achèvent dans les voiries soit publiques , soit privées ; où l'on doit s'efforcer de neutraliser l'extrême putrescibilité des matières ou d'en effectuer la décomposition dans les conditions les moins incommodes et les moins insalubres.

Nous avons vu comment les matières fécales réunies presque partout aux simples immondices dans les voiries avaient fini à Paris par en être distraites vers la fin du xviiᵉ siècle. En 1726, il y avait dans cette ville trois voiries pour les matières fécales : celles de Montfaucon, du faubourg Saint-Germain et du faubourg Saint-Marceau , dite la voirie de l'Enfant-Jésus , où devaient être portés en outre les bêtes mortes, les abats de bestiaux, les os , le sang, etc. Toutes ces matières ne pouvaient être enlevées des fosses pour le fumage des terres qu'après trois ans de dépôt, terme infiniment trop prolongé ; et par ordonnance du 31 mai 1726, il était fait défense expresse aux gens de campagne d'en prendre sans permission de l'autorité. Des trois voiries qui viennent d'être mentionnées, les deux premières ont été supprimées , et depuis 1781, celle de Montfaucon est restée pendant de longues années la seule où l'on ait continué à transporter les matières fécales. A toutes les époques et de tous les côtés de telles plaintes ont retenti contre cet établissement ; ce nom est demeuré un type si souvent et si hautement invoqué d'infection et d'insalubrité, que nous croyons utile de reproduire ici la description vraiment frappante qu'en a donnée Thouret (1).

La voirie de Montfaucon est ainsi appelée du nom du lieu où elle est située. Sa position est au nord-est de Paris, à peu de distance au delà des murs de la nouvelle enceinte de la ville. Le terrain sur lequel elle est située est un monticule formé par des carrières; les excavations nombreuses qu'on y a faites, en les exploitant, en ont bouleversé la surface, mais il n'en est résulté qu'une disposition du local plus convenable au service auquel on l'a destiné. En effet, sa pente, qui se présente à l'ouest, est partagée en différents plateaux, sur lesquels sont creusés les bassins, ce qui permet de faire couler le liquide des uns dans les autres. De ces bassins, deux sont situés au haut du monticule ou butte ; ils servent à la décharge des matières tant solides que liquides, que l'on apporte de Paris à la voirie; ils sont placés latéralement dans la direction du nord au midi. Lorsqu'un de ces deux bassins supérieurs est totalement rempli, on y laisse séjourner quelque temps les matières pour que le départ s'en fasse. Les matières solides et pesantes se précipitent au fond où elles forment un sédiment de huit à dix pieds de hauteur ; au-dessus surnage le liquide, qui forme une couche de douze à quinze pieds, et qui est bientôt recouverte par une croûte de deux à trois pieds d'épaisseur, de matières solides, légères, qui s'élèvent à la surface, où elles se durcissent à l'air. Pendant ce séjour des matières dans le bassin entièrement rempli, le deuxième sert à la décharge journalière, et lorsqu'on présume qu'elles sont séparées convenablement, on en fait écouler le liquide ou les vannes au moyen d'un aqueduc construit à l'angle nord-ouest de celui de ces deux bassins qui est placé au nord.

(1) *Rapport sur la voirie de Montfaucon* au nom d'une commission composée de Dehorne, Hallé, de Fourcroy et Thouret (*Histoire de la Société royale de médecine*, an. 1786, p. 198).

Ce liquide est reçu dans l'un des autres bassins qui sont inférieurs. De ces derniers, deux sont situés sur un plateau qui se rencontre vers la partie moyenne de la pente du monticule ; ils sont placés aussi latéralement dans la direction du nord au midi ; l'un, auquel communique l'aqueduc ci-dessus désigné, est très peu considérable, l'autre l'est beaucoup davantage.

C'est à ces différents bassins qu'était bornée la voirie de Montfaucon, à l'époque où celle de l'Enfant-Jésus fut supprimée. La nécessité de l'agrandir, pour la rendre susceptible de suffire seule à tout le service, détermina à y faire quelques nouvelles dispositions. On y ajouta un nouveau bassin, formé par l'excavation d'une carrière, pour recevoir les vannes et les laisser déposer. Ce bassin, qui est placé immédiatement au-dessous du dernier dont nous venons de parler, dans la direction de l'est à l'ouest, et dont l'étendue est très considérable, ainsi que sa plus grande profondeur, a été vidé en entier cette année, par le procédé dont nous parlerons par la suite.

Bientôt après, la grande quantité de vannes accumulées dans ces bassins, les ayant remplis au point de faire craindre de les voir s'épancher sur les possessions voisines, on sentit la nécessité de former un nouveau réservoir pour les contenir. Ce fut à cet usage que furent destinés les terrains pris à loyer, et rendus depuis aux propriétaires, étant jugés inutiles. On en creusa la surface d'environ deux pieds, et les terres provenant de cette excavation furent employées à former une digue ou berge de cinq à six pieds d'élévation, qui fut plantée d'une haie vive et d'une lisière d'arbres. On avait donné à ce bassin une grande surface, dans le dessein qu'on eut alors, ainsi que nous l'avons dit, d'y faire évaporer les vannes. La berge ou digue devait les retenir et s'opposer à leur écoulement sur les terrains du voisinage.

Le liquide des vannes, en coulant des bassins de *décharge* dans les bassins inférieurs, entraîne une grande quantité de matières qu'il tient suspendues ou dissoutes. Elles coulent sous la forme d'un fluide épais, d'une couleur d'un vert brun ou obscure, la même que celle des matières formant le dépôt des bassins, et elles se couvrent, dans les endroits où elles sont battues avec l'air par un grand mouvement, de masses très considérables d'une mousse épaisse et comme solide, d'un gris jaunâtre et qui s'élèvent à une très grande hauteur : ces vannes exhalent alors l'odeur la plus infecte, et les ouvriers qui se trouvent exposés sous le vent à leurs vapeurs courent les risques d'être frappés du plomb et de tomber asphyxiés. Quand elles sont parvenues dans un des bassins destinés à les recevoir, elles y forment, par leur séjour, un dépôt très considérable ; les matières solides légères s'élèvent à la surface, où elles forment, conjointement avec l'effet de l'évaporation, une nouvelle croûte solide et très dense, de deux pieds environ d'épaisseur. Au fond se précipitent les parties les plus pesantes que le liquide avait entraînées, et qui y forment un dépôt d'une matière homogène, qui se tranche à la bêche, qui a l'aspect et la consistance d'une argile molle, colorée en vert brun, et qui, dans les exploitations pour le desséchement, paraît former la partie la plus productive de l'entreprise. Ce dépôt est très abondant et montre de quelle grande quantité de matière le fluide des vannes est chargé lorsqu'on les épanche dans la préparation de la poudrette, ou *terre végétative*, comme l'a qualifiée la Société d'agriculture de Rouen. L'un des rapporteurs a remarqué que la coloration verte de ces matières solides ne se perd totalement que sous l'influence d'un desséchement complet. Il en conclut que cette couleur, qu'il croit due probablement à la bile altérée par l'action des acides, se perd soit par un rapprochement différent des principes, soit par l'évaporation de quelque matière fugace et volatile.

De plus, il a remarqué que l'odeur se perdait également en proportion avec le desséchement; qu'en général cette odeur est infiniment moindre que celle de la vanne dans laquelle paraît spécialement résider la fétidité.

Relativement à la chaleur qui se développe dans les matières amoncelées, on a pu constater cette élévation de température jusqu'à 80, 90, 95 degrés et même la combustion s'est produite une fois dans des poutres de l'établissement de Montfaucon.

Les amas considérables avaient une odeur assez analogue à celle de la tourbe et à celle de tan ou de cuir brûlé.

La vapeur qui s'exhale en creusant la surface de ces amas est grasse et onctueuse, le contact de cette vapeur sur les poutres des murs environnants avait produit un effet semblable à celui qui aurait résulté de la fumée d'une certaine quantité de suie qui aurait brûlé lentement. Enfin ces résidus ont été avantageusement employés comme engrais à Caen et à Rouen.

Nous ne nous étendrons pas sur les conditions d'insalubrité de Montfaucon, et nous nous abstiendrons de détails qui n'auraient plus aucun intérêt, aujourd'hui que non seulement cette grande voirie n'existe plus, mais que de plus des changements en quelque sorte radicaux ont modifié de fond en comble et à la fois les conditions de salubrité de la vidange des fosses d'aisances et celles des voiries de matières fécales. Nous dirons seulement que l'immense cloaque de Montfaucon, dont ne diffèrent pas au point de vue hygiénique les voiries construites sur le même modèle, dans quelque lieu qu'elles existent, après avoir résisté pendant des siècles aux incessantes attaques que l'agrandissement de Paris avait rendues dans les derniers temps de plus en plus ardentes, a enfin disparu complétement en 1849.

Quelques années auparavant une voirie supplémentaire avait été établie dans la forêt de Bondy. Mais le choix de l'emplacement avait suscité, comme cela arrive toujours en pareil cas, des objections qui ne doivent pas résister à l'expérience et aux perfectionnements qui ont été apportés dans cette partie de la salubrité.

Il faut dire cependant que si la voirie actuelle diffère si profondément des anciennes, ce n'est là qu'un progrès très récent, réalisé par un ensemble de moyens que nous allons exposer aussi clairement qu'il nous sera possible de le faire.

État actuel de la voirie des matières fécales de la ville de Paris. — La ville de Paris ne possède aujourd'hui qu'une seule voirie pour les matières fécales, qui se compose actuellement de deux parties : 1° d'un dépotoir situé au port d'embarquement de la Villette, et qui sert au déversement et au départ des matières extraites par la vidange des fosses ; 2° d'une voirie sise dans la forêt de Bondy, et à laquelle sont conduites, d'une part, les matières liquides par un tuyau souterrain ; d'une autre part, les matières solides par bateaux naviguant sur le canal. Nous allons décrire rapidement la disposition de ce double établissement, dont le premier surtout peut être cité comme un modèle de parfaite exécution et de salubrité, et qui ne peut manquer d'être imité (1).

Afin de faire mieux comprendre l'importance et la nature de ces établissements, il importe d'exposer en peu de mots la réforme toute récente que l'administration a introduite dans le système de vidange, et qui, sans être complète, a déjà produit des résultats qui ne peuvent manquer tôt ou tard d'exercer une notable influence sur les voiries de matières fécales. Nous chercherons à apprécier plus loin

____

(1) Déjà à Manchester et dans quelques cités manufacturières de la Grande-Bretagne, on applique le système de l'évacuation des matières liquides mues par la vapeur dans des conduits souterrains.

quelle a été jusqu'ici cette influence. En ce moment nous nous bornerons à rappeler qu'une ordonnance de police du 28 décembre 1850, en rendant obligatoire la désinfection des matières contenues dans les fosses d'aisances, autorisait l'écoulement des matières liquides sur la voie publique et le dépôt des matières solides dans des locaux privés. Cette ordonnance a été confirmée dans ses principales dispositions par celle du 8 novembre 1851, dont nous croyons utile de donner le texte, afin de montrer comment le système actuel de voirie publique ou privée se trouve étroitement lié à la réforme des procédés de vidange.

Ordonnance concernant la désinfection des matières contenues aans les fosses d'aisances.

Nous, préfet de police,

Vu : 1° les ordonnances de police des 12 décembre 1849 et 28 décembre 1850, concernant la désinfection des matières contenues dans les fosses d'aisances de la ville de Paris ;

2° La loi des 16-24 août 1790 et les arrêtés du gouvernement des 12 messidor an VIII et 3 brumaire an IX ;

3° Les rapports du conseil de salubrité ;

Considérant que, par suite d'expériences déjà anciennes et suffisamment répétées, il est reconnu qu'on peut désinfecter rapidement et économiquement les matières contenues dans les fosses d'aisances ; qu'en outre, il est aujourd'hui démontré que cette désinfection peut être assez complète pour que les matières liquides extraites des fosses soient écoulées sur la voie publique et dans les égouts, sans aucun inconvénient (1);

Vu la délibération de la commission municipale de Paris, en date du 20 décembre 1850, approuvée par M. le ministre de l'intérieur,

Ordonnons ce qui suit :

Article 1er. Il est expressément défendu de procéder à l'extraction et au

---

(1) Il ne nous appartient pas d'exprimer un avis sur cette ordonnance, mais nous nous permettrons de signaler quelques difficultés pratiques dont on n'a peut-être pas assez tenu compte et que nous avons cherché à indiquer plus loin, notamment en ce qui touche les différences que présentent les matières suivant leurs provenances.

transport des matières contenues dans les fosses d'aisances, fixes ou mobiles, avant d'en avoir opéré complétement la désinfection.

Il devra être procédé à cette désinfection dans la nuit qui précédera l'extraction des matières, et aux mêmes heures que celles qui sont fixées pour la vidange des fosses.

Art. 2. Aussitôt après la promulgation de la présente ordonnance, tout entrepreneur de vidange devra nous faire connaître son procédé de désinfection, et ne l'employer qu'après que ce procédé aura été approuvé par nous, sur l'avis du conseil de salubrité.

Art. 3. Les matières liquides désinfectées pourront être, lors de la vidange, écoulées sur la voie publique.

Art. 4. Tout entrepreneur qui voudra user de cette faculté devra, préalablement, nous en faire la déclaration, en prenant l'engagement de payer à la ville, conformément à la délibération ci-dessus visée, 1 fr. 25 c. par mètre cube de matières solides ou liquides extraites des fosses ; il devra se soumettre, en outre, à toutes les conditions qui lui seront imposées pour l'opération dont il s'agit.

Art. 5. *Les entrepreneurs pourront transporter les matières solides dans des locaux autorisés, où elles seront de nouveau désinfectées, s'il est nécessaire, de manière que la désinfection soit permanente, à défaut de quoi, les matières seront enlevées et portées à Bondy, à la diligence de l'autorité, et aux frais du contrevenant.*

Art. 6. Les liquides qui ne seront point écoulés sur la voie publique, et les matières solides dont les entrepreneurs de vidanges ne voudront pas disposer, ainsi qu'il est dit en l'article précédent, continueront à être transportés au dépotoir ou au port d'embarquement de La Villette, jusqu'à ce qu'il en soit autrement ordonné, et sauf d'ailleurs les exceptions que nous jugerions convenable d'autoriser, dans l'intérêt de l'agriculture ou de l'industrie.

Art. 7. A l'avenir, les appareils de fosses mobiles devront être disposés de telle sorte que la séparation des matières solides et liquides s'opère dans les fosses.

Art. 8. Il est expressément interdit d'attendre que la fosse soit pleine pour en opérer la vidange ; on devra toujours laisser au moins le vide nécessaire pour l'introduction et le *brassage* des matières désinfectantes.

A cet effet, dans le délai de trois mois, à partir de la publication de la présente ordonnance, chaque fosse, fixe ou mobile, devra être munie d'un indicateur qui fasse connaître qu'elle est arrivée au degré de plénitude qui rend la vidange nécessaire ; dans ce cas, le propriétaire devra faire procéder immédiatement à la désinfection et au curage de la fosse.

Art. 9. Les ordonnances et arrêté des 5 et 6 juin 1834, 23 septembre 1843, 26 janvier 1846, 24 mai et 12 décembre 1849, continueront de recevoir leur exécution en tout ce qui n'est pas contraire aux dispositions qui précèdent.

Art. 10. L'ordonnance de police du 28 décembre 1850 est rapportée.

Art. 11. Les contraventions à la présente ordonnance seront constatées par des procès-verbaux ou rapports, conformément aux lois et règlements, sans préjudice des mesures administratives qui pourront être prises contre les contrevenants, *notamment le retrait temporaire ou définitif de l'autorisation des entrepreneurs.*

Art. 12. La présente ordonnance sera publiée et notifiée aux entrepreneurs de vidange.

Le chef de la police municipale, les commissaires de police de Paris, l'inspecteur général de la salubrité et les officiers de paix en surveilleront et assureront l'exécution, chacun en ce qui le concerne.

Le préfet de police, signé DE MAUPAS.

Dépotoir de La Villette. — L'établissement se compose d'un bâtiment central et de deux pavillons : Le bâtiment central contient au rez-de-chaussée neuf galeries parallèles de 30 mètres environ de longueur, voûtées, et au-dessous desquelles règnent trois citernes de 3 mètres de profondeur, indépendantes les unes des autres et correspondant l'une aux compartiments antérieurs des galeries, l'autre aux compartiments du centre, la troisième aux compartiments de sortie.

Les citernes elles-mêmes sont divisées chacune en neuf cases par les murs qui supportent à la fois les voûtes des citernes et les pieds-droits des galeries. Mais les neuf cases d'une même citerne sont mises en communication entre elles au moyen de portes disposées de manière à se contrarier et à forcer ainsi les matières liquides versées dans une des cases extrêmes à parcourir le plus de trajet possible pour arriver dans la case de l'autre extrémité. Ces citernes ont un radier général dans lequel est préparé un caniveau dont la pente est en sens inverse de l'écoulement des liquides dans les citernes.

Au-dessus de la citerne du milieu et dans les reins de demi-voûtes en arc de cloître, pratiquées à l'une des extrémités des voûtes en berceau qui recouvrent toutes les cases, se trouve une galerie d'égout dans laquelle débouchent des conduits pratiqués au milieu du passage dans le compartiment du milieu des galeries, et à l'orifice de chacun de ces neufs conduits est adapté un boyau ou manchon en forme d'entonnoir.

Trois tuyaux en fonte sont noyés dans les voûtes des citernes et placés dans le sens de leur longueur, des tubulures adaptées à ces tuyaux ont leur orifice ouvert au sommet des voûtes des citernes. Les trois tuyaux aboutissent sous le foyer d'une machine à vapeur placée dans le pavillon du côté du canal. Sous les galeries et à 2 mètres en avant du côté du nord-est, sont placées des bordures en granit destinées à guider les voitures de vidange lorsqu'elles traversent les galeries.

Le pavillon dont nous venons de parler renferme deux machines à vapeur de 10 à 12 chevaux, servant à faire mouvoir chacune trois pompes aspirantes et foulantes, et de plus, au-dessus de la machine, un réservoir d'eau de l'Ourcq. A la suite du pavillon sont placées dans une fosse, à ce préparée, deux chaudières à vapeur.

L'aspiration des pompes est disposée à quatre branches pour aspirer à volonté soit les liquides contenus dans l'une ou l'autre des trois citernes, soit de l'eau de l'Ourcq prise dans le port. Les aspirations ne débouchent que dans la case la plus voisine de chacune des citernes, et par conséquent à l'extrémité opposée à celle où se fait le versement.

Les machines à vapeur mettent en mouvement un ventilateur qui aspire l'air des compartiments intérieurs des galeries, pour l'envoyer dans les foyers des machines à vapeur et y entretenir la combustion.

Le pavillon sud-ouest contient le logement de l'inspecteur, et de plus au-dessous du sol une cave, creusée à

2 mètres en contrebas du radier des citernes, et communiquant, par trois tuyaux munis de robinets, avec le fond des caniveaux pratiqués dans le radier des citernes. Cette cave n'a de communication libre qu'avec le compartiment central des galeries.

L'établissement, tel qu'il vient d'être décrit, est destiné à recevoir les versements des matières liquides enlevées des fosses par le moyen des pompes, et à envoyer les liquides à la voirie de Bondy par une conduite établie sur le revers de la digue du canal de l'Ourcq.

Le travail se divise en travail de jour et travail de nuit. Ce dernier, qui est de beaucoup le plus considérable, s'opère sur les tonnes roulantes de la vidange nocturne. Le premier est exclusivement consacré aux tonneaux des fosses mobiles.

Pour opérer le versement, les voitures, portant les tonnes de 2 mètres cubes de capacité, sont amenées par trois chevaux sur la face nord-est du bâtiment central, et placées dans la direction d'une des galeries. Arrivées là, elles sont arrêtées, et on dételle les deux chevaux de devant ; dès que cette opération est faite, les deux chevaux font le tour du bâtiment pour revenir sur la face opposée du bâtiment, et le cheval de brancard traîne seul la voiture pour la faire pénétrer dans la galerie vis-à-vis laquelle on l'a placée. Cette traction est rendue facile par la pente de $0^m,01$ par mètre, donnée au pavé.

Alors le boyau de cuir dont nous avons parlé précédemment étant adapté à l'orifice de vidange de la tonne, on ouvre la bonde, on incline la tonne en arrière et on verse ainsi tout son contenu dans l'égout qui règne au-dessus des reins de la voûte en arc de cloître de la citerne du milieu, et fait arriver les matières dans celle des trois citernes qui a été vidée la nuit précédente. Après que l'on a vidé la tonne on détache le boyau en cuir, on lave la bonde, on la replace et l'on fait sortir la voiture en lui faisant poursuivre son chemin dans la galerie où elle a pénétré.

Malgré les précautions que l'on vient de décrire, il pourrait peut-être encore s'exhaler de l'odeur au dehors de l'établissement ; pour prévenir cet inconvénient, dès que la première voiture de vidange arrive, on fait marcher le ventilateur aspirant qui force l'air extérieur à pénétrer dans l'établissement, pour de là aller se brûler dans le foyer de la chaudière avec les gaz odorants qui ont pu se dégager pendant le versement. Les gaz qui peuvent se dégager des citernes soit par la fermentation des matières qui y séjournent, soit par l'effet du déplacement d'air produit par le versement des matières, vont également traverser le foyer et s'y brûler.

La machine à vapeur, qui marche pendant toute la durée du versement des matières, met en mouvement les pompes destinées à refouler dans une conduite jusqu'à Bondy, les matières liquides contenues dans les citernes. Cette opération faite en vase clos dans un intérieur ne peut produire aucun dégagement de gaz.

Lorsque les liquides d'une des citernes ont été enlevés par les pompes, on descend dans cette citerne et avec des balais on poussera vers l'extrémité opposée aux pompes les dépôts qui ont pu se former. Ces dépôts, ainsi accumulés dans la case extrême, sont versés ou poussés par un tuyau dans des tonnes placées dans la cave à ce disposée sous le logement de l'inspecteur. A mesure que ces tonnes sont remplies, lavées et désinfectées, on les élève avec un treuil et on les fait arriver dans la galerie supérieure la plus voisine pour de là les envoyer par un petit chemin de fer sur le bord du port d'embarquement où on les prend pour les embarquer et les transporter à Bondy.

Les tonneaux mobiles qui arrivent au dépotoir pendant le jour sont au fur et à mesure de leur arrivage directement vidés dans les citernes par les orifices qui ont été indiqués.

Moyennant cette combinaison de moyens simples et certainement très efficaces, tout dégagement sensible d'odeur au dehors de l'établissement est impossible, et les habitations du voisinage ont certainement moins à souffrir de ce versement intérieur fait en grande partie la nuit, que du chargement et du déchargement incessant de tonnes jour et nuit en plein air au moyen de grues, comme on l'avait projeté autrefois, quand on ne prévoyait pas l'accroissement énorme du volume des matières à transporter. En effet, ce volume qui était en 1815, de 45,000 mètres cubes ; en 1828, de 90,000 mètres cubes ; en 1841, de 180,000 mètres cubes, a pris dans ces derniers temps des proportions bien plus considérables encore.

En 1850, 600,461 récipients ont apporté au dépotoir 256,931 mètres cubes de matières, dont 230,869$^{\text{m. c.}}$31 liquides ont été chassés par la conduite, et 26,123 solides emportés par bateaux à la voirie.

En 1851, année où a commencé à être mis en vigueur, à partir du 1er janvier, le système de désinfection des fosses et de l'emploi des matières solides dans les voiries particulières, le mouvement du dépotoir a été de 583,097 récipients ; 246,461$^{\text{m. c.}}$21 de matières, dont 218,351$^{\text{m. c.}}$59 chassés par la conduite, et 28,028$^{\text{m. c.}}$17 emportés par bateaux.

Enfin cette année même, pendant le mois de janvier, où durant plusieurs jours il y a eu interdiction des vidanges à cause du froid, on trouve 42,417 récipients, 17,928 mètres cubes de matières, dont 16,015 écoulés par les conduits, et 1,881 portés par bateaux.

Nous pouvons faire remarquer, dès à présent, combien est minime la différence du volume des matières apportées au dépotoir et déversées à la voirie, depuis l'interdiction du nouveau système de vidanges. Aussi il n'est pas sans intérêt de joindre ici quelques chiffres qui indiquent la proportion du liquide écoulé sur la voie publique et des matières solides enlevées. Or, pour les cinq mois de juin, juillet, août, septembre et octobre 1850, il y a eu :

	Liquide écoulé :	Matières solides enlevées :
Juin	2,790 mètres cubes.	1,607 mètres cubes.
Juillet	4,746	736
Août	2,620	942
Septembre	4,558	2,155 (1)
Octobre	4,859	1,966

C'est au dépotoir même que l'un des principaux entrepreneurs de vidanges fait opérer la désinfection des tonnes de fosses mobiles dans lesquelles, après les avoir lavées, on jette le mélange absorbant qui consiste en 1 kilogramme de sulfate de fer et 1 litre d'acide pyroligneux impur ; quantité qui doit suffire non seulement à la désinfection préalable de la tonne, mais à celle des matières qui doivent y être déposées.

Voirie de Bondy.—Ainsi que nous l'avons dit, le dépotoir de la Villette n'est en quelque sorte que le vestibule de la voirie de Bondy. Ces deux établissements sont unis par le tuyau de conduite de 30 centimètres de diamètre qui transporte de l'un à l'autre les matières liquides. Ce tuyau lui-même fait partie intégrante du système et il n'est pas inutile d'insister sur les dispositions qu'il présente. En effet, parmi les motifs invoqués dans l'enquête et sur lesquelles se fondait l'opposition aussi ardente qu'injuste qu'a soulevée le projet de construction du dépotoir, l'un des plus spécieux était le danger présumé de la rupture des tuyaux de conduite, l'infiltration des matières dans le sol et même leur mélange avec les eaux du canal. Or, depuis plus de trois ans que le système fonctionne, il n'y a pas eu une seule rupture ; mais seulement à deux reprises un engorgement et par suite un arrêt dans l'écoulement. Encore est-il juste de faire remar-

(1) La proportion considérable des matières solides, pour ce mois, tient à ce que momentanément certaines voiries particulières avaient été interdites.

quer que ces accidents étaient dus à une pratique qui a cessé depuis. Les *rachèvements*, c'est-à-dire les matières restant au fond des fosses en réparation et nécessairement mêlées de sable, de plâtre et de gravats, étaient déversés au dépotoir, et les débris étrangers qu'ils contenaient ne pouvaient manquer d'engorger le tuyau. Actuellement ces rachèvements sont directement transportés à Bondy. De plus, pour découvrir plus sûrement le siége de l'engorgement ou de l'arrêt d'écoulement et y remédier avec plus de facilité, un manomètre placé près de la machine indique la marche du liquide ; et des robinets établis de distance en distance sur la longueur de la conduite permettent de trouver exactement le point sur lequel doivent porter les réparations.

Quant à la voirie elle-même, elle est située un peu au-dessus du village de Bondy, sur les bords du canal, et au milieu de la forêt qui l'encadre de toutes parts, formant ainsi une sorte d'abri naturel contre ses émanations. Elle occupe une très vaste surface (1 kilom. de longueur environ), et se compose de plusieurs parties que nous allons décrire succinctement, sans parler des bâtiments d'habitation de l'inspecteur et du garde.

Au milieu s'élève une chaussée construite en débarcadère sur le canal, et munie de grues et de treuils. C'est là que s'opère le débardage des onze à douze cents tonnes de 8 à 12 centimètres cubes qui arrivent chaque jour par trois bateaux dont le premier touche au port vers 8 heures du matin. Les matières contenues dans les tonnes sont le plus souvent demi-solides. Cependant quand elles proviennent de fosses qui, n'étant pas étanches, sont restées très longtemps sans être vidées, elles sont tout à fait solides, et offrent même parfois une telle dureté que les débardeurs sont forcés de se servir d'une sorte de pioche pour les faire sortir des tonnes. Les matières sont directement versées dans un des bassins dont la surface est presque de niveau avec la chaussée de
quement.

Ces bassins, qui n'ont guère plus de 1 1/2 à 2 mètres de profondeur, s'étendent de chaque côté de la chaussée où ils forment deux séries distinctes qui sont successivement exploitées. Chacune d'elles se compose de quatre bassins communiquant les uns avec les autres, mais à des niveaux de moins en moins élevés, de manière à ce que le déversement des liquides s'opère par décantation. On ne remarque qu'une petite quantité d'écume à la surface des bassins; circonstance bien différente de ce qui existait à Montfaucon où une croûte très épaisse recouvrait la couche liquide; et qui est due sans doute à l'utilisation de vannes par les fabriques de produits ammoniacaux, au peu de profondeur des bassins, mais surtout à la désinfection préalable. C'est dans le second bassin que s'ouvre au moyen d'un double robinet le canal de conduite qui vient du dépotoir. L'écoulement des matières a lieu chaque jour pendant six heures. Tous les liquides qui arrivent sont conduits dans une fabrique de sels ammoniacaux établie au nord de la voirie par un canal à ciel ouvert. Et ce n'est qu'après avoir été épuisées, ou, pour nous servir de l'expression technique, après avoir été usées, qu'elles sont reprises par une conduite de retour qui les entraîne à la Seine où elles se perdent à la hauteur de la Briche près Saint-Denis. Les eaux contenues dans chaque bassin sont de moins en moins concentrées et les matières solides qui restent après l'évaporation sont exploitées en poudrette, c'est-à-dire par l'extraction des bassins, la dessiccation et le tamisage. Elles se concentrent parfois assez dans les bassins pour s'y durcir au point que l'on ne peut les enlever qu'à l'aide de la pioche. On aura une idée de l'importance de ce produit quand on saura qu'il y a en ce moment sur le bord des bassins de Bondy des masses de poudrette dont la valeur est de près de 4 millions.

Douze ouvriers sont employés au débardage des tonnes et à l'exploitation de la poudrette. Leur journée dure quelquefois plus de quinze heures et leur salaire est de

3 fr. 25 c. Mais il y faut joindre les bénéfices quelquefois considérables que leur procure le produit des objets plus ou moins précieux qu'ils trouvent dans les tonnes. On est frappé de l'énorme quantité de bouchons qui jonchent la surface du premier bassin ; et il est assez curieux de voir cette circonstance devenir l'objet d'une industrie toute spéciale. Des individus en grand nombre s'aventurent sur le sol à peine solidifié du bassin pour ramasser ces liéges qui servent ensuite, nous assure-t-on, à confectionner les têtes des volants et les bouchons de petite dimension destinés à la pharmacie.

— Nous avons décrit l'état ancien et actuel de la voirie des matières fécales de la ville de Paris ; nous croyons qu'il n'est pas sans intérêt, pour compléter cet exposé , de citer quelques documents officiels qui se rapportent à la suppression de Montfaucon et à l'établissement du dépotoir de la Villette ; et dans lesquels on trouvera plus d'une donnée utile au point de vue de la salubrité.

Cette grave mesure a donné lieu à une enquête très importante et très approfondie, dans laquelle les communes intéressées, le conseil municipal de la ville de Paris, le conseil de salubrité du département de la Seine, le comité consultatif des arts et manufactures, le conseil de préfecture et le conseil d'État ont eu successivement à donner un avis à l'occasion du projet extrêmement remarquable présenté par M. Mary, ingénieur de la ville, qui après plusieurs années a enfin été adopté au grand bénéfice de ceux mêmes qui s'y étaient opposés avec le plus d'acharnement. Les pièces que nous allons citer et qui offrent le plus grand intérêt sont les suivantes : 1° un extrait des registres des procès-verbaux des séances du conseil municipal de la ville de Paris ; 2° le procès-verbal de la commission scientifique appelée à donner son avis sur la question ; 3° le rapport de M. Mary, ingénieur en chef du service municipal, contenant la discussion des principales objections adressées au projet; 4° un extrait du rapport fait au conseil de salubrité, par M. Payen.

Extrait des registres des procès-verbaux des séances du conseil municipal de la ville de Paris. (Séance du 23 décembre 1842.)

Le conseil, vu le mémoire, en date du 4 novembre 1842, par lequel M. le préfet de la Seine lui soumet les mesures à prendre et les travaux à exécuter pour le transport, par le canal de l'Ourcq, de la totalité du produit des vidanges de Paris; ensemble, les rapport et estimation de l'ingénieur en chef du service municipal.

Vu le nouveau mémoire du 9 décembre courant, par lequel M. le préfet de la Seine, de l'avis unanime d'une commission spéciale qu'il a consultée d'après le désir de la commission du conseil chargée d'examiner la proposition ci-dessus visée, propose la création d'un dépotoir comme annexe du port d'embarquement des vidanges, et d'une conduite pour envoyer la portion liquide des matières, au moyen d'une machine à vapeur, à la voirie de Bondy.

Considérant, en ce qui concerne le canal, que le transport total des tonnes établirait une navigation extraordinaire qui serait actuellement de plus de 200,000 tonneaux par an, qui s'accroîtrait chaque année, et qui serait nécessairement gênante pour le commerce et pour les voyageurs qui fréquentent le canal;

Qu'un pareil transport de jour et de nuit pourrait, sur toute son étendue, répandre dans l'air l'infection des tonnes de vidange;

Qu'il exigerait un service très difficile pour le maniement de 600 tonnes par nuit; qu'il serait forcément interrompu pendant les chômages du canal, et qu'il en résulterait une dépense considérable pour la ville, pour les vidangeurs et pour les propriétaires de maisons;

Qu'enfin, quelque précaution que l'on prît, il pourrait avoir le grave inconvénient de discréditer dans le public les eaux du canal, par leur contact permanent de jour et de nuit avec un pareil service;

Considérant, en ce qui concerne l'établissement d'une conduite, que la commission spéciale a été unanimement d'avis que ce projet était admissible et qu'on devait lui donner la préférence sur le transport total par bateaux, attendu que la plus grande partie du volume des matières est liquide; que ce volume était, en 1815, de 45,000 mètres cubes par an, en 1828, de 90,000, et en 1841 de 180,000, et s'est ainsi quadruplé en vingt-cinq ans par l'augmentation du volume des eaux jetées dans les fosses d'aisance; que cette portion de liquide s'accroît continuellement, sans que l'on puisse prévoir le terme de cet accroissement; que cette partie liquide est extraite des fosses par les vidangeurs au moyen de pompes et de tuyaux; qu'enfin une conduite souterraine aura l'avantage de débarrasser le canal, d'éviter l'infection permanente sur le trajet et de diminuer considérablement les dépenses;

Considérant, au sujet du point de départ de cette conduite et du dépotoir à créer, que la voirie de Montfaucon est près de Paris, entre les communes de Belleville et de la Villette, et dans une orientation telle que les vents dominants en répandent l'infection sur les populations voisines; que ces populations souffrent depuis longtemps d'un pareil voisinage, et doivent d'autant plus compter sur l'éloignement complet de tout service de vidange, que, par plusieurs délibérations antérieures, le conseil municipal a adopté cette suppression;

Considérant que l'établissement du dépotoir à Montfaucon aurait l'inconvénient de rendre nécessaire un nouveau transport des matières non liquides, après la séparation pour leur embarquement;

Considérant que le port d'embarquement est consacré au départ de toutes les matières; qu'il est situé à 1,500 mètres plus loin de Paris que la voirie de Montfaucon, dans une orientation qui, par les vents les plus fréquents, n'en portera pas les exhalations sur les populations voisines; que d'ailleurs, au moyen des précautions indiquées dans le projet, l'établissement qu'il s'agit de créer aura infiniment moins d'inconvénients que le service actuel et même que l'embarquement de toutes les tonnes;

Considérant que le nouveau mode proposé n'est qu'un perfectionnement notable apporté au système d'embarquement, à cause de l'augmentation toujours croissante de la partie liquide des vidanges, et qu'en conséquence le dépotoir est une annexe, un complément indispensable du port, et sans lequel le service du transport des vidanges deviendrait impossible dans quelques années;

Considérant qu'en reportant ce dépotoir sur un autre point, ce serait créer de nouvelles difficultés pour son établissement, augmenter les inconvénients du trajet des voitures et des tonnes, changer leur direction déjà établie, l'étendre sur des parties de la commune de la Villette qui en sont affranchies et se donner la difficulté nouvelle, soit de créer un nouveau port d'embarquement, soit de ramener au port actuel la portion des matières à embarquer après la séparation des liquides.

Considérant que l'établissement de la conduite exigera moins de temps qu'il n'en aurait fallu, dans le système du transport total par le canal, pour l'agrandissement du port et pour l'augmentation du matériel des vidangeurs, et qu'ainsi le nouveau projet aura encore l'avantage de permettre plus tôt la suppression de tout versement à Montfaucon ;

Considérant, en ce qui concerne les dispositions du dépotoir projeté, qu'elles sont établies de manière à atténuer, autant que possible, les inconvénients d'une semblable construction ; que cet établissement ne sera ouvert que pendant la seconde moitié de la nuit ; enfin, qu'il ne pourra pas être un empêchement pour l'industrie de créer, dans le voisinage, des fabriques ou des usines quelconques ;

Considérant, en ce qui touche la conduite, qu'il conviendra de suivre l'avis de la commission spéciale consultée par M. le Préfet,

Délibère : le projet de dépotoir annexé au port d'embarquement de la voirie de Bondy, et celui d'une conduite pour le départ de la portion liquide des matières provenant des vidanges de Paris, sont approuvés conformément à la proposition ci-dessus analysée et dans la limite d'une dépense totale de 400,000 fr.

La portion liquide des vidanges sera envoyée à la voirie de Bondy par ladite conduite, au moyen d'une machine à vapeur ; il ne sera transporté par bateaux, sur le canal, que la portion plus dense qui ne pourrait pas couler par la conduite.

Les bateaux de transport devront être pontés et construits de façon qu'en aucun cas les eaux ne puissent être rejetées dans le canal.

Pour établir la conduite, on emploiera, à titre d'essai, des tuyaux en grès étirés à la presse hydraulique, et à leur défaut, pareillement à titre d'essai, des tuyaux en tôle étamée en bitume, de l'invention du sieur Chameroy. Dans ce dernier cas, la couche intérieure devra être composée d'asphalte naturel.

M. le préfet de la Seine est invité à solliciter, avec diligence, l'approbation du Gouvernement et à mettre promptement à exécution les travaux urgents qui font l'objet de la présente délibération.

Procès-verbal contenant l'avis d'une commission spéciale sur les moyens proposés pour le transport à la voirie de Bondy des matières provenant des vidanges de Paris. (22 novembre 1842.)

La commission convoquée par M. le préfet de la Seine est composée de MM. Gay-Lussac, Dumas, d'Arcet, membres de l'Académie des sciences ; Cavenne, Kermaingant, Devilliers, inspecteurs généraux des ponts et chaussées ; Arago, Sanson Davillier, membres du conseil municipal.

MM. Mary, ingénieur en chef du service municipal, et Trémisot, chef de bureau à la préfecture de la Seine, ont d'abord rappelé les faits suivants : L'administration municipale, dans le but de supprimer le plus tôt possible la voirie de Montfaucon, s'occupe de compléter les moyens de transporter à celle de Bondy toutes les matières provenant de la vidange des fosses d'aisances à Paris. En 1815, le volume de ces matières était, par an, de 45,000 mètres cubes ; en 1828, il a été de 90,000 mètres, et en 1841, de 180,000 ; en sorte que, dans l'espace de vingt-cinq ans, ce volume a été quadruplé. Le service actuel de chaque jour de travail peut s'élever à 600 mètres cubes.

Cette progression rapide dure encore, sans que l'on puisse exactement en prévoir le terme. Plusieurs causes la déterminent, parmi lesquelles il faut surtout remarquer : 1° l'obligation où M. le préfet de police met aujourd'hui tous les propriétaires qui font vider leurs fosses de les rendre parfaitement étanches, ce qui n'existe pas dans les anciennes maisons ; 2° le système des lieux d'aisances avec réservoirs d'eau ; 3° le perfectionnement de l'hygiène et de la propreté domestiques, l'usage des bains à domicile, l'abondance d'eau que la distribution générale établie par la ville de Paris permet à chacun d'obtenir chez soi à peu de frais, etc.

L'administration s'est d'abord arrêtée au transport des vidanges à la voirie de Bondy, par bateaux, sur le canal de l'Ourcq.

Ce moyen exige l'emploi d'environ 450 tonnes de 2 mètres cubes chacune, dont 300 pleines seraient, chaque nuit, conduites sur 16 ou 18 bateaux partant du port d'embarquement spécial de la voirie, situé au delà

T.   G de la Petite-Villette, sur le côté droit du canal. Les tonnes vides seraient ramenées pendant le jour par les mêmes bateaux, et replacées, la nuit suivante, sur les voitures des vidangeurs, à mesure qu'ils en apporteraient de nouvelles à conduire à la voirie.

Aux époques du chômage du canal de l'Ourcq (le terme moyen, par la gelée, en est de dix-neuf jours par an), on serait obligé de transporter par voitures les vidanges jusqu'à la voirie, située à 11,000 mètres environ de la barrière. Au lieu de trois et même de quatre voyages par nuit, chaque équipage ne pourrait alors en faire qu'un seul ; mais il faut remarquer, d'un autre côté, que la vidange est peu active pendant les gelées : on ne fait guère que des alléges aux fosses pleines.

En étudiant les dispositions qui resteraient à prendre pour assurer ce mode de transport, l'ingénieur en chef du service municipal, considérant que la plus grande partie du cube des vidanges est de l'eau, et que ce liquide, qui en forme actuellement plus des quatre cinquièmes, ira toujours en augmentant, a conçu et présenté le projet d'établir une conduite en tôle et bitume de 28 centimètres de diamètre pour y faire couler, jusqu'à la voirie de Bondy, cette portion liquide des matières.

Il existe déjà un projet adopté et en cours d'exécution, pour l'établissement d'une semblable conduite, sur 6,300 mètres de longueur à partir de la voirie, pour en ramener les eaux vannes à une rigole d'assainissement qui longe le canal Saint-Denis.

La nouvelle conduite, d'après la première pensée de M. Mary, serait partie de Montfaucon : comme la distance totale est de 11,100 mètres ; il aurait fallu, pour rejoindre la conduite que l'on pose en ce moment, et qui ferait le double service, y ajouter une longueur de 4,800 mètres.

Dans ce système, les vidangeurs auraient continué de conduire la plus grande partie de leurs chargements à Montfaucon. Ils auraient versé les matières dans une double fosse voûtée, construite avec des dispositions convenables pour la séparation, par le repos pendant plusieurs jours, de la partie liquide, et son écoulement par la conduite, au moyen d'une pression naturelle de 15 mètres de hauteur de ce point au-dessus de la voirie de Bondy. Le produit de cinq jours, accumulé dans l'une des fosses, se serait écoulé en vingt heures, et, après chaque écoulement, la conduite aurait été, au moyen d'un réservoir alimenté par les sources des prés Saint-Gervais, remplie d'eau claire.

Pour éviter l'expansion des exhalaisons au dehors, ce projet comportait l'établissement de hangars fermés où les voitures de vidanges auraient été introduites pour le dépotement. Ces hangars auraient été ventilés, ainsi que la fosse, par l'appel d'un foyer de machine à vapeur et d'une haute cheminée. Enfin, cet établissement, entouré de murs élevés et de plantations, n'aurait été ouvert que pendant la seconde moitié de la nuit.

Ce qui produit l'infection actuelle de Montfaucon, les bassins, les séchoirs où les matières séjournent à l'air libre, fermentent et développent sur 9 arpents de surface un volume immense de gaz, sont, par ce projet, comme en tout cas, supprimés ; mais cette localité aurait conservé la servitude du concours des voitures de vidanges, du déversement des matières e tde l'établissement des fosses et des hangars de dépotement.

Ce projet n'a point été voté par le conseil municipal, qui a persisté dans l'ancienne intention de faire effectuer par le canal le transport de la totalité des matières, et de débarrasser entièrement Montfaucon.

Cependant, en examinant les dispositions proposées par l'ingénieur en chef et par l'administration pour l'établissement définitif de ce transport, la commission du même conseil, frappée des graves inconvénients qu'il présente, a demandé à M. le préfet de faire examiner par une commission spéciale d'ingénieurs pris dans le conseil général des ponts et chaussées, de chimistes membres de l'Académie des sciences et de deux membres du conseil municipal, la possibilité de l'écoulement, par une conduite, de la portion liquide des vidanges.

C'est pour accéder à ce désir que M. le préfet, de l'aveu du gouvernement, a formé la présente commission. Les questions sur lesquelles il la prie de donner son avis à l'administration sont les suivantes :

1° Doit-on persister dans le projet de transporter par le canal, à la voirie de Bondy, la totalité des matières provenant des vidanges de Paris ?

2° Le projet d'envoyer, par une conduite, la portion liquide de ces vidanges est-il admissible ?

3° En cas d'affirmative, où doit-on fixer le point de départ ?

4° Quelles sont les autres dispositions nécessaires pour atténuer les inconvénients d'un semblable établissement ?

Après une longue discussion, à laquelle tous ont pris part, les membres de la commission, sous la réserve, pour chacun, de l'appréciation diverse des motifs et considérations ci-dessous développés, ont adopté les avis suivants à l'unanimité :

1° Sur la question du transport total des matières par le canal :

Considérant qu'une navigation extraordinaire, qui serait actuellement de 180,000 tonneaux par an, et dont l'augmentation rapide serait un fait inévitable, deviendrait nécessairement gênante pour le commerce et pour les voyageurs qui fréquentent le canal ;

Qu'un pareil transport de jour et de nuit pourrait, sur toute son étendue, répandre dans l'air, d'une manière presque permanente, l'infection qui s'exhale souvent des tonnes de vidange ;

Qu'il exigerait un service compliqué pour le maniement des tonnes, et qu'il serait forcément interrompu par les chômages du canal ;

Qu'enfin ce mode de transport aurait le grave inconvénient de pouvoir nuire aux eaux qui sont distribuées dans Paris et les discréditer aux yeux du public ;

La commission est d'avis :

Qu'il convient de restreindre autant que possible le transport des matières de la vidange par le canal de l'Ourcq, et d'embarquer les tonnes dont on ne pourra pas envoyer autrement le contenu à la voirie dans des bateaux pontés, dont les eaux ne puissent jamais être rejetées dans le canal.

2° Sur la question de l'efficacité d'une conduite pour l'écoulement de la partie liquide des vidanges :

Considérant que la plus grande partie du volume de ces matières est liquide ; que cette portion va continuellement en augmentant, sans que l'on puisse prévoir le terme de cette augmentation ; qu'elle provient, surtout, de la plus grande quantité d'eau jetée dans les fosses d'aisance ; que cette partie est déjà extraite de ces fosses par les vidangeurs, au moyen de pompes et de tuyaux ;

Considérant qu'il sera possible de produire par une machine à vapeur une force suffisante pour envoyer ces matières à la voirie de Bondy par une conduite, comme M. Mary l'a proposé ; que cette conduite aura l'avantage considérable de débarrasser le canal, d'éviter l'infection sur le trajet et de diminuer considérablement les dépenses de transport ;

La commission est d'avis ;

Que le projet d'une conduite pour l'écoulement de la partie liquide des matières est admissible, et que l'administration municipale doit lui donner la préférence sur celui du transport total par bateaux.

3° Sur la question relative au point de départ de la conduite :

Considérant que, malgré toutes précautions, il ne sera pas possible d'affranchir entièrement le voisinage des inconvénients de l'arrivée sur un même point et du dépotement de toutes les tonnes de vidange ;

Considérant que la voirie de Montfaucon est près de Paris, entre les communes de Belleville et de la Villette, au milieu d'une population nombreuse, qui s'accroît encore chaque jour, qui souffre depuis longtemps d'un pareil voisinage, et qui doit d'autant plus compter sur l'éloignement complet de tout service de vidange que, par plusieurs délibérations, le conseil municipal de Paris a déjà adopté cette suppression ;

Considérant que le port d'embarquement a été créé pour servir au départ de toutes les matières ; qu'il est déjà consacré à ce service ; qu'i est à 1,500 mètres plus loin de Paris que la voirie de Montfaucon ;

La commission est d'avis qu'il ne faut pas établir le point de départ de la conduite de Montfaucon, mais en faire une annexe du port d'embarquement, en le plaçant au delà de ce port, du côté des fortifications, de manière que le trajet actuel des voitures de vidange ne soit pas changé pour y arriver.

4° Quant aux autres dispositions, en ce qui touche la matière de la conduite :

Considérant que la couche intérieure de bitume et l'étamage de la tôle pourront être, avec le temps, attaqués et dissous par le gaz ammoniacal qui se dégagera des matières fécales,

La commission est d'avis qu'on pourrait essayer les tuyaux en grès fabriqués à la presse hydraulique, et n'employer, aussi comme essai, les tuyaux en tôle étamée et bitume, que s'il n'était pas possible de se procurer des premiers. Le bitume naturel doit être, en ce cas, préféré au bitume de gaz.

En ce qui concerne la disposition des hangars pour le déversement des vidanges :

La commission pense qu'ils devront être remplacés par des galeries voûtées et divisées en trois compartiments fermés, à la suite l'un de l'autre, de manière que, chaque voiture étant entrée dans le premier, on puisse en fermer la porte extérieure avant d'ouvrir celle du compartiment du milieu, où la tonne sera ensuite introduite pour y être vidée dans la fosse, les deux portes de chaque côté étant hermétiquement closes. La sortie devra avoir lieu avec les mêmes précautions que l'entrée.

Les galeries et la fosse devront être ventilées, non seulement par l'appel du foyer de la machine à vapeur et d'une cheminée très élevée, mais encore au moyen d'un mécanisme spécial de ventilation.

La commission pense, en outre, qu'il serait utile de faire répandre par un semblable mécanisme une poudre désinfectante dans l'intérieur de l'établissement.

Elle croit aussi qu'il serait nécessaire de faire saupoudrer les tonnes de la même poussière.

Au moyen de ces précautions et des autres précautions du projet de M. Mary, la commission pense que l'établissement qu'il s'agit de créer, qui sera d'ailleurs fermé pendant le jour et pendant la première partie de la nuit, n'aura pour le voisinage que l'inconvénient inévitable, dans tous les systèmes présentés, du concours de toutes les voitures de vidanges sur un même point.

Rapport de l'ingénieur en chef du service municipal sur les observations auxquelles a donné lieu l'enquête sur le dépotoir de matières fécales projeté à la Villette. (23 juin 1843.)

L'enquête ouverte à la Villette sur le projet d'établissement d'un dépotoir pour l'envoi par une conduite à Bondy, des liquides provenant des fosses d'aisance de Paris, a donné lieu à plusieurs oppositions et à des adhésions que nous allons passer successivement en revue.

Les oppositions les plus vives viennent de M. le maire de la Villette et des habitants de cette commune ; elles sont toutes fondées sur cette hypothèse que l'établissement projeté répandra autant d'exhalaisons insalubres que les bassins actuels de Montfaucon ; que, par conséquent, tous les environs souffriront autant de son voisinage que de celui de la voirie actuelle.

Une seule des oppositions contient un essai de critique des moyens proposés pour prévenir les inconvénients du transvasement des liquides.

Le rédacteur pose d'abord comme un *principe éternel* l'impossibilité de détruire une odeur, de brûler de l'hydrogène sulfuré.

Il conclut ensuite de la désapprobation avec laquelle aurait été reçue la proposition faite en 1810 pour brûler les matières fécales, que l'on repoussera également le projet d'écouler les liquides par une conduite ;

Enfin il affirme qu'il sera impossible de réaliser cet écoulement des liquides par une conduite, attendu, dit-il, que la conduite posée en 1809 ou 1810, pour écouler les eaux vannes de Montfaucon dans l'égout du canal Saint-Martin, reste enfoncée sous le sol après avoir coûté 150,000 francs.

Les opposants, et M. le sous-préfet de Saint-Denis avec eux, proposent, pour remédier aux inconvénients qu'ils signalent, le transport de tous les récipients soit par le canal, soit par un chemin de fer à établir sur la digue droite de ce canal, soit enfin par la route.

Le conseil municipal de la Villette rappelle, à ce sujet, les délibérations dans lesquelles le conseil municipal de Paris a successivement discuté les moyens de transport, et en conclut que l'on doit revenir à l'emploi de l'un de ces moyens, ou à tous les trois, si cela est nécessaire.

Les adhésions données au projet soumis à l'enquête, sont un-peu plus explicites que les oppositions. Les adhérents estiment que si l'établissement était créé à Montfaucon, comme on l'a proposé, il faudrait reprendre là les matières solides déposées dans les citernes, pour les mener au port d'embarquement ; qu'ainsi il y aurait deux lieux distincts affectés à ce service ; que d'ailleurs, les dispositions projetées donnent toute garantie sur les résultats à en attendre ; mais que si, par impossibilité, des dégagements de gaz avaient lieu par la cheminée, il n'en résulterait aucun inconvénient pour la Villette, parce que, élevées beaucoup au-dessus des maisons, les exhalaisons seraient chassées par les vents d'ouest dans une direction opposée à celle de cette commune.

Dans toute cette affaire, les opposants à la mesure proposée raisonnent comme s'ils étaient dans une position ordinaire, c'est-à-dire comme si la commune de la Villette n'était pas grevée d'une servitude, et d'une servitude extrêmement fâcheuse, celle du voisinage des bassins de Montfaucon. Ils oublient que c'est pour faire cesser les plaintes de cette commune et de toutes les localités environnantes qu'on a cherché les moyens de déplacer le grand foyer d'infection de Montfaucon, et de l'établir sur un point où il ne peut porter préjudice à des propriétés privées.

C'est dans cette vue qu'a été choisi l'emplacement de la voirie de Bondy ; mais ce choix fait, et l'établissement créé, on s'est trouvé arrêté par les difficultés que l'on a rencontrées lorsqu'il s'est agi d'y faire arriver la totalité des matières extraites des fosses d'aisance de Paris.

La première qui s'est fait sentir a été celle des récipients ; on en a essayé de plusieurs formes et dimensions, mais on n'a rien trouvé de satisfaisant, parce que les tonneaux de capacité moyenne mis en expérience auraient nécessité une main d'œuvre inexécutable. Postérieurement, et depuis l'invention des vidanges à la pompe, les entrepreneurs ont employé des tonnes de 2^m 00 de capacité, avec lesquelles le service aurait pu se faire il y a quelques années, mais non sans de graves inconvénients, car les grosses tonnes, incessamment détachées de leurs trains, auraient nécessairement éprouvé de fréquentes avaries dans les rues de Paris.

Nous avions cependant supposé l'emploi de ces tonnes dans les propositions que nous avions faites pour le transport, soit par bateau, soit par chemin de fer. Mais si le transport à l'aide des tonnes de 2 mètres cubes de capacité, était exécutable il y a plusieurs années, il ne l'est plus aujourd'hui, à cause de l'accroissement prodigieux du cube des vidanges, accroissement résultant et de l'établissement des fosses étanches, et surtout des habitudes de propreté introduites dans toutes les classes de la société. On conçoit, en effet, qu'avec un cube de 45,000 mètres, comme en 1815, ou même de 90,000 mètres, comme en 1828, on pouvait exécuter un transport ou par bateau ou par chemin de fer ; mais avec les 180,000 mètres de 1841, et les 350,000 mètres que l'on peut prévoir dans douze ou quinze ans, il n'y aurait pas de transport possible ; d'ailleurs, en existât-il, si l'on songe à la nature de la matière transportée, à l'odeur qu'exhalent les récipients, à la nécessité de les faire circuler le jour pour qu'ils rentrent vides la nuit, on comprendra que l'on ait reculé devant une mesure qui substituerait à la voirie de Montfaucon une voirie ambulante de trois lieues de longueur ; on comprendra également que nous n'ayons pas persisté dans la proposition que nous avions faite de placer le dépotoir à Montfaucon, c'est-à-dire de conserver pour un même service deux établissements éloignés l'un de l'autre de 1,500 mètres; on comprendra enfin que, pour éviter tous les inconvénients que nous venons de signaler, nous ayons conçu le projet d'un établissement qui n'offrira aux voisins d'autre gêne que celle que l'on ne peut éviter dans aucun système, c'est-à-dire le passage nocturne de toutes les voitures de vidange.

Quant à l'établissement même, si l'on veut bien lire la description qui a été jointe au projet d'enquête, on verra que toutes les dispositions sont prises pour qu'aucune odeur ne puisse se répandre au dehors. Nous allons les rappeler sommairement :

Lorsque l'on videra une tonne, elle sera placée dans le compartiment intérieur du dépotoir, et de doubles portes fermées pendant cette opération empêcheront toute communication de l'intérieur à l'extérieur.

Afin de diminuer les chances de dégagement de gaz, la bonde de vidange adaptée au fond des tonnes sera munie d'un cercle saillant avec rebord annulaire, au moyen duquel on fixera hermétiquement à ces tonnes un gros boyau en cuir attaché par son autre bout à la galerie qui recevra les matières versées. Ce ne sera qu'après la pose de ce boyau que la bonde d'évacuation et la bonde d'aérage seront ouvertes, de sorte que le dépotage des tonnes ne donnera pas lieu à un dégagement de gaz plus fort que celui résultant de l'ouverture momentanée de la lunette d'une fosse d'aisance ordinaire.

Cependant pour qu'aucune accumulation de gaz infectant ne puisse se faire dans le compartiment intérieur, on y entretiendra constamment en suspension une poussière de noir animal propre à détruire l'odeur, et un ventilateur en aspirera constamment l'air pour alimenter le foyer de la machine à vapeur qui servira à refouler les liquides à Bondy. De sorte qu'après avoir détruit l'odeur on produira un courant d'air du dehors en dedans, et que l'établissement, fût-il infecté, ce qui ne peut pas être, aucune odeur ne pourra s'échapper au dehors.

Quant aux gaz aspirés par le ventilateur, ils passeront dans le foyer de la machine à vapeur : là le gaz hydrogène sulfuré sera brûlé, et les vapeurs ammoniacales déjà naturellement moitié plus légères que l'air seront ou décomposées ou lancées dans l'atmosphère à une assez grande hauteur pour n'être pas plus incommodes que celles qui s'échappent de l'établissement créé par M. Mallet, au centre de la Villette.

Les matières solides restées dans les fosses en seront enlevées au moyen de tuyaux placés *ad hoc* dans les points bas de chacun des compartiments , et seront versées ou poussées directement dans des tonnes disposées dans un emplacement à ce disposé sous le logement du gardien. Ce sera là une sorte de vidange ordinaire ; mais comme elle sera faite dans un local fermé, n'ayant d'issue que dans le dépotoir, que les gaz qui s'y formeraient monteraient dans ce dépotoir et seraient aspirés par le ventilateur, on voit que cette manipulation ne pourra pas plus incommoder les voisins que le versement des matières dans les fosses.

Les dispositions que nous venons de décrire sont simples; leur efficacité est palpable ; tous les hommes impartiaux qui en ont pris connaissance les ont approuvées, elles permettent de faire la vidange même pendant les gelées , et cependant, au lieu de cela , les opposants à l'établissement projeté demandent que l'on opère le transport soit par le canal, soit par un chemin de fer, soit par la grande route, car il n'y a pas un quatrième moyen.

Dans l'une ou l'autre de ces trois combinaisons il faut tripler le matériel des vidangeurs , et pour les deux premiers il faut rendre les tonnes amovibles, c'est-à-dire les disposer de manière qu'elles puissent être détachées des trains et rattachées sans difficulté ; il faut donc tripler un matériel infect et infectant et courir les chances de renversement et de rupture des tonnes sur la voie publique; il faut pour couvrir ces frais de matériel, de chevaux et de charretiers, augmenter de beaucoup le prix des vidanges ; il faut qu'un transport actuellement nocturne se fasse de jour, et que par conséquent les yeux et l'odorat aient à souffrir dans toute l'étendue de l'espace compris entre Paris et Bondy ; il faut, suivant l'opinion unanime des entrepreneurs de vidange, que pour les temps de gelée on ait une voirie à la porte de Paris, ou que l'on cesse alors toute vidange, ce qui est impossible ; il faut enfin que les eaux qui servent actuellement à tous les besoins d'une grande partie de la population de Paris, soient compromises par le transport incessant de tonnes de vidange.

Et tout cela pourquoi, pour porter à Bondy un liquide plus ou moins chargé de matière fécale, mais qui coule parfaitement dans les tuyaux, comme on l'a éprouvé récemment, et que l'on peut par conséquent envoyer à Bondy par une conduite, sans inconvénient pour personne, et pour ainsi dire sans aucun frais.

Malgré toutes les considérations que nous avons fait valoir en faveur de l'établissement projeté, il se rencontrera peut-être encore des personnes timides qui diront : Mais que feriez-vous si le dépotoir infectait les propriétés voisines? Nous n'hésitons pas à dire, on l'abandonnerait. Une ville qui a sacrifié plusieurs millions pour supprimer Montfaucon ne reculerait certainement pas devant la perte qu'elle ferait sur un établissement dont la création ne lui aurait coûté que 232,000 francs, et qui pourrait être utilisé pour une industrie quelconque.

Ce n'est pas ici un spéculateur qui cherche à faire sa

fortune sans s'inquiéter du tort qu'il pourra faire à ses voisins, c'est la première ville du monde qui cherche la solution d'une question difficile, et qui, persuadée de l'efficacité des moyens qu'elle se propose d'employer, demande l'autorisation nécessaire pour les mettre à exécution.

Il résulte des détails dans lesquels nous venons d'entrer, que les oppositions faites contre la création du dépotoir projeté au port d'embarquement, ne sont fondées que sur des craintes vagues que rien ne justifie.

Que cet établissement présenté par les opposants comme un nouveau Montfaucon, ne ressemble en rien à ce cloaque infect, et n'y ressemblerait même pas quand on n'y prendrait aucune des précautions indiquées pour empêcher le dégagement des gaz.

Qu'enfin le transport par eau réclamé par les opposants, aurait le quadruple inconvénient de grever de servitude non seulement les alentours du port d'embarquement, mais encore toutes les localités traversées par les bateaux chargés de tonnes; d'accroître le prix de la vidange en forçant d'augmenter démesurément le matériel; de rendre la vidange impossible pendant les gelées, et surtout d'être devenu à peu près inexécutable par suite de l'accroissement énorme du cube des liquides.

Nous espérons donc que la ville de Paris sera autorisée à créer un établissement dont l'administration municipale n'a adopté le projet qu'après s'être assurée, par l'approbation unanime des savants, des ingénieurs, des membres du conseil des bâtiments civils, que les dispositions projetées permettraient de supprimer Montfaucon de la manière la moins onéreuse pour les populations voisines.

Extrait du rapport fait au conseil de salubrité le 29 septembre 1843, sur la demande d'établir au port d'embarquement de la Villette un dépotoir des vidanges, par une commission spéciale composée de MM. D'ARCET, OLLIVIER D'ANGERS, LECANU, BUSSY, PAYEN, rapporteur.

Monsieur le Préfet. — La commission spéciale, chargée de soumettre au conseil de salubrité le projet de rapport sur la demande précitée, que vous avez renvoyée à son examen, s'est assemblée plusieurs fois afin de discuter et d'approfondir toutes les questions qui pouvaient surgir de cette demande des oppositions et des adhésions qu'elle a rencontrées.

Admettant tout d'abord les motifs graves d'utilité publique qui ont décidé le conseil municipal à voter l'éloignement de l'énorme foyer d'infection dû aux manipulations des poudrettes et regardant comme une nécessité aujourd'hui indispensable, le transport à Bondy de ce dégoûtant travail, la commission a cru devoir examiner s'il convenait que le point de départ du liquide et des solides fût le même, comme la demande l'indique, ou s'il serait préférable de diviser le départ en deux localités, l'un servant à l'embarcation des solides à l'endroit désigné dans la demande, l'autre s'appliquant aux liquides et pouvant être choisi au lieu même où la voirie de Montfaucon existe. Cette dernière opinion fut soutenue par la minorité de la commission, et bien qu'en la discutant avec soin durant deux séances la commission soit peut-être allée au delà des limites qui lui étaient tracées, nous avons pensé qu'en un sujet si important il valait mieux étendre que restreindre le champ de nos observations. Nous croyons donc devoir vous rendre compte de l'opinion de la minorité sur cette sorte de question préjudicielle et des motifs qui ont amené le vote définitif de la majorité.

L'établissement du dépotoir, a-t-on dit, quelque précaution que l'on prenne, aura pour le voisinage des inconvénients, et il vaut mieux le fonder là où existe une servitude beaucoup plus grave : alors on aura amélioré l'état des choses en cette localité, et l'embarquement seul des matières solides s'opérant à la petite Villette où il se fait aujourd'hui pour les produits des fosses mobiles, on aura changé peu de choses dans cette deuxième localité, en sorte que tous les intérêts seront satisfaits et que personne n'aura à se plaindre.

Voici maintenant les motifs qui ont empêché la majorité d'adopter cet avis :

1° En divisant l'établissement de dépotage et d'embarquement, on en rendrait l'administration et la surveillance plus coûteuses, plus difficiles et moins efficaces.

2° Les inconvénients possibles de quelque odeur, ne fût-ce qu'accidentellement, seraient légers dans la localité de la petite Villette, éloignée des habitations, distante de plus de 1,000 mètres au delà de Montfaucon des murs de Paris, ne recevant que sur des terres en culture l'influence des vents qui règnent presque toute l'année et qui d'ailleurs ne se dirigeraient que vers des établissements industriels.

3° En de telles circonstances, le dépotoir doit à la petite Villette augmenter la valeur des terrains vacants; il diminuerait la valeur des propriétés bâties auprès de la capitale.

4° L'accès des voitures chargées est difficile vers Montfaucon, surtout dans l'hiver, en raison de la hauteur à laquelle se trouve placé Montfaucon ; il est facile en tous temps dans le trajet direct à la localité choisie.

5° Toutes les matières solides déposées dans les réservoirs du nouvel établissement devraient être dirigées par un service spécial de voitures qui traverseraient des rues plus ou moins encombrées pour se rendre au port d'embarquement, créant ainsi un double transport et une véritable servitude dans tous les quartiers intermédiaires.

6° La suppression de la voirie actuelle profitera d'ailleurs évidemment à la commune de la Villette qui est elle-même en ce moment sous l'influence de cette ancienne et si grave servitude.

7° Enfin, et cette raison est décisive, si malgré toutes les précautions qui seront prises dans la construction de la conduite, une cause accidentelle, imprévue, la faisait rompre à une distance quelconque du dépotoir, la réparation serait facile et n'entraînerait aucun danger sur le point choisi, puisqu'elle suit le talus extérieur de la digue du canal du côté des champs, tandis que si la conduite part de Montfaucon, sa rupture dans la petite Villette aurait les plus graves inconvénients au milieu des quartiers habités que forcément elle devrait traverser pour arriver au canal.

La majorité de la commission regarde donc la localité choisie pour l'établissement du dépotoir comme de beaucoup préférable à celle de Montfaucon.

La commission, après avoir éliminé cette difficulté première, a soumis à un examen très attentif le projet qu'elle ayait sous les yeux, les plans et pièces diverses à l'appui, les améliorations qu'il serait encore possible d'y apporter : sur tous ces points ses membres furent unanimes dans les votes qu'ils ont émis.

Le projet d'établissement du dépotoir conçu, rédigé et dessiné par un de nos collègues, M. Mary, ingénieur en chef, a déjà été l'objet d'un examen au sein d'une commission désignée par M. le préfet de la Seine, sur la demande du conseil municipal.

Cette commission avait indiqué plusieurs précautions qui furent introduites dans le projet et reçurent aussi l'approbation du conseil municipal.

C'est le travail ainsi préparé que nous allons vous faire connaître, en y ajoutant l'indication de quelques améliorations que nous avons concertées entre nous et que notre collègue, M. Mary, admet comme utiles et faciles à réaliser. Après cet exposé des moyens qui doivent être mis en pratique, la discussion des faits allégués par les opposants et les adhérents aura une base plus certaine, et nous vous soumettrons notre avis à cet égard.

(Ici le rapport reproduit les projets et la discussion développée par M. l'ingénieur en chef Mary dans la pièce précédente. Il se termine ensuite par les considérations suivantes :)

L'établissement projeté ne nous semble en aucune façon justifier les appréhensions des opposants, il est certain au contraire que sa création et les diverses mesures qui s'y rapportent supprimeront sans retour les graves servitudes qui pèsent aujourd'hui sur les propriétés de ces opposants eux-mêmes et de tous les environs de la voirie actuelle.

Sans doute on doit désirer vivement que le déplorable système de fabrication des poudrettes dans de vastes emplacements disparaisse un jour de la localité de Bondy où il va être repoussé et de tout autre ; on doit espérer que les améliorations de procédés de vidange et de désinfection concourront avec les applications agricoles perfectionnées à faire employer directement et sans putréfaction inutile les produits des vidanges en se conformant aux données de la science que la pratique a déjà sanctionnées.

Mais aujourd'hui l'établissement en question nous semble de nature à délivrer immédiatement les localités rapprochées de Paris et celles mêmes d'où partent les oppositions, des énormes quantités d'émanations infectes du vaste foyer de Montfaucon.

L'emplacement choisi nous paraît bien situé ; en conséquence nous proposons d'accorder l'autorisation de construire l'établissement projeté, à la condition expresse que toutes les mesures recommandées ici seront réalisées.

La commission s'est préoccupée de la conduite au moyen de laquelle les matières liquides doivent être envoyées à Bondy, et son rapporteur, pour s'éclairer sur ce sujet, a visité avec le plus grand détail l'établissement où ont été fabriqués les tuyaux en tôle et bitume de la conduite déjà posée pour l'évacuation des urines de Bondy, conduite qui doit servir également à l'envoi des matières dans cette voirie. Il croit devoir consigner ici le résumé de ses observations.

Les tuyaux de deux mètres cinquante centimètres de longueur sont fabriqués avec des feuilles de tôle d'un seul morceau et de deux millimètres d'épaisseur. La première opération à laquelle on procède est le décapage et l'étamage d'une des faces et des lisières de l'autre face. L'étamage se fait avec un alliage d'étain, de plomb en forte proportion, d'antimoine, de cuivre et de zinc, ce qui donne à la couche appliquée sur la tôle une épaisseur plus considérable que dans l'étamage ordinaire.

Ces feuilles ainsi préparées sont roulées au moyen de trois cylindres, puis clouées et soudées sur toute la longueur de la suture, de manière à former des tuyaux présentant un diamètre un peu plus considérable.

Dans cet état, on passe l'extrémité la plus large dans un bout de laminoir de manière à former une espèce d'emboitement de 0^m,06 environ de profondeur. C'est dans cet évasement que l'on coule un pas de vis femelle avec un alliage fort résistant et très adhérent à la tôle étamée. Un pas de vis mâle est coulé avec plus de facilité encore à l'autre extrémité du tuyau. Ces pas de vis se terminent par des ourelets saillants entre lesquels doit être comprimée la corde imprégnée d'une composition onctueuse de cire, de plomb à zinc et d'axonge, lorsque l'on met la conduite en place.

Quand les tuyaux sont ainsi préparés, on les soumet à une pression d'épreuve de vingt atmosphères.

Pour garantir de l'oxydation la paroi extérieure, on la recouvre d'une couche de bitume de 0^m,02 d'épaisseur dans laquelle on fait pénétrer du gravier. La paroi intérieure est à son tour enduite d'une couche de trois millimètres environ de bitume parfaitement lisse et brillante.

Ainsi toutes les parties de la tôle sont mises à l'abri de l'oxydation à l'intérieur par l'étamage et le vernis de bitume, à l'extérieur par la couche épaisse de bitume.

Des tuyaux ainsi fabriqués ont été placés dans les bassins de Montfaucon et de Bondy; et retirés après huit et dix mois de séjour, ils n'ont présenté aucune espèce d'altération. Ce bitume était aussi brillant qu'au moment de son application sur la tôle.

Votre commission juge que ce mode de fabrication et ces épreuves donnent toute garantie sur le succès de la conduite employée comme elle doit l'être sous une pression d'une atmosphère et demie.

Voiries particulières. — On a vu que l'ordonnance de police du 8 novembre 1851 permettait le transport et le dépôt des matières solides désinfectées dans des locaux autorisés, véritables voiries de matières fécales exploitées par l'industrie privée. Mais cette autorisation n'est accordée qu'à la condition de désinfecter de nouveau les matières de telle sorte que la désinfection soit permanente. Dans le but de favoriser cette fabrication des engrais animaux et plus encore d'intéresser les entrepreneurs à la généralisation des procédés et du système de désinfection préalable des vidanges, l'administration de la préfecture de police, suivant l'idée qu'avait suggérée anciennement Parent-Duchatelet, avait sollicité de l'autorité supérieure le déclassement des dépôts de matières fécales qui, passant de la première dans la deuxième catégorie des établissements insalubres, eussent été affranchis des formalités les plus rigoureuses de l'autorisation. Mais sur l'avis du comité consultatif ce changement dans le classement des établissements de voiries n'a pas été accordé par le ministre compétent; et ceux-ci restent, quant à présent, placés dans la première classe et soumis à la surveillance et aux conditions préalables qu'exigent les formes de l'instruction pour les établissements réputés les plus insalubres ou les plus incommodes.

Néanmoins, tout en approuvant hautement cette sage réserve, nous devons rechercher comment sont constitués ces établissements dont plusieurs, bien que non encore autorisés définitivement, se sont fondés aux environs de Paris, notamment ceux de M Richer dans le parc de Bercy, et de M. Encontre, à La Chapelle.

Les matières les plus solides recueillies après l'écoulement des liquides sur la voie publique et désignées sous le nom de *botelage*, sont transportées à l'établissement où, après avoir été soumises à des procédés de désinfection qui constituent l'une des principales conditions de salubrité que nous aurons à examiner, elles sont converties en poudrettes ou en compost pour être débitées comme engrais. On a pu voir par les chiffres que nous avons rapportés et qui marquent le mouvement du dépotoir, que, malgré la concession faite à l'industrie privée, la quantité des matières que celle-ci exploite est bien peu considérable; puisque la différence des quantités de matières solides portées à Bondy en 1850 avant l'organisation nouvelle, et en 1851 après la mise en vigueur de l'ordonnance, n'est guère que de 2,000 mètres cubes. Il faut faire remarquer à cet égard que l'exploitation par les entrepreneurs de vidanges est loin d'avoir encore reçu tout le développement qu'elle doit atteindre. Ainsi la voirie de Bercy n'utilise guère pour la fabrication des engrais que la dixième partie des matières vidangées par la compagnie Richer. Cela tient en partie à ce que l'enquête administrative n'est pas encore terminée, et que l'autorisation n'est que provisoire. Mais de plus il s'en faut de beaucoup, et il en sera toujours ainsi dans la pratique, que la désinfection dans les fosses d'aisances puisse être assez complète et assez générale pour que toutes les matières solides se trouvent dans les conditions fixées par l'ordonnance de police, en état d'être transportées autre part que dans la voirie publique.

Citernes à engrais. — Dans le nord de la France, comme d'ailleurs dans un grand nombre de pays étrangers, les matières extraites des latrines sont directement portées dans des fosses bien closes où elles séjournent plus ou moins longtemps, pour être ensuite sans autre préparation directement enlevées et répandues sur le sol. Ces fosses qui, dans la Flandre française, sont désignées sous le nom de citernes à engrais, sont assimilées à de véritables voiries de matières fécales et rangées comme telles dans la première catégorie des établissements insalubres et incommodes. Il n'y a cependant pas une complète analogie entre les dépôts ordinaires de vidanges et les citernes à engrais. Dans les premiers les matières à l'état demi-solide sont accumulées en grande masse pour être réduites soit spontanément, soit artificiellement sous forme pulvérulente, et elles exhalent librement pendant toute la durée de cette opération leurs principes volatils et gazeux dans l'atmosphère ; dans les secondes les matières toujours liquides sont déposées dans des réservoirs clos souterrains et proportionnellement de très faibles dimensions ; elles ne subissent pendant leur séjour dans les citernes aucun changement et sont jetées fluides sur le sol à fertiliser ; le seul inconvénient qu'elles présentent réside dans des émanations fétides qui s'échappent seulement lors du chargement et du déchargement de l'engrais.

Aussi est-ce avec juste raison que le conseil central de salubrité du département du Nord s'est presque chaque année élevé avec force contre le classement des citernes ; en faisant ressortir l'utilité de ces annexes obligées de toute exploitation rurale flamande, et l'importance qu'il y aurait dans l'intérêt de l'agriculture à dégager l'instruction des demandes qui les concernent des longues et dispendieuses formalités qu'elles exigent dans l'état actuel des choses. Sur un rapport de M. Brigandat, des instances nouvelles tendant à reporter de la première dans la seconde classe, les caves à engrais, ont été adressées sous la date du 3 juillet 1843, à M. le préfet, avec prière de les transmettre à l'autorité supérieure. Par lettre en date du 4 décembre 1843, M. le ministre de l'agriculture et du commerce a fait connaître que : « Les citernes ou caves, très nombreuses dans le département du Nord, rentrent dans la catégorie des dépôts de matières provenant de la vidange des latrines ou des animaux destinés à servir d'engrais et doivent être maintenues, avec ceux-ci, dans la première classe, conformément à l'ordonnance royale du 9 février 1825. Tout changement entraînerait à sa suite, ajoute M. le ministre, une foule d'abus qu'il vaut mieux prévenir que d'avoir à réprimer. D'ailleurs cette proposition n'est pas nouvelle, et toutes les fois qu'elle s'est produite elle a été jugée inadmissible. Seulement lorsqu'il s'agit de citernes aux engrais, hermétiquement fermées, telles enfin qu'elles existent dans le Nord, le conseil d'État est disposé à user de tolérance dans les permissions à accorder, comme le prouvent plusieurs ordonnances rendues récemment. Je ne puis donc, monsieur le préfet, que vous inviter à continuer de faire instruire les demandes en autorisation d'établissements de cette nature, dans la forme que prescrivent, pour les ateliers insalubres de première classe, le décret du 15 octobre 1810 et l'ordonnance réglementaire du 14 janvier 1815. »

L'insuccès des sollicitations du conseil ayant été en partie attribué au peu de développement des motifs péremptoires, suivant lui, qui devaient faire prononcer la réforme réclamée, il fut décidé qu'un rapport plus circonstancié serait encore produit sur ce sujet, afin de faire statuer de nouveau et en plus parfaite connaissance de cause, sur la modification déjà tant de fois proposée.

Cette question est trop neuve et d'un trop grand intérêt pratique pour que nous ne nous empressions pas de citer un extrait du rapport de M. Loiset (1).

« Le conseil central de salubrité s'est, depuis longtemps et dans diverses circonstances, vivement préoccupé de l'influence fâcheuse que pouvait exercer, sur les progrès agricoles, l'assimilation des citernes à engrais en usage dans une grande partie du département du Nord, à la première classe des établissements incommodes ou insalubres ; mais ses réclamations, quelque pressantes qu'elles aient été, sont restées sans résultat, et l'autorité supérieure, répondant aux dernières observations qui lui étaient adressées à ce sujet, déclarait que ces sortes d'établissements rentrent dans la catégorie des matières provenant de la vidange des latrines ou des animaux destinés à servir d'engrais, et devaient être

---

(1) *Rapport sur les travaux du conseil de salubrité du départ. du Nord* Lille, 1845, p. 43.

maintenus, avec ceux-ci, dans la première classe, conformément à l'ordonnance royale du 9 février 1825 ; elle ajoutait : Que tout changement, sous ce rapport, entraînerait à sa suite une foule d'abus qu'il vaut mieux prévenir que réprimer, et que, d'ailleurs, toutes les fois que cette proposition s'était produite, elle avait été jugée inadmissible.

» Vous n'avez pas cru que cette décision, déjà plusieurs fois renouvelée, fût pourtant irrévocable, et vous avez pensé qu'il convenait, dans l'intérêt de la prospérité des campagnes, de reproduire derechef des instances tendant au déclassement de ces accessoires obligés de nos exploitations rurales flamandes, en appuyant ces instances de détails circonstanciés qui pussent mieux faire apprécier que par le passé l'utilité, la justice et surtout l'importance de la modification sollicitée ; vous avez même fixé la plus prochaine demande dont vous seriez saisis pour autorisation de citernes à engrais, comme devant conférer au commissaire qui en serait chargé la mission d'exposer les considérations qui tendraient à ce but : c'est pour obéir à cette prescription que je vais avoir l'honneur de vous entretenir de faits qui, pour être très vulgaires dans nos localités, n'en sont pas moins dignes d'être médités dans l'intérêt de la prospérité rurale de la France entière.

» Vous savez, messieurs, que si l'ancienne châtellenie de Lille a tant de célébrité dans les fastes de l'agriculture, si elle est justement considérée par les agronomes comme le berceau et la source des assolements pecfectionnés, elle le doit surtout à l'art, qui, dès les époques les plus reculées, a toujours distingué ses cultivateurs pour créer, multiplier et faire un emploi habile des agents de fertilisation ; les ressources immenses qu'ils ont su tirer des engrais liquides et notamment du produit des vidanges ont été l'objet de l'admiration de tous les auteurs qui ont décrit les secrets de leurs belles et productives cultures.

» Désignés sous les noms de *courtes graisses*, de *gadoue*, ou simplement de *tonneaux*, ces engrais liquides sont précieusement recueillis dans les campagnes comme dans les villes qui entourent Lille ; à cet effet. les écuries et les étables sont pourvues de réservoirs en maçonnerie destinés à recevoir les urines ; les fosses d'aisances sont également citernées avec soin, de manière à prévenir l'infiltration des parties liquides et à maintenir les vidanges dans un état de fluidité complète. L'extraction de ces matières est fréquemment opérée ; elles sont transportées dans des caves en maçonnerie situées à des distances variables des fermes et sur les bords d'une route ordinairement pavée, à l'extrémité du plus grand champ de l'exploitation. Le fond de la cave est pavé en grès, et les quatre murs et la voûte cylindrique qu'ils portent sont faits en briques, puis enduits d'une couche épaisse de chaux hydraulique qui les rend imperméables. On laisse à ces caves deux ouvertures, l'une dans l'épaisseur de la voûte et dans le milieu, l'autre dans le mur du nord : la première sert à introduire et à enlever les substances ; elle se ferme avec un volet épais, en chêne, portant cadenas ; la seconde, plus petite, dirigée au nord, donne accès à l'air.

» Le transport des matières ne peut avoir lieu dans les villes qu'aux heures fixées par des règlements de police locale ; il se fait à l'aide de chariots ordinairement chargés d'une dizaine de tonneaux, et ceux-ci ont une contenance environ de 2 hectolitres : arrivés sur les lieux, les tonneaux sont vidés dans les citernes, où on laisse l'engrais liquide séjourner souvent plusieurs mois et fermenter lentement avant de le répandre sur les terres.

» Les fosses contiennent moyennement de 6 à 700 tonneaux ; les plus grandes vont jusqu'à 1,100 ou 1,200 et ne dépassent conséquemment pas 2,400 hectolitres, ou 240 mètres cubes ; parfois il en existe deux ou trois adossées les unes aux autres.

» D'après des relevés officiels faits en 1843 par l'administration municipale de Lille, la quantité d'engrais liquide, fournie annuellement à l'agriculture par cette ville, s'élèverait à 558,228 tonneaux (1) ; ce qui ferait supposer, pour la totalité de l'arrondissement, une quantité au moins égale à 2,292,197 tonneaux de *courtes graisses :* or, d'après l'estimation de nos cultivateurs, 10 tonneaux étant l'équivalent d'une voiture de fumier, cette masse énorme de matière fertilisante représenterait 230,000 voitures de fumier, ce qui donnerait, pour nos 80,000 hectares productifs de l'arrondissement de Lille, 2 voitures 9/10 par hectare, c'est-à-dire près de moitié en sus de la fumure moyenne par hectare fournie par la population animale de toute la France.

» On se tromperait beaucoup, si on admettait que le système flamand d'opérer les vidanges n'est, sous le rapport agricole, que d'une faible économie, comparativement au système généralement employé en France pour la même opération. A Paris et ailleurs, sauf les ingénieux perfectionnements introduits récemment dans leur érection et dans leur exploitation, les fosses d'aisances sont encore généralement construites de manière soit à perdre complétement les produits, soit au moins à laisser filtrer la partie la plus liquide des matières qu'elles sont destinées à recevoir ; de là une première source de diminution dans la quantité de cet engrais ; d'un autre côté les produits gazeux de la fermentation n'étant plus retenus par la masse fluide, se dégagent dans l'atmosphère, y deviennent une cause d'incom-

---

(1) Ce nombre paraîtrait exagéré, si on ne savait pas que les servantes, dans la vue d'accroître les profits qui résultent pour elles de l'abandon qu'on leur fait de la vente des vidanges, sont dans l'usage de les allonger en y ajoutant beaucoup d'eaux ménagères et même de l'eau pure.

modité et d'insalubrité pour l'homme et les animaux, et constituent, pour la culture, une nouvelle perte à ajouter à la première; enfin, après leur extraction, ces résidus parvenus à un état de demi-solidité sont exposés en masse considérable à une évaporation plus ou moins prolongée, et subissent ensuite le traitement qui doit les réduire à l'état pulvérulent, sous lequel ils sont désignés par le nom de poudrette; mais cela ne peut se faire sans que les émanations ammoniacales, agents puissants de stimulation et de nutrition pour les végétaux, ne soient encore perdues dans l'atmosphère, à laquelle elles transmettent, dans un rayon d'une grande étendue, des propriétés, sinon toujours délétères, du moins aussi désagréables que repoussantes.

» L'infatigable activité de l'habitant du Nord a su prévenir l'immense déperdition de ce principe fertilisant. Dans ses pratiques, il a précédé les théories récentes de nos plus habiles chimistes sur les engrais; il a compris qu'en retenant et dissolvant les produits volatils de la décomposition des matières animales, il pouvait fournir au végétal les éléments les plus immédiatement assimilables, ceux dont l'absorption importait le plus à l'abondance et à la perfection des récoltes. L'observation et l'expérience, devançant pour lui la science, lui ont donc permis d'utiliser complétement une force de production agricole d'une grande énergie, mais presque inconnue partout ailleurs, et dont le judicieux emploi serait de nature à changer la face de l'agriculture française.

» Sous le rapport hygiénique, la méthode flamande de traiter les vidanges, sans être exempte de tout inconvénient, n'en présente pas moins une grande supériorité sur le mode employé dans le reste de la France et dans les États limitrophes : on en trouvera la démonstration par la comparaison des diverces procédés propres à chaque système.

» Dans l'arrondissement de Lille, la fluidité des vidanges

permet leur extraction des latrines, sans descendre dans les fosses, ce qui écarte tout danger d'asphyxie ; tandis que partout ailleurs, et hors le cas des perfectionnements mentionnés plus haut, cet accident frappe trop fréquemment et parfois mortellement les ouvriers chargés de ce travail.

» Quant au transport de ces matières, il est analogue dans l'un et l'autre mode, et il est soumis à des prescriptions réglementaires presque semblables dans toutes les communes urbaines.

» Mais c'est surtout quant au dépôt des vidanges qu'il existe, suivant les lieux et au point de vue de la salubrité, des différences considérables. Disséminées ici dans des milliers de sortes de vases clos souterrains, où elles sont abandonnées au repos et à une basse température qui ralentit leur fermentation, elles n'y occasionnent pas plus d'incommodité que les latrines ordinaires de nos habitations ; tandis que là où ces matières sont accumulées par masses considérables, en plein air, exposées à toutes les influences météorologiques et soumises à des manipulations diverses, circonstances qui concourent à donner à leurs émanations une grande intensité, elles produisent cette horrible infection qui se résume dans le nom si connu de *Montfaucon*.

» Comme témoignage du peu de gravité des inconvénients attachés aux citernes à engrais, telles qu'elles sont construites dans le Nord, il suffit d'analyser les nombres repris dans le tableau suivant.

Tableau des demandes en autorisation pour la construction de caves à engrais soumises au Conseil central de salubrité du département du Nord, depuis sa création.

1829. . .	1	1837. . .	1
1830. . .	»	1838. . .	2
1831. . .	1	1839. . .	»
1832. . .	»	1840. . .	1
1833. . .	2	1841. . .	3
1834. . .	2	1842. . .	7
1835. . .	»	1843. . .	
1836. . .	1	1844. . .	1
		Total.	26

» Ces demandes se répartissent par arrondissement comme suit :

Arrondissement de Lille. . . . 22
Arrondissement d'Hazebrouck. 4

» Malgré les solennités de l'enquête de première classe, sur ces vingt-six demandes, il n'en est que trois qui aient soulevé des oppositions. Dans la première, on réclamait que la citerne fût portée à 30 mètres d'un cabaret voisin ; dans la seconde, on se bornait à solliciter un éloignement de 16 mètres ; enfin dans la dernière, il s'agissait d'une cave à engrais qui devait être construite en dessous d'une habitation contiguë à une autre maison ; construction qui fut pourtant régulièrement approuvée.

» Ces appareils des exploitations rurales flamandes ne sont pas également répandus dans tout le département du Nord ; les arrondissements de Douai, Cambrai, Valenciennes et Avesnes en sont généralement dépourvus ; ceux de Dunkerque et Hazebrouck en possèdent un grand nombre ; mais c'est particulièrement dans l'arrondissement de

Lille qu'ils sont tellement multipliés, que chaque manoir en possède plusieurs. C'est ce qui a fait dire à un agronome, à la fois homme d'État et poëte, François de Neufchâteau, que *le dieu Sterculius y avait plus d'autels que d'habitations et autant de desservants que d'habitants.*

» Cependant, par l'effet des progrès de l'art agricole, la pratique des engrais liquides ne reste pas stationnaire ; elle se propage de proche en proche et permet d'exercer la plus heureuse influence sur le développement des richesses rurales du nord de la France, si la routine et les préjugés n'apportent pas d'obstacles à son adoption.

» C'est particulièrement l'assimilation des citernes à engrais à la première classe des établissements incommodes ou insalubres, qui est de nature à retarder ce mouvement améliorateur ; non seulement les longues et dispendieuses formalités que les affaires de cette catégorie ont à subir sont onéreuses et fatigantes pour les cultivateurs, mais elles ont de plus le grave inconvénient de faire surgir de nombreuses oppositions partout où ces sortes d'établissements ne sont pas anciennement connus et n'y ont pas acquis, pour ainsi dire, un droit de cité. Il en résulte que pour la création d'une simple annexe d'exploitation, on a à triompher des mêmes difficultés que s'il s'agissait de la translation du clos si célèbre qui sert de réceptacle aux vidanges de Paris.

» Vainement objecterait-on que les citernes à engrais rentrent nécessairement, d'après la législation en vigueur, dans les dépôts provenant des vidanges. Nous avons démontré que les principales conditions de leur existence ne présentent aucune similitude avec ces derniers ; que, dans un cas, les substances tout à fait liquides sont retenues en repos et en petites quantités dans des espaces clos et frais, d'où elles ne laissent exhaler que peu d'odeurs et à une faible distance ; tandis que, dans l'autre cas, réunies à l'état

demi-solide, en plein air et par masses considérables, su-
bissant d'ailleurs diverses manipulations, elles répandent
au loin des émanations fétides insupportables.

» La crainte des abus qu'on semble redouter du déclassement des caves à engrais n'est pas mieux fondée ; car si
certaines industries ont vu s'abaisser les barrières de leur
classification primitive, moyennant l'accomplissement de
conditions déterminées, il a bien pu arriver que celles-ci
ne fussent pas de nature à passer fructueusement dans la
pratique, ou qu'elles aient été impunément écartées par les
fabricants, de manière à laisser les inconvénients de leurs
usines dans toute l'intensité qui les avait de prime abord
fait ranger dans une autre catégorie ; mais il n'en saurait
évidemment être de même ici ; car, d'une part, l'expérience
de plusieurs siècles s'est prononcée sur l'inanité des citernes à engrais, et les différences qui les séparent des dépôts des matières provenant des vidanges sont aussi faciles
à exprimer qu'à constater.

» Sans donc vous arrêter au rejet de la proposition que
vous avez plusieurs fois réitérée, et que les faits relatés
ci-dessus élèvent à la hauteur d'une grave et importante
question, tout à la fois agricole et hygiénique, vous persis-
terez dans les vues d'utilité publique qui vous ont déterminés à réclamer de l'autorité compétente, que les citernes
à engrais, telles qu'elles sont construites dans le département du Nord, soient enfin portées de la première dans la
deuxième catégorie des établissements dangereux et insalubres. »

Ce remarquable rapport n'eut pas, près de l'autorité supérieure, plus de succès que les précédentes réclamations ;
et, par une lettre ministérielle du 5 octobre 1846, le classement des citernes à engrais dans la première catégorie
fut maintenu. Cependant le conseil de salubrité, fermement
convaincu qu'il s'agissait, dans cette question, des plus

graves intérêts, a renouvelé jusque dans ces derniers temps ses démarches près de l'administration, et a de nouveau, en 1850, appelé l'attention du ministère sur les demandes qu'il avait précédemment formées.

Nous ne terminerons pas sur ce point sans signaler l'analogie qui existe entre ces citernes à engrais de nos départements du Nord et les fosses qui existent dans certaines parties de la Belgique (1), en Écosse, dans d'autres lieux encore, voire même en Chine. Nous citerons enfin, comme une particularité curieuse, ce qui se passe en Irlande. Là où la tourbe est tellement abondante qu'elle recouvre une surface de trois millions d'acres, on l'utilise pour construire de grandes fosses destinées à recevoir les matières fécales. Cette tourbe, préalablement calcinée, les désinfecte complétement et constitue, ainsi mélangée, un compost dont la valeur comme engrais est très considérable. Il y a là, à la fois réunis, le système des citernes à engrais et celui de la désinfection des matières dont nous aurons plus loin à examiner l'influence dans l'assainissement des voiries de matières fécales.

Conditions d'insalubrité des voiries de matières fécales. — Les différentes espèces de voiries de matières fécales que nous venons de décrire présentent des conditions communes d'insalubrité qu'il nous reste à indiquer. Nous devons toutefois faire observer que nous entendons parler seulement de l'insalubrité relative qui résulte des émanations plus ou moins putrides qu'exhalent ces cloaques. Sous cette réserve, les conditions que nous avons à examiner se rapportent 1° à la topographie des voiries, 2° à la nature des matières, 3° au système de vidanges, 4° au mode d'exploitation des voiries.

(1) *Agriculture de la Flandre* de Van Aelbroeck, 1830, cité par M. Chevallier dans un mémoire récent qui bien qu'indirectement touche par plus d'un point à la question qui nous occupe, *sur les urines, les moyens de les recueillir et de les utiliser* (*Ann. d'hyg. publ. et de méd. légale*, 1852, t. XLVII, p. 68).

1° *L'emplacement* sur lequel est établie la voirie est une condition capitale. Outre qu'elle ne doit être ni trop distante ni trop rapprochée du centre de population dont elle dépend, on comprend que les vents habituellement régnants dans la localité puissent exercer une influence considérable sur la dissémination et les effets des émanations putrides qui s'en échappent. Lors de la longue et intéressante enquête à laquelle a donné lieu l'établissement du dépotoir de la Villette, le conseil municipal de Paris, qui comptait dans son sein M. Arago, réfutant les objections du comité consultatif des arts et manufactures, fait ressortir l'importance de cette considération et rappelle que la Grande-Villette recevrait en plein les émanations de Montfaucon, par les vents du sud, qui règnent soixante-trois jours par an, et la Petite-Villette par les vents de sud-ouest, qui soufflent soixante-sept jours ; tandis que le dépotoir, en lui attribuant tous les inconvénients imaginaires prédits par les opposants, et dont l'expérience a démontré l'inanité, n'enverrait guère ses émanations au centre de la Grande-Villette que par les vents d'est et de nord-est, qui ne règnent respectivement à Paris que vingt-trois et quarante jours par an ; et que la Petite-Villette ne ressentirait ces mêmes effets que par les vents du nord et du nord-est, qui ne soufflent respectivement que quarante et quarante-cinq jours.

Le *sol* sur lequel sont répandues les matières peut, suivant qu'il est perméable ou non perméable, sec ou humide, modifier de la manière la plus directe les conditions hygiéniques et économiques des voiries. La principale objection, et la plus fondée qui ait été faite au choix de l'emplacement de la voirie de Bondy (1), était tirée de la nature extrême-

(1) *Rapport sur les améliorations à introduire dans les fosses d'aisances, leur mode de vidange et les voiries de la ville de Paris*, par MM. Labarraque, Chevallier et Parent-Duchatelet (*Ann. d'hyg. publ. et de méd. légale*, t. XIV, p. 258).

ment humide du sol, dont les eaux menaçaient de venir se mêler aux vannes des bassins, qui, loin de diminuer par l'évaporation spontanée, auraient au contraire augmenté. Du reste, ces inconvénients ont été notablement atténués par les travaux de conduite qui ont été exécutés depuis l'origine. La perméabilité du sol aurait cette grave conséquence de faciliter les infiltrations qui, même au point de vue de l'assainissement des voiries, offrent, ainsi que nous le verrons, des dangers réels. A Montfaucon, par exemple, les eaux vannes filtraient à travers les fissures et les crevasses des bancs de plâtre où étaient creusés les puisards ; arrivées à la couche de glaise qui soutient ces bancs, elles se répandaient dans tous les puits du faubourg du Temple et en infectaient les eaux.

2° La *nature des matières* et l'état dans lequel elles arrivent aux voiries influent d'une manière extrêmement marquée sur la putridité et la violence des émanations. Lorsqu'elles sont directement apportées au dépôt, au sortir des fosses, et sans avoir subi ni séparation ni désinfection, ainsi que cela se pratiquait dans les anciennes voiries il y a encore peu d'années, on conçoit que la putridité acquière cette effroyable intensité que Montfaucon présentait à un si haut degré.

Mais il est une particularité très curieuse qui, encore aujourd'hui, peut faire comprendre l'influence de la nature des matières sur l'insalubrité des voiries : c'est la différence qui existe dans la consistance et dans l'odeur des matières fécales, suivant leur provenance. Les vidangeurs et les ouvriers employés au débardage de la voirie ont fait, à cet égard, les remarques les plus singulières : ainsi, on reconnaît parfaitement à Bondy les vidanges qui viennent de certains établissements hôpitaliers, et les jours où ces produits arrivent à la voirie sont marqués par un redoublement d'infection insupportable. Il y a des quartiers de la ville dont les matières sont parfaitement reconnaissables à leur consistance et à leur puanteur. Celles des faubourgs et des lieux habités par les classes inférieures présentent une épaisseur considérable due à l'absence presque complète d'eau de lavage versée dans les latrines. Nous tenons de M. Richer, qui occupe aujourd'hui, à Paris, la première place parmi les entrepreneurs de vidange, qu'il ne lui a jamais été possible d'obtenir la désinfection des fosses d'aisance dans les quartiers de cavalerie, tandis qu'il y arrivait facilement dans les casernes d'infanterie. Faut-il admettre, ainsi que cela est de notoriété dans les ateliers de vidange et de voirie, que les déjections de cavalerie sont rendues plus ammoniacales par la plus grande consommation d'eau-de-vie que leurs moyens pécuniaires leur permettent ? Le séjour dans les écuries et les émanations des fumiers n'expliqueraient-ils pas d'une manière plus satisfaisante la putridité particulière des latrines dont il s'agit ? Je serais d'autant plus porté à adopter cette opinion, que, suivant la remarque de M. Richer, les latrines de l'infanterie d'élite, telle que gendarmerie mobile et garde républicaine, qui partagent les quartiers de la cavalerie, sont également réfractaires à la désinfection.

3° Les voiries ont été modifiées encore dans leurs conditions principales par les changements survenus dans les *systèmes de vidanges*. La séparation préalable des matières, l'arrivage isolé des solides et des liquides, et surtout la désinfection préalable, ont pour effet nécessaire de diminuer l'infection que les modes contraires suivis jusqu'à ces derniers temps ne pouvaient manquer de rendre excessive. Ce n'est pas ici le lieu d'insister sur les conséquences directes des nouveaux procédés de vidange ; mais il suffit d'avoir indiqué la part qui leur revient dans l'état actuel des voiries. Ainsi, sans anticiper sur ce que nous dirons des procédés de désinfection et de leurs effets, nous rappellerons que la séparation préalable des matières diminue considérablement la masse à évaporer et abrége le travail de dessiccation des produits contenus dans les bassins de la voirie. On ne peut omettre, pour être complet sur ce point, de signaler ce que le mode de transport par le tuyau souterrain, pour les liquides ; par les bateaux, pour les matières solides ; par la vidange-poste ou par les tonnes mobiles, a apporté des simplification dans le service des voiries.

4° Enfin, nous devons signaler comme plus importante encore l'influence qu'exerce sur la salubrité *le mode d'exploitation des voiries*, c'est-à-dire l'emploi que l'on y fait des matières soit solides, soit liquides. Il n'est rien, certainement, de plus essentiel, et c'est de ce côté qu'ont porté tous les perfectionnements qui se sont accomplis récemment dans cette branche importante des établissements publics. Si l'on se reporte à l'état des voiries avant l'application des procédés de désinfection et d'utilisation des produits, on trouve réunies les causes d'insalubrité les plus actives (1). Les matières solides, abandonnées à elles-mêmes, subissaient lentement toutes les phases de la fermentation putride décrite par Thouret, et répandaient dans l'air des torrents de vapeurs infectes avec lesquelles s'échappaient les principes les plus utiles à l'engrais. Quant aux liquides que n'entraînait pas l'évaporation, ou bien ils se perdaient dans des puisards absorbants, ou bien ils étaient emportés jusqu'à la rivière. Ainsi, avant 1823, les eaux vannes se rendaient, par l'égout de ceinture, en aval de Paris ; mais, par un déplorable renversement des principes les plus simples, lorsque le canal Saint-Martin eut été ouvert, les liquides furent reportés au midi et conduits, par un égout latéral se jetant dans la Seine, en amont de Paris, de façon à traverser la ville dans toute son étendue. Les inconvénients de la perte des eaux vannes dans les puisards ont été signalés

(1) *Du déplacement de la voirie de Montfaucon*, par M. Girard (*Ann. d'hyg. et de méd. lég.*, t. IX, p. 59).

avec une grande énergie par la commission de la Société royale de médecine (1). Nous les avons déjà rappelés.

Dans les voiries actuelles encore exploitées d'après les anciennes méthodes, les circonstances générales que nous venons d'exposer n'ont pas changé, et nous pouvons les retracer en peu de mots.

Les matières extraites des fosses sont quotidiennement déversées dans de vastes bassins à ciel ouvert et d'une profondeur moyenne de 1 mètre 50 centimètres. Une fois pleins, ces bassins ne se vident plus, le trop plein seul s'écoule au fur et à mesure, jusqu'à l'époque à laquelle commence la fabrication. Du terreau usé, de la tourbe, des cendres de tourbe et d'autres matières inertes sont jetées dans ces bassins à mesure qu'ils s'emplissent. Cette opération a pour but d'augmenter la quantité d'engrais, ce qui a toujours lieu aux dépens de leur qualité.

La fabrication, qui commence en avril pour finir en août, époque de l'année pendant laquelle la dessiccation peut s'opérer, cette fabrication, disons-nous, consiste à épuiser le liquide d'un bassin et à extraire, du fond, les matières épaisses qui s'y trouvent; puis à les étaler sur les terrains voisins des bassins, et à les diviser au moyen de la herse. Quand ces matières sont sèches, elles sont écrasées, passées à la claie, et enfin amoncelées en véritables montagnes jusqu'à ce qu'elles soient vendues à l'agriculture.

Il résulte de ces dispositions que les bassins à ciel ouvert répandent leurs exhalaisons à une distance plus ou moins grande suivant la direction et la violence des vents, la présence ou le défaut d'abris, la sécheresse ou l'humidité de l'air pendant l'époque à laquelle se fait le séchage ; la surface de terrain couverte de ces matières est plus que triplée, ce qui explique l'augmentation d'insalubrité de ces établissements pendant les quatre mois d'été.

(1) *Loc. cit.*, p. 208.

Les matières pulvérisées et mises en tas s'échauffent , la fermentation s'y développe, les gaz s'évaporent et l'engrais perd considérablement et de sa qualité et de sa quantité.

Quant aux matières inertes qui se trouvent mêlées dans les bassins aux matières fécales, elles réduisent la puissance fécondante de l'engrais ; il y a telles petites voiries de la banlieue où l'on fabrique des poudrettes dans lesquelles il n'entre pas plus de 5 pour 100 de matières fécales.

L'analyse des poudrettes de plusieurs de ces établissements a donné un dosage d'azote à peine appréciable.

Ces détails suffiront pour faire apprécier les principales causes d'insalubrité des voiries de matières fécales.

Influence des émanations des voiries de matières fécales sur la santé. — Toute voirie de matières fécales constitue un foyer des plus actifs d'émanations putrides qui souvent se répandent dans l'air, dont elles altèrent jusqu'à un certain point la pureté (1), et qui sembleraient devoir exercer l'influence la plus marquée sur les végétaux et les animaux qui y sont exposés. Nous nous sommes expliqués déjà à plusieurs reprises sur les difficultés et les incertitudes que présente l'étude de ces influences. Cependant nous ne pouvons nous dispenser d'examiner, autant que cela est possible, quelle est leur nature, quel est leur degré d'activité lorsqu'elles ont leur origine dans les dépôts de matières fécales.

En ce qui touche l'altération de l'air, bien qu'il n'existe pas encore de démonstration bien nette du rôle que jouent dans la salubrité d'une localité les variations de certains principes qui se trouvent dans l'atmosphère en très faible proportion , mais d'une façon presque constante ; il était très intéressant de rechercher si quelques faits analytiques n'étaient point enregistrés dans les annales de la science

(1) *Une visite à la voirie de Montfaucon considérée par le point de vue de la santé publique.* par Jules Garnier. Paris, 1842.

relativement à la composition de l'air dans les voiries. Aucune analyse n'a été publiée sur ce sujet qui, néanmoins, nous paraît avoir un intérêt réel.

Il est évident que si l'on voulait entreprendre des recherches sur ce point, il serait nécessaire d'avoir recours, non aux procédés eudiométriques même les plus perfectionnés, mais à la méthode de Brunner (1) qui a été employée avec tant de succès dans ces dernières années par ce chimiste et par M. Boussingault (2).

On comprend qu'il faudrait agir sur des masses très considérables de gaz atmosphérique pour saisir et noter d'une façon exacte les variations en plus ou en moins de l'hydrogène sulfuré, des hydrogènes carbonés, de l'ammoniaque.

On aurait nécessairement à se préoccuper de l'espace dans lequel les modifications de la composition de l'air sont sensibles; de la variation des altérations suivant les différentes conditions météorologiques de la saison.

Nous nous bornons à ces indications sur un point de la science complétement inexploré et qui se rattache si étroitement à une autre question non moins intéressante et encore controversée, à savoir l'innocuité ou l'influence nuisible de l'acide sulfhydrique dans l'air de certaines localités.

Quel que soit en somme le degré d'altération de l'atmosphère au voisinage des voiries de matières fécales, celle-ci se manifeste-t-elle par quelques phénomènes appréciables dans l'état des êtres qui vivent au sein de cette atmosphère? Nous n'hésitons pas à poser en fait que les émanations qui s'exhalent de ces voiries n'exercent aucune action fâcheuse sur la santé des hommes non plus que sur la végétation. Les

(1) *Description de quelques procédés pour l'analyse de l'atmosphère* (*Ann. de chim. et de phys.*, 3ᵉ série, t. III, p. 305).

(2) *Mémoires sur la possibilité de constater la présence des miasmes*, etc. (*Gaz. méd. de Paris*, 1843, p. 523).

principes de Parent-Duchâtelet sont bien exactement vrais sur ce point.

Nous avons décrit la situation de la voirie de Bondy au milieu de la forêt. Les arbres qui l'entourent, et notamment un magnifique rideau de peupliers qui s'étend du côté de l'occident, sont dans le meilleur état. Quant à l'herbe des talus qui borde les bassins et qui est baignée par les matières liquides, elle est jaune, flétrie, détruite.

L'action des émanations des voiries sur l'homme n'est certainement pas nuisible. Les ouvriers débardeurs ne présentent absolument aucune trace de maladies ou d'infirmités qui puisse être rapportée à l'influence des exhalaisons. C'était l'opinion formelle de Parent-Duchâtelet, et M. Patissier dit n'avoir pas observé que les fabricants d'urate et de poudrette fussent affectés de maladies particulières (1). Deux espèces d'accidents seulement paraissent les atteindre assez fréquemment. D'une part ils sont fort exposés à se blesser avec les tessons, les fragments de verre, ou les objets acérés qui sont plongés au milieu des matières. Et les coupures qui en résultent se cicatrisent très difficilement et sont même très sujettes à s'enflammer pour peu que les hommes continuent à travailler. On a vu de ces blessures durer plus de trois mois. Ces complications sont dues sans doute au contact irritant de matières très ammoniacales.

Il leur arrive encore assez fréquemment, lorsqu'ils sont occupés à vider le premier bassin, celui où sont déposées les matières les plus concentrées et les plus denses, d'être frappés par la *mite* ou du moins par une fluxion très aiguë sur les yeux. Mais celle-ci disparaît en général dans l'espace de vingt-quatre heures sous la simple influence de lotions d'eau fraîche. Cependant nous avons remarqué que les ouvriers les plus anciens ont les yeux très rouges et le bord

(1) *Traité des maladies des artisants.* Pars, 1822, p. 131.

ciliaire des paupières rouge et dépouillé de cils. Il ne paraît pas d'ailleurs que la désinfection préalable des vidanges ait rien changé à cet état de choses.

Un fait extrêmement remarquable et propre à montrer ce que l'on doit penser de l'action des émanations des matières fécales, nous a été rapporté par M. Chevreux, inspecteur de la ville à Bondy, homme très intelligent, qui l'a observé sur lui-même. Lorsqu'il est venu prendre possession de l'emploi qu'il occupe aujourd'hui, sa santé était complétement détruite. Il avait rapporté de la Sologne, où il avait conduit d'importants travaux, des fièvres qui avaient miné sa constitution ; et une attaque très grave de choléra avait achevé de lui enlever toutes ses forces. Il songeait à quitter définitivement son service, depuis longtemps interrompu, lorsqu'il vint à Bondy. Il n'y était pas depuis quinze jours, que sa santé se remettait. Un prompt et entier rétablissement, qui ne s'est jamais démenti, lui a donné la conviction que le séjour de la voirie, loin de lui avoir nui, lui avait été extrêmement salutaire. Nous sommes, pour notre part, très disposé à admettre la probabilité du fait.

A un point de vue plus restreint, les matières contenues dans les bassins des voiries ne pourraient-elles pas produire quelques résultats avantageux sur certains états morbides dont les préparations ammoniacales peuvent favoriser la résolution ? On ne doit pas oublier l'observation de Thouret, relative à l'effet salutaire de produire sur les eaux de lavage des tinettes de Montfaucon sur le javart des chevaux.

Assainissement des voiries de matières fécales. — Nous sommes maintenant en mesure de poser quelques principes relativement à l'assainissement des voiries de matières fécales. Mais hâtons-nous de faire remarquer que l'hygiène est moins intéressée dans cette question qu'il pouvait le sembler au premier abord, et qu'il s'agit plutôt peut-être d'une incommodité à faire disparaître, que d'une cause ou action d'insalubrité à combattre. L'obscurité qui règne encore sur la véritable nature d'influence que peuvent exercer ces cloaques, ne permet pas cependant de négliger tout ce qui tient au moyen d'atténuer ou de détruire les inconvénients qu'ils présentent.

Si nous faisons aux voiries des matières fécales l'application des principes que nous énoncions dans notre *Étude générale des voiries*, nous reconnaîtrons que les règles relatives à leur bonne installation, concernant : 1° la disposition générale de l'établissement ; 2° la désinfection des matières et leur transformation en produits utiles. Il faut ajouter que le but que l'on doit en dernier lieu s'efforcer d'atteindre à l'aide de ces divers moyens, est la suppression presque complète, sinon absolue, des voiries de matières fécales.

1° Nous ne reviendrons pas sur les principes relatifs à la *disposition générale de l'établissement*. Nous avons décrit le dépotoir de la Villette et la voirie de Bondy, qui réalisait, quoi qu'on en ait dit, un système mixte assez satisfaisant, et qui pendant longtemps encore devra être forcément maintenu. Nous avons indiqué les conditions d'insalubrité résultant de l'emplacement, de la nature du sol, et d'autres circonstances diverses : c'est dire que ces conditions devront être l'objet d'une étude très approfondie et être étudiées avec la plus grande attention. Mais il convient d'insister ici sur la nécessité d'une surveillance incessante de toutes les parties de l'établissement, et surtout d'une propreté excessive. Nous tenons de M. Duval, directeur du dépotoir de la ville de Paris, que depuis que les eaux du canal y sont arrivées en abondance, et que les lavages ont pu être multipliés avec un véritable luxe, un changement très appréciable s'est opéré dans les conditions générales de l'établissement. Par les mêmes motifs, l'aération devra être rendue aussi facile que possible, et même augmentée au besoin à l'aide de moteurs mécaniques.

2° Mais la condition capitale de l'assainissement des voiries est la désinfection des matières fécales qui constitue, sans contredit, un des points les plus importants de la question qui nous occupe. On le comprend facilement, si l'on veut noter que les principaux inconvénients qui résultent de la fermentation putride des matières fécales sont dus aux gaz fétides qui se développent pendant toute sa durée : mais à la désinfection doit se joindre l'utilisation plus ou moins prompte, plus ou moins complète des combinaisons azotées qui résultent de l'altération des matières fécales, et qui sont surtout précieuses pour l'agriculture à laquelle ils fournissent ses plus riches engrais ; aussi ne sera-t-on pas étonné de voir marcher concurremment dans une foule de cas la désinfection et le perfectionnement de la préparation des engrais humains.

Avant d'entrer dans les détails relatifs à la désinfection, nous devons insister de nouveau sur l'importance qu'il y a, au point de vue de l'économie et de la salubrité, à séparer dans une foule de cas les matières solides d'avec les liquides, de faire transporter celles qui doivent présenter des avantages réels dans leur exploitation, et de rejeter celles qui ne sont qu'embarrassantes.

Il serait inutile de faire connaître ici les différents procédés qui, depuis celui de Chaumette, employé pour la première fois en 1815, ont été mis en pratique, soit pour la séparation des liquides et des solides, soit pour la désinfection de ces matières. Nous nous bornerons à dire, d'une manière générale, que tous les moyens de désinfection réellement efficaces ont été puisés parmi des agents solides ou liquides capables, tantôt d'absorber par un phénomène purement physique les gaz développés dans le cours de la fermentation putride, tantôt de décomposer chimiquement quelques unes des matières dissoutes en formant des composés insolubles et fixes, partant inodores, avec la portion non utilisable de ces combinaisons, tandis que l'ammoniaque était engagée dans une combinaison saline soluble, susceptible d'être mise en usage par les agriculteurs. C'est de cette manière que nous classerons les différents composés que nous ferons connaître et dont il nous serait facile d'étendre la liste en reproduisant l'énumération contenue dans le travail intéressant de M. Ernest Vincent (1).

Nous verrons aussi ajouter souvent aux matières fécales des agents dits antiseptiques, presque toujours odorants par eux-mêmes, acide pyroligneux très chargé de goudron (2), huile de pétrole, huile empyreumatique, essence de romarin, etc. Le rôle assez mal défini de ces matières nous semble être multiple; elles paraissent devoir retarder la putréfaction des substances non encore décomposées que les agents désinfectants proprement dits ne pourraient pas atteindre, et dans quelques cas il nous paraît probable que leur odeur forte, mais peu expansible, sert à masquer les dernières traces de celle que l'on a intérêt à dissimuler.

Voici la liste de quelques unes des substances proposées comme désinfectants, et qui nous semblent n'avoir qu'un rôle purement physique d'absorption des gaz :

Charbon pulvérisé.	Giraud.	1805
Cendres de houille, de bois, mâchefer.	Chaumette.	1815
Sable.	Duprat.	1818
Noir animal.	Frigerio.	1829
Charbon animal et végétal décolorant et désinfectant.	Serbat.	1830
Tourbe non calcinée.	Guibourt et Sanson.	1833
Cendres de tourbe.	D'Arcet.	1840
Matières charbonneuses et noir animalisé.	Maze.	1842
Lignite en poudre	Jourdain.	1843

Quelques unes de ces matières ont été mises en usage à l'état d'isolement. Dans la plupart des cas, néanmoins, on

(1) *Bulletin de la Société d'encouragement*, 47ᵉ année, 1848, p. 321.

(2) Il est extrêmement probable que l'acide pyroligneux brut exerce aussi une certaine action chimique dans la désinfection et ne joue pas seulement le rôle d'un parfum. Nous rappellerons à cet égard les procédés indiqués par M. le docteur H. Bayard pour désinfecter sur place et utiliser les urines.

voit les auteurs des procédés de désinfection les associer à quelques composés chimiques produisant une double dé-composition sur les sels ammoniacaux. Nous choisissons, dans la liste que nous donnons ici, les agents chimiques les plus employés et les plus efficaces.

Acétate de plomb, dissolution de fer
  dans les acides minéraux . . . . . . Deboissieu. 1762
Chlore. . . . . Guyton-Morveau et Dupuytren. . 1805
Protosulfate de fer impur . . . . . Miaut 1824
Chlorure de manganèse résidu de fa-
  brication du chlore . . . . Payen et Chevallier. 1825
Chloruré de soude . . . . Labarraque. 1824
Sulfate de chaux. . . . . Siret 1827
Alun, sulfate d'alumine impur . . . . Siret. 1843
Sels et oxydes métalliques. . . . . . . Kraft et Suquet. 1839
Sulfate de zinc . . . . Gagnage et Regnault. 1844
Sulfate de peroxyde de fer. . . . . Baronnet. 1845
Protochlorure de fer, perchlorure de
  fer, chlorure de zinc, pyrolignite de
  zinc. . . . . Dubois. 1846

Dans beaucoup de cas, la chaux a été employée comme moyen de désinfection, mais toujours associée à des absor-bants physiques propres à fixer l'ammoniaque qu'elle dé-gage des matières fécales.

Une remarque qui s'applique à tous les moyens de désin-fection que nous venons d'énoncer ci-dessus, c'est que leur efficacité plus ou moins grande naît généralement de leur mélange plus ou moins intime avec les masses considérables de matières peu homogènes sur lesquelles on a à opérer. Dans l'appréciation des procédés de désinfection, il ne fau-dra jamais conclure de l'expérience de laboratoire à l'ap-plication en grand ; cette fausse manière de voir peut expli-quer ce nombre infini de procédés appliqués à la solution d'un problème fort simple au point de vue chimique, et qui, après avoir été préconisés quelquefois avec tant de fra-cas, ont ensuite échoué misérablement. En effet, cette mul-titude de moyens se réduit aujourd'hui dans la pratique à un très petit nombre et presque exclusivement aux deux suivants.

L'opération de la désinfection des matières fécales, devenue désormais usuelle et rendue obligatoire, peut se décomposer en deux parties : l'une, qui précède l'apport à la voirie, et qui a lieu dans la fosse même ou dans les tonnes mobiles ; l'autre, qui se continue à la voirie. La première a lieu, soit au moyen du sulfate de fer et de l'acide pyroligneux impur, à la dose de 1 kilogr. de chaque par tonne mobile ; soit, lorsque l'on doit couler sur la voie publique et qu'il est nécessaire d'éviter la coloration noire du sulfure de fer, à l'aide du sulfate de zinc parfumé avec l'essence de romarin, qui remplit ici le rôle nécessaire que nous avons indiqué précédemment. Mais nous n'avons pas à nous occuper longuement de cette partie de l'opération : il nous importe, au contraire, de suivre les matières liquides, ou solides, soit pour les deux réunies, dans les voiries publiques ; soit, pour les secondes, lorsque les liquides ont été désinfectés et coulés, dans les voiries privées ou fabriques d'engrais. Nous devons nous attacher à donner au moins une idée de l'emploi utile qui peut être fait de ces matières, soit pour *la préparation des sels ammoniacaux*, soit pour *la fabrication des engrais*, soit enfin, comme cela a été tenté, pour *la production d'un gaz pour l'éclairage*.

On a vu que, d'après l'état actuel des voiries, il existe une cause d'insalubrité ou d'incommodité dont les procédés actuels de désinfection diminuent, sans doute, les effets, mais qu'ils ne peuvent annuler complétement ; nous voulons parler des eaux vannes.

Ces liquides, jusque dans ces dernières années, étaient, après la séparation complète des matières solides, écoulés dans les grands égouts qui vont se perdre dans la Seine. Nous n'avons pas, ici, à nous occuper de l'influence possible de leur mélange sur la qualité des eaux du fleuve employées comme boisson. Il est, néanmoins, facile de concevoir que, pour quelques localités, ce déversement immonde devait ne pas être sans inconvénients. On sait que l'eau de la Seine, prise en aval de la ville, et plus encore sur les points du rivage où aboutissent les égouts, est loin d'offrir une aussi grande pureté et contient une grande quantité de bicarbonate et de sulfate de chaux, d'azotate alcalin, et surtout de matières organiques notablement plus considérables que celles qui ont été puisées en amont (1).

Et d'ailleurs, comme l'a fort bien dit Thouret dans un rapport sur la question même qui nous occupe (2) : « Des principes d'infection qui échappent aux analyses peuvent cependant exister. L'art n'embrasse point encore dans toute son étendue les opérations de la nature, et, sur l'un des premiers objets de salubrité qui intéressent les hommes, il faut d'autres certitudes que des preuves négatives de ce genre pour bannir les doutes et mettre à portée de prononcer. D'après ces réflexions, le versement des eaux infectes de la vidange des fosses à la Seine ne peut être regardé que comme devant avoir des suites au moins douteuses. »

La richesse de ces eaux vannes en produits ammoniacaux, en fournissant un appât à l'industrie, est devenue l'origine d'une fabrication importante en même temps qu'une cause nouvelle d'assainissement. Déjà Thouret (3) avait exprimé le vœu qu'on peut les employer à quelques usages économiques, tels qu'à la formation du salpêtre ou aux nitrières artificielles.

Quelque temps avant la suppression de la voirie de Montfaucon, une fabrique s'était établie où se préparaient, au moyen des eaux vannes, des quantités considérables de sels ammoniacaux. Les urines impures (4), traitées par la

<hr>

(1) *Annuaire des eaux de la France*, publié par ordre de M. le ministre de l'agriculture et du commerce. Paris, 1851.

(2) *Second rapport sur le service des voiries* (*Mémoires de la Société royale de médecine*, année 1786, p. 227).

(3) *Premier rapport déjà cité*, p. 210.

(4) *Mémoire*, de M. Chevallier, *déjà cité*.

chaux dans des appareils distillatoires, fournissaient de l'ammoniaque employée à neutraliser directement de l'acide sulfurique ou à décomposer du sulfate de fer. Le résidu calcaire des cornues, chargé des chlorures et des phosphates de l'urine, pouvait être utilisé dans l'agriculture pour l'arrosage des prairies artificielles. Le sulfate d'ammoniaque et les autres sels ammoniacaux étaient livrés au commerce après purification plus ou moins complète, suivant les besoins de l'industrie.

A Montfaucon, l'utilisation des urines putréfiées n'a jamais été complète, et une fraction considérable de ces liquides a constamment été versée par les égouts dans la Seine avec les eaux-mères de la fabrique.

A Bondy, grâce aux progrès de l'exploitation, aucune portion des matières liquides n'est perdue; toutes celles qui arrivent par la conduite du dépotoir, encore très chargées de matières, sont dirigées par un canal à ciel ouvert, et usées dans la fabrique voisine de produits ammoniacaux. Les eaux-mères sont seules ramenées dans la Seine par un conduit de retour qui débouche près de Labriche.

Il nous a paru intéressant de connaître exactement la composition de ces eaux qui sont en dernière analyse le seul résidu liquide des matières fécales portées à la voirie, afin d'apprécier, autant que cela peut être possible, quels sont les produits qui sont versés dans la Seine. Une bouteille de ces eaux-mères puisée par nous au sortir de l'usine a été examinée par notre excellent et habile collègue M. le docteur Regnauld, agrégé à la Faculté de médecine.

Les eaux qui s'écoulent de la fabrique de sels ammoniacaux et qui sont versées dans la Seine exhalent encore, mais faiblement, l'odeur désagréable des eaux vannes des voiries. Leur coloration est ocreuse; au contact de l'air, ces eaux deviennent d'un brun noirâtre très foncé. Par l'ébullition, elles ne se troublent pas, mais leur odeur désagréable s'exalte singulièrement. En se concentrant, elles dégagent évidemment ces principes odorants fétides que l'on observe par l'évaporation des urines même récentes. Ces matériaux ne paraissent donc pas se détruire dans la fermentation putride que l'urine a subie. On les retrouve encore de la façon la plus nette en versant dans le liquide quelques gouttes d'acide sulfurique, et en élevant légèrement la température.

500 grammes de liquide nous ont donné un résidu extractif noirâtre pesant 13^{gr},50. Ce résidu est composé d'une proportion de chlorure d'ammonium (sel ammoniac) notable, de traces de chlorure de calcium et des principes extractifs colorés.

Nous avons acquis par l'analyse qualitative la certitude que ces eaux ne contiennent aucune trace de phosphates, ni de sulfates. Comme nous l'avons déjà dit, en fait de composés minéraux, les seuls que nous ayons rencontrés sont le sel ammoniac et le chlorure de calcium.

Nous pensons, quoique les renseignements nous aient manqué sur ce point, que les liquides que nous avons rapportés de Bondy provenaient de la fabrication du sel ammoniac. Il est probable que ces derniers détritus de la curieuse exploitation des matières versées dans les voiries varient dans leur composition, suivant les sels que l'on prépare dans la fabrique annexée à l'établissement.

Les matières solides destinées à la fabrication des engrais sont transportées dans des dépôts où elles doivent être désinfectées de nouveau et transformées en engrais.

Ces établissements, dont la bonne tenue intéresse à un si haut point l'hygiène publique, sont pour l'administration une source intarissable de difficultés. Les localités où l'on établit les voiries les repoussent avec une persévérance, quelquefois même avec une violence qui témoignent assez des nombreux inconvénients qui les accompagnent. Cependant le conseil de salubrité du département de la Seine (1) a autorisé plusieurs établissements de voirie, de dépôt de matière fécale, d'engrais factice, à la condition que ces matières seraient dûment désinfectées par des mélanges convenables ; mais, dans la presque totalité des cas, on a négligé la condition imposée en raison du temps, du soin qu'exige le mélange, en raison également d'une circonstance qui n'avait pas pu être prévue, c'est la dépréciation que présente la matière désinfectée lorsqu'on la vend comme engrais.

Cette dépréciation elle-même peut bien n'être que l'effet d'un préjugé ; mais elle peut aussi être fondée dans beaucoup de cas, car on conçoit très bien qu'une addition trop considérable de matière inerte doive nuire à la qualité de l'engrais, et il est à présumer que quelques fabricants d'engrais ont pu abuser de la recommandation de faire des mélanges au point d'altérer considérablement la valeur de leur produit : quoi qu'il en soit, l'éloignement des acheteurs pour les engrais désinfectés, le soin qu'exige cette désinfection, font que cette condition expresse est rarement ou incomplétement observée. Les établissements dont il s'agit donnent lieu à des plaintes d'autant plus vives, d'autant plus fondées, qu'ils ont été, sur la foi d'un procédé bon en lui-même, mais qu'on ne pratique pas convenablement, autorisés dans des localités où l'on n'aurait certainement pas toléré les voiries ordinaires, et cependant ils en offrent, pour la plupart, tous les inconvénients.

Il faut cependant faire une exception en faveur des procédés singulièrement perfectionnés qui ont été appliqués tout récemment dans la voirie de Bercy sous la direction intelligente de M. Richer. Au moment où le *botelage*, c'est-à-dire les matières demi-solides, provenant immédiatement

(1) *Collection déjà citée*, t. II, p. 494.

de la vidange, arrivent à l'établissement on les mélange avec une certaine espèce de schiste carbonifère et une terre ferrugineuse à laquelle on ajoute de l'acide pyroligneux. La désinfection et la solidification sont ainsi complétées. On place alors la pâte dans des moules de manière à obtenir des briquettes que l'on praline en les saupoudrant de charbon de bois très divisé dans le but de retenir les gaz et les produits ammoniacaux qui, dans la préparation ordinaire de la poudrette, s'échappent au grand détriment des propriétés de l'engrais. Ces procédés très heureusement combinés doivent être encore améliorés, et la fabrication, prenant plus d'extension, s'opérera de la manière suivante.

Les voitures contenant les matières déjà désinfectées entreront sous les hangars au fur et à mesure de leur arrivée, elles y seront débardées sur des gâchoirs où des ouvriers les mêleront immédiatement aux ingrédients que nous venons d'indiquer ou à des engrais déjà secs, jusqu'à un certain degré de solidification. Arrivées à cet état, elles seront immédiatement converties en briquettes ou tourteaux tubulaires au moyen de moules spéciaux et de presses. De là ces briquettes ou tourteaux seront déposés dans une étuve où leur dessiccation s'opérerait très rapidement sous l'influence d'une ventilation puissante d'air chaud. Ces briquettes ou tourteaux une fois séchés seront empilés, et les intervalles tubulaires ménagés dans chacun d'eux, après avoir puissamment aidé à leur dessiccation en multipliant leur surface, contribueront encore à leur conservation tant en qualité qu'en quantité, par la possibilité que l'air y trouve à circuler dans toute leur masse. L'étuve sera chauffée par un calorifère, qui servira en même temps à la ventilation du grand hangar de fabrication.

La *suppression des voiries de matières fécales*, qui, à tant d'égards, est désirable, n'est peut-être pas d'une manière absolue impossible à réaliser. Mais elle suscite tant de difficultés pratiques que l'on doit regarder au moins comme très éloignée la réalisation complète de cette grande réforme. Nous avons déjà laissé entrevoir quelques unes des principales raisons qui s'y opposeront ; d'une part la difficulté de désinfecter partout et assez complétement pour couler les liquides sur la voie publique, difficulté dès à présent démontrée par l'expérience de chaque jour ; la nécessité qui en résulte de conserver une voirie où l'administration puisse faire transporter les matières que l'entrepreneur n'aura pas utilisées ; enfin la condition peut-être trop onéreuse pour ce dernier du contrat qui l'oblige à payer le tarif de 1 fr. 25 c. par mètre cube de matières, non pas seulement en raison de la quantité versée sur la voie publique, mais sur la totalité du contenu de la fosse, circonstance qui peut bien ralentir le zèle des industriels que l'on a voulu au contraire stimuler. Il y a donc, on le voit dans la pratique, des difficultés de plus d'un genre, qui rendent très problématique, sinon à jamais impossible, la suppression totale des voiries de matières fécales.

III. Voiries d'animaux morts.

Les voiries d'animaux morts sont destinées à recevoir les cadavres des animaux domestiques non comestibles qui sont dans nos climats, les chevaux, les ânes, les chiens et les chats et auxquels il faut joindre, au point de vue qui nous occupe, les animaux comestibles qui, par suite de quelque cause particulière, ne peuvent être admis dans la consommation de la boucherie.

Lorsque les forces de ces animaux sont épuisées par l'âge ou la maladie, on doit les abattre ; et les plus simples considérations d'économie, de salubrité et on peut dire aussi de morale, indiquent que cette opération doit être faite dans des établissements spéciaux, 1° pour utiliser leurs débris sans perte ; 2° pour éviter la dissémination des miasmes putrides auxquels donne lieu toute opération des animaux morts et empêcher même la production de ces miasmes, par des méthodes de traitement systématiques applicables seulement à des masses de produits; 3° pour éloigner des yeux de la population des spectacles toujours dégoûtants. De là la création des ateliers d'équarrissage dans les villes civilisées. Mais comme cette création a dû précéder et a précédé, en effet, de beaucoup l'invention des méthodes de traitement les plus convenables pour éviter le concours naturel de la putréfaction, on a été conduit à annexer en quelque sorte les ateliers d'équarrissage aux voiries ou réceptacles des matières fécales et des charognes, en raison de leur insalubrité commune. Bien que cette réunion n'ait plus lieu actuellement, et que les procédés employés pour l'utilisation des cadavres aient diminué beaucoup l'importance des voiries d'animaux morts, celles-ci méritent encore de fixer l'attention comme annexe nécessaire des ateliers d'équarrissage.

Il y aura lieu par conséquent d'examiner quels sont les produits retirés de ces ateliers, et quels sont ceux de ces produits qu'il est nécessaire ou convenable d'élaborer sur place. Nous aurons donc à examiner sommairement les différentes industries de première transformation des résidus animaux.

Parent-Duchâtelet, qui a fait de cette question le sujet d'une de ses plus belles études (1), a consigné dans son travail tous les documents relatifs à l'histoire de l'équarrissage. Nous en extrayons les détails qui ont principalement trait aux voiries d'animaux morts.

Nous avons vu déjà, dans l'histoire générale des voiries, que, dès les premiers temps où ces dépôts furent établis, les charognes, c'est-à-dire les cadavres d'animaux abandonnés, étaient confondues avec les autres immondices. Mais

(1) *Des chantiers d'équarrissage de la ville de Paris* (Ann. d'hyg. et de méd. lég., 1832, t. VIII, p. 1).

les animaux non comestibles et destinés à être abattus ont dû, dès le principe, être envoyés aux écorcheries dont il est fait mention à la fin du XIVe siècle, dans la grande ordonnance de Charles VI, et il est bien certain que ces écorcheries étaient tout à fait distinctes des tueries de bestiaux. Le règlement de police élaboré par le chancelier L'Hospital, et rendu exécutoire par lettres patentes du 21 novembre 1577, permit aux écorcheurs de s'établir hors des villes et près de l'eau. Il est fait mention, dans un brevet royal de 1645, des voiries où devaient être transportés les chevaux et bêtes mortes écorchées. Le privilége accordé par ce brevet ne fut pas renouvelé, et l'équarrissage devenu libre donna lieu à des abus sans nombre; les animaux furent écorchés et conservés morts dans une foule de locaux particuliers. Des ordonnances répétées, qui datent des premières années du XVIIIe siècle, enjoignaient de la manière la plus formelle à tous les équarrisseurs et autres de porter toutes les carcasses d'animaux dans les décharges ordinaires, c'est-à-dire à Montfaucon. Malgré ces prescriptions, des voiries particulières subsistèrent dans différents quartiers, jusqu'à ce qu'un nouveau privilége vînt pour un temps concentrer les dépôts d'animaux morts à Javelle. Mais ceux-ci ne tardèrent pas à être réunis aux voiries de matières fécales.

Celui de Montfaucon a été l'objet de plusieurs rapports fort intéressants et qui font connaître d'une manière très exacte l'état véritablement repoussant qu'offraient ces établissements. Nous en citerons quelques passages (1).

» Auprès du bassin de décharge de la voirie, il existe un établissement destiné à l'équarrissage des chevaux morts. La nature de ce travail, la hauteur du lieu qui rend difficile de procurer de l'eau, causent une malpropreté inévi-

(1) *Supplément au rapport sur la voirie de Montfaucon*, par Thouret, *loc. cit.*, p. 222.

table. Ce travail devrait peut-être se suspendre pendant les temps très chauds; mais ces corps récemme nt morts sont rapidement dépouillés en plein air, et les débris de cadavres sont enfouis.

» Les hommes chargés de ces travaux dissèquent exactement les animaux, tous les muscles sont enlevés. Cette chair doit servir exclusivement, *dit-on*, à la nourriture des chiens?

» Le principal abus de cet établissement est celui d'exposer dehors les entrailles des animaux pour y attirer les mouches et faire naître cette espèce de vers qu'on nomme *asticot*, et qu'on vend aux pêcheurs.

» Cette putréfaction exhale une odeur infecte. Si cet usage n'est pas défendu, il serait prudent d'éloigner le lieu où ce travail serait permis de tout endroit fréquenté pour le service public.

» Sur les bords de l'eau des bassins supérieurs de la voirie, et comme pour réunir en ce lieu tous les genres possibles d'infection, il existe une fosse particulière où l'on vient jeter toutes les semaines les boyaux provenant des tueries et des boucheries de Paris. Ces parties les plus putrescibles du corps des animaux restent ainsi exposées à l'air, et l'infection intolérable qu'elles répandent dans l'été empêchant d'en approcher, il en résulte que les nouvelles voitures sont déchargées le plus loin possible, ce qui augmente l'étendue de ce cloaque. On ne peut se former une idée de l'odeur affreuse qui s'en exhale. On peut assurer que celle de tous les bassins de la voirie n'est rien en comparaison. C'est la principale source d'infection de ce lieu. Comment est-il arrivé qu'on n'ait pas empêché cet abus lorsque le remède était si facile? Et pourquoi n'enfouit-on pas chaque jour les boyaux apportés, ainsi qu'on le pratique à l'équarrissage pour les cadavres de chevaux? Cet objet mérite toute l'attention du magistrat qui préside à la police. En y mettant ordre on diminuera considérablement

' l'infection répandue par la voirie et les dangers qui peuvent en résulter. »

Vingt ans plus tard, au rapport de M. Huzard, il était impossible de rien voir de plus dégoûtant, de plus infect, de plus insalubre que le local particulièrement affecté à l'équarrissage des chevaux morts ou destinés à être abattus ; les ossements et les intestins restaient épars sur le terrain ; on ne les enterrait pas et les carcasses seules étaient brûlées tous les huit jours au nombre de 140 à 150 à la fois. Plus anciennement, on ne prenait même pas ce soin aussi souvent. On attendait qu'il y en eût sept ou huit cents disponibles ; on en formait alors d'immenses bûchers dans lesquels le feu trouvait un aliment pour plus de quinze jours.

Cet état de choses ne présenta pas de grands changements jusqu'en 1812 , année où la chimie industrielle, réalisant l'un de ses plus admirables progrès, trouva les moyens d'employer et d'assainir les matières animales provenant des chevaux et autres animaux.

Les recherches de Parent-Duchâtelet, qui marquent une époque dans l'histoire de la salubrité, datent de l'année 1825 (1). Nous ne nous étendrons pas sur la description des chantiers d'équarrissage ni sur les pratiques anciennes qui ne rentrent pas, à vrai dire, dans notre sujet, et dont les précédentes citations donnent une idée suffisante. Nous préférons suivre les améliorations apportées dans les voiries d'animaux morts, à mesure que l'emploi de leurs produits s'est perfectionné , et dans ce but nous indiquerons, avant d'arriver à l'exposé de l'état actuel, les procédés mis en pratique, il y a une quinzaine d'années, par MM. Salmon et Payen.

(1) *Recherches et considérations sur l'enlèvement et l'emploi des chevaux morts et sur la nécessité d'établir à Paris un clos central d'esquarrissage tant pour les avantages de la salubrité publique que pour ceux de l'industrie manufacturière*, Paris, 1826.

« Dans leurs ateliers, disait la commission chargée de donner un avis sur l'autorisation, le sang des animaux est recueilli avec soin ; et lorsque la peau et tous les produits utiles aux arts ont été enlevés, le cadavre, coupé en morceaux, est porté dans une caisse de fer, ainsi que le sang et toutes les issues ; cette caisse, assez grande pour contenir quatre chevaux, est mise en communication avec une chaudière à vapeur dont la tension est portée à un degré convenable ; on conçoit aisément ce qui doit arriver dans cette opération ; d'après la théorie des auteurs, la vapeur, élevée à une haute température, agit sur les chairs, les détache des os et blanchit ceux-ci en leur enlevant une partie de la graisse qu'ils contiennent. Dans l'espace d'une heure et demie à deux heures, l'opération est terminée, et l'on a pour résidu, d'un côté, des os parfaitement décharnés, et de l'autre, des chairs dont les parties n'ont plus de consistance et dont on peut donner une idée en disant qu'elles sont réduites à l'état de hachis. Ces chairs, soumises, comme le sont les graisses oléagineuses, à l'action de la presse hydraulique, sont entièrement privées des parties liquides qu'elles contiennent, et l'on obtient par ce moyen des tourteaux semblables à ceux de noix ou de colza, et un liquide au-dessus duquel nage toute l'huile que renfermaient les chairs et les os. »

Plus loin, les commissaires ajoutaient : « La rapidité avec laquelle se pratique cette opération n'est pas ce qui la fait le plus remarquer ; elle se recommande surtout par l'état dans lequel elle laisse les chairs, qui ne répandent plus d'odeur, et qui, mises de cette manière à l'abri de la putréfaction, peuvent être conservées pendant un temps illimité et transportées facilement à des distances immenses. Cet exposé rapide, disaient les commissaires en terminant leur rapport, suffit pour faire connaître combien ce nouveau procédé l'emporte sur l'ancien ; les commissaires chargés de l'examiner ne craignent pas de dire que, par ce moyen, les chantiers d'équarrissage deviendraient peut-être moins désagréables pour le voisinage que beaucoup d'autres fabriques, et que, par conséquent, il fera passer dans la seconde classe des établissements insalubres et désagréables, le plus infect et le plus désagréable des établissements. »

De l'état actuel des voiries d'animaux morts. — Les animaux destinés à la voirie sont en partie transportés hors de Paris après leur mort; mais, le plus souvent, lorsque l'âge et la maladie les rendent impropres au service, on les vend vivants aux équarrisseurs, qui profitent du reste de leurs forces pour les conduire à l'abattoir.

Les chiens et les chats, produits de la chasse exécutée quotidiennement par la police, font seuls exception : on les pend toujours au dépôt, pour les expédier ensuite par charretées.

Le commerce des équarrisseurs, qui a pour objet principal les chevaux, présente des variations assez considérables, correspondantes aux variations du commerce des chevaux en état de service. On comprend en effet que lorsque le prix des chevaux diminue, leur utilisation soit moins prolongée, et qu'on les livre moins ruinés à l'équarrissage.

Mais, quelle que soit la qualité moyenne des vieux chevaux vendus pour l'abattage, les équarrisseurs les divisent toujours en deux catégories, suivant leur état d'embonpoint. Les chevaux gras sont dirigés sur l'établissement fondé par la ville de Paris dans la plaine des Vertus, où l'on peut extraire la graisse qu'ils contiennent. Les chevaux maigres sont expédiés à des abatteurs particuliers, établis à Saint-Denis et à Argenteuil. Les chiens, les chats et les animaux rejetés par les abattoirs de boucherie, sont toujours envoyés à l'établissement de la plaine des Vertus.

En dehors de ces trois établissements, qui ont recueilli l'héritage de l'ancienne voirie, en ce qui concerne les débris d'animaux, il s'exécute quelques abatages permis ou tolérés dans certaines usines spéciales. Mais l'accumulation des débris organiques putrescibles n'y est jamais assez importante pour faire rattacher ces usines à la classe des voiries.

Nous donnerons d'abord la description de l'atelier de la plaine des Vertus, qui est le plus important, et pour la quantité des matières sécrétées, et pour le genre de procédé suivi pour la transformation des débris putrescibles en produits utiles.

Cet abattoir est situé près d'Aubervilliers, à égale distance de Paris à Saint-Denis et à environ une lieue et demie du centre de la capitale, dans la direction N.-N.-E. Il est isolé au milieu des champs. Une tannerie, placée plus au nord, est le seul lieu d'habitation que l'on découvre dans un rayon de 1,000 mètres.

L'établissement présente un quart d'environ 60 mètres de côté enceint de murs, avec deux portes opposées, une pour l'entrée, la seconde servant à communiquer avec un bâtiment annexe disposé pour la dessiccation et le dépôt des engrais.

L'enceinte est occupée principalement par des constructions symétriques, qui présentent de chaque côté de l'une des portes : 1° un bâtiment oblong destiné à l'élaboration des débris ; 2° un hangar parallèle couvrant les stalles d'abattage ; 3° un hangar attenant au mur de clôture pour le dépôt momentané des bêtes vivantes, et des produits divers à livrer au commerce.

La partie nord suffit aux travaux actuels ; la partie sud est inoccupée, ou sert de magasins.

A droite et à gauche de la porte d'entrée s'élèvent les bâtiments d'habitation du contre-maître concierge et de l'inspecteur de police résidant.

A l'extrémité opposée sont placés, d'un côté, un bâtiment contenant un générateur de vapeur de la force de trente chevaux, et six réservoirs d'eau d'environ 1,700 mètres cubes chacun, alimentés par une petite machine à vapeur; de l'autre côté, un magasin sur les parois duquel on fait sécher les peaux de chien.

Le bâtiment annexe est séparé de l'enceinte par un chemin de ronde.

Les appareils spéciaux seront décrits au fur et à mesure qu'ils se présenteront dans la description des opérations.

Les animaux sont contrôlés à l'entrée, et les équarrisseurs paient un droit de 4 fr. par tête de cheval.

Moyennant cette remise, le fermier de l'établissement met à leur disposition les appareils nécessaires pour le traitement, et leur fournit l'eau et la vapeur d'eau.

Les équarrisseurs restent chargés de toutes les opérations jusqu'à la dessiccation des matières putrescibles exclusivement.

Il entre moyennement 500 à 600 chevaux par mois, soit 6,000 à 8,000 par an.

Le nombre des chiens et des chats s'élève à 1,200 ou 1,500 par mois, soit 15,000 à 18,000 par an.

Les animaux amenés vivants sont abattus ordinairement le soir pour être dépecés le lendemain matin. On les tue en enfonçant un couteau dans la poitrine. Leur sang, coulant sur les dalles inclinées, est recueilli dans de petites auges en pierre qui forment égout. On le dessèche dans des chaudières en fonte, et après la dessiccation il donne un produit inodore qui est vendu aux fabricants de produits chimiques.

Les animaux apportés morts sont déposés directement dans les stalles, et l'on s'occupe immédiatement de les dépecer. La peau est d'abord enlevée et mise de côté pour être expédiée aux tanneries aussitôt qu'on en a accumulé un chargement de charrettes. Les pieds, avec le tarse et le métatarse, sont séparés. On enlève la chair et on la met de côté pour une opération spéciale. Les intestins sont crevés pour en extraire le crottin, qui est mélangé ultérieurement avec les engrais fabriqués. Enfin, tout le corps, chair, os viscères, est réduit en quartiers, que l'on transporte sur des brouettes aux chaudières de cuisson.

Ces chaudières sont de grands cylindres en fonte verticaux munis d'un double fond intérieur en tôle percée de trous ou de deux larges tubulures, l'une supérieure, l'autre latérale, débouchant un peu au-dessus du double fond.

Ces chaudières sont construites pour contenir les débris de neuf chevaux. Mais on a reconnu que la cuisson ne s'opérait bien que sur trois ou quatre. On ne les charge donc que dans cette proportion. Or le chargement s'opère par la tubulure inférieure, en introduisant et refoulant les quartiers avec des fourches. La tubulure est formée par un obturateur avec une vis de pression.

La tubulure d'un lamier est aussi hermétiquement close, et l'on met alors la cavité inférieure du double fond en communication avec le générateur de vapeur.

La vapeur passe par les trous du diaphragme et vient traverser tout le chargement pour aller se condenser dans la partie supérieure des cylindres, après avoir cuit les parties charnues.

La cuisson complète exige de huit à neuf heures. Au bout de ce temps, on interrompt la communication du générateur avec la partie inférieure du cylindre, pour l'établir au contraire avec la partie supérieure. Le bouillon, résultant de la condensation de la vapeur, redescend alors dans le double fond avec la graisse liquéfiée.

Après un temps de repos, on ouvre un robinet tout à fait inférieur et on laisse écouler le bouillon dans une rigole qui le conduit à la rivière. Or, lorsque la graisse apparaît à la surface, on la recueille dans des vases en tôle, d'où on la transvase dans des barils pour l'expédier aux usines spéciales, où l'on élabore les matières grasses.

La rigole présente, avant la sortie de l'établissement, un petit bassin de retenue, avec un orifice de dégagement inférieur, où l'on recueille la graisse qui a pu être entraînée par le bouillon au moment de l'écoulement.

Quand la graisse a été recueillie, on débouche la grande tubulure inférieure, et l'on fait sortir les résidus qui présentent la viande cuite dégraissée et détachée des os. Ceux-ci sont triés à la main et réunis pour être livrés aux fabriques de noir animal ou de produits ammoniacaux. Ils sont assez bien nettoyés; cependant on y voit adhérer encore des parties charnues que l'on ne dédaigne pas d'utiliser dans ces usines pour la nourriture de quelques cochons.

Les parties de chair cuite, mélangées avec les fragments d'os qui échappent au triage, sont portés sous une presse dont l'action chasse encore une certaine quantité de graisse de qualité inférieure.

Ici cesse l'intervention des équarrisseurs; leurs ouvriers sont au nombre de quatre ou cinq : un bon ouvrier peut débiter jusqu'à quinze chevaux dans sa journée.

Les animaux de boucherie sont traités avec les chevaux; mais les chiens et les chats sont ordinairement traités à part, à cause de la qualité différente des produits. Leurs peaux sont étendues et séchées sur les murs de l'établissement, puis mises en ballot pour l'expédition.

Les pieds des chevaux sont, comme nous l'avons dit, l'objet d'une opération spéciale.

On commence par les échauder avec du bouillon, pour détacher la corne employée par les tabletiers, et les tendons que l'on fait sécher pour les livrer aux fabriques de matières gélatineuses.

Les os sont ensuite soumis à une faible cuisson pour en

extraire l'huile, qui est d'une qualité supérieure. Ils sont ensuite livrés avec la corne aux tabletiers.

L'atelier de cuisson contient six grandes chaudières comme celle que nous avons décrite, et une autre chaudière d'une forme un peu différente, divisée en quatre compartiments, pour des cuissons à opérer séparément sur de moins grandes quantités de matières.

Le mélange de chair cuite et de petits os, en sortant de la presse, est passé dans une machine à hacher, pour diviser les matières et les préparer à la dessiccation, les débris hachés sont ensuite mélangés avec le crottin extrait des intestins des animaux abattus, puis étendus sur des claies que l'on dispose les unes au-dessus des autres dans de vastes étuves traversées par un courant d'air chauffé au générateur.

Lorsque la dessiccation est complète, la matière ne présente plus aucune odeur. Elle constitue un engrais puissant et d'un emploi très commode. On en pulvérise une partie dans un moulin pour satisfaire aux demandes de certains consommateurs.

Le produit annuel est d'environ 200,000 kilogr. Le prix de vente, de 18 fr. les 100 kilogr. dans l'origine, est descendu actuellement à 9 fr. 50 c.

Telle est la série d'opérations par lesquelles on transforme en produits éminemment utiles, presque toutes les parties des animaux morts. Nous devrions dire toutes les parties, car les bouillons destinés régulièrement à être perdus sont en partie consommés par des cochons que l'on entretient à portée de l'établissement.

Heureusement, un tel mode d'alimentation produit chez ces animaux une graisse de qualité inférieure, et cette industrie tend à disparaître.

Nous avons encore à ajouter un détail relatif à la consommation alimentaire de quelques produits de l'équarrisrissage. Indépendamment des quartiers de viande délivrés pour les ménageries, on nous a affirmé que certains ouvriers se nourrissaient exclusivement des morceaux choisis dans le dépècement soit des animaux de boucherie, soit même des chevaux, dont certaines parties sont d'ailleurs, à ce qu'il paraît, d'un excellent goût. On le conçoit sans peine, d'après l'alimentation de ces animaux.

D'après les renseignements que nous avons recueillis sur les établissements de Saint-Denis et d'Argenteuil, les animaux abattus et dépecés sont enfouis dans le sol. Le sang seul est recueilli immédiatement. et quand la putréfaction a été terminée dans les fosses, on retire le terreau produit pour le livrer à l'agriculture comme engrais.

Ce système de transformation, pratiqué sur les animaux qui par suite de leur maigreur extrême ne seraient pas d'une exploitation préférable à l'usine de la plaine des Vertus, ne semble pas mériter que nous nous y arrêtions autrement que pour le signaler.

Les règles qui doivent diriger dans son application, découlent immédiatement des règles d'aménagement des citernes à engrais.

Des conditions d'insalubrité et de l'influence hygiénique des voiries d'animaux morts. — Examinons maintenant le procédé qui vient d'être décrit au point de vue de la salubrité et de l'incommodité. Malgré le progrès immense réalisé par son application, il s'en faut de beaucoup que les phénomènes de putréfaction soient complétement supprimés dans les voiries d'animaux morts; l'opération du dépècement est toujours accompagnée du développement de miasmes putrides; surtout lorsqu'elle a pour objet des animaux morts de maladies, ou morts depuis un certain temps. Ces odeurs dégagées deviennent surtout infectes au moment où l'on crève les viscères.

Le dépôt nécessairement plus ou moins prolongé des

animaux morts, la dessiccation des peaux et des tendons, donnent lieu aux mêmes inconvénients, qui sont en quelque sorte inévitables à un certain degré ; on peut seulement tendre à les atténuer par des mesures d'ordre et de propreté.

La cuisson en vase clos ne laisse rien à désirer. L'écoulement des bouillons, malgré l'odeur assez désagréable qu'ils dégagent, paraît aussi dépourvu d'inconvénients notables. Mais il est une période des opérations où l'on doit regretter de ne pas voir appliquer les procédés de désinfection. C'est la manipulation des résidus charnus revenus de la presse.

Ces résidus entrent immédiatement en décomposition, et pendant le faible intervalle de temps nécessaire pour les préparer à la dessiccation, ils dégagent des émanations ammoniacales de l'odeur la plus pénétrante. Sans doute la nature ammoniacale, très reconnaissable de ces émanations indique qu'ils ne doivent pas être très malfaisants.

Néanmoins il serait utile de les prévenir, par exemple, au moyen d'un faible mélange d'une quantité de noir, qui présenterait d'ailleurs l'avantage de condenser une quantité notable de produits azotés dégagés en pure perte.

Nous ne pouvons omettre parmi les causes d'incommodités des voiries d'animaux morts, le nombre incalculable de rats qu'attire la présence des débris d'animaux, et qui exercent leurs ravages sur les localités voisines. Parent-Duchâtelet(1) a donné des détails fort curieux sur cette plaie, qui vient s'ajouter à toutes les autres. Il faut reconnaître cependant que ces bêtes voraces contribuent à assainir la voirie en consommant une grande quantité de matières animales. Nous signalerons au même titre les asticots, que l'on fait naître à dessein en offrant pour appât à la mouche à viande, qui vient y déposer ses œufs, des débris et particulièrement des intestins. La production de ces vers con-

(1) *Annales d'hygiène.* 1832, t. VIII, p. 93.

stitue une véritable industrie, mais elle a le très grave inconvénient de prolonger le séjour à l'air des débris putrides, et d'augmenter ainsi d'une manière notable l'infection des voiries.

Quant aux effets des émanations provenant des voiries d'animaux morts sur la santé des ouvriers et des populations voisines, on peut dire sans hésiter que, d'une manière générale, elles ne sont pas nuisibles. Parent-Duchâtelet a insisté longuement sur ce fait, si favorable à sa doctrine de prédilection. Ce qu'il y a de certain, c'est que les ouvriers équarrisseurs jouissent, en général, d'une très bonne santé, et atteignent, le plus souvent, une vieillesse avancée. Les observations concordantes de Deyeux, Parmentier et Pariset, faites, en 1810, au clos de l'équarrissage, ne laissent pas de doute à cet égard. Les familles qui habitent l'enceinte même des ateliers offrent toutes les apparences d'une bonne constitution, et tout le monde connaît ce trait, indiqué par Parent, de la carcasse de cheval transformée en berceau pour l'enfant à la mamelle d'une des femmes employées à l'équarrissage ; les ouvriers ont trop souvent l'occasion de se faire des coupures qui n'offrent aucun caractère spécial de gravité et qu'ils guérissent, d'ailleurs, en très peu de temps par l'application d'un lambeau de chair fraîche.

Un autre point bien plus important est celui des maladies contagieuses, qui, des animaux morts, peuvent encore se communiquer à l'homme, et menacent ainsi d'une manière particulière les équarrisseurs. Parent-Duchâtelet se fait un puissant argument, pour nier cette transmissibilité, de l'insouciance que manifestent les ouvriers à l'égard des provenances de la bête qu'ils débitent ; mais nous n'avons eu que trop d'exemples des conséquences funestes que peuvent avoir l'ignorance et l'incurie. La pustule maligne, les maladies charbonneuses, et, surtout, la morve et le farcin, peuvent atteindre, par contagion, les ouvriers des voiries d'animaux morts. Les exemples concernant les deux premières espèces morbides sont rares (1) : quant à la morve et au farcin, bien des faits de cette nature ont dû être méconnus ; mais, sans s'arrêter à cette hypothèse, des faits positifs, aujourd'hui trop nombreux, ont démontré de la manière la plus formelle que l'inoculation du virus morveux peut avoir lieu de l'individu mort à l'individu vivant. Médecins, vétérinaires, équarrisseurs, cardeurs de crin ont fourni plus d'une victime à cette inexorable maladie. Ce que l'on peut dire, pourtant, de plus favorable dans la circonstance qui nous occupe, c'est que, d'une part, l'habileté des dépeceurs les préserve souvent de toute blessure qui ouvrirait une voie au virus, et que, de l'autre, ce mode de contagion détermine, le plus souvent, la forme la plus bénigne du mal, c'est-à-dire l'angioleucite farcineuse ou le farcin chronique. Aussi les équarrisseurs sont-ils atteints par la morve en bien moins grand nombre que les palefreniers et les charretiers, chez lesquels la contagion s'opère par infection, lorsqu'ils séjournent longtemps dans les écuries de chevaux morveux (2).

Assainissement des voiries d'animaux morts. — En décrivant les procédés actuellement en usage pour utiliser la dépouille des animaux morts, nous avons indiqué la prin-

---

(1) Cependant on en a cité un certain nombre. On a en particulier considéré les mouches comme pouvant transporter le principe virulent à de grandes distances. Le dernier rapport général du conseil de salubrité des Bouches-du-Rhône, pour 1851, contient un cas de ce genre. Dans les communes de la Crau, dont les habitants déposaient pour la plupart en plein air dans les cours d'eau et jusque sur la voie publique les dépouilles de leurs animaux domestiques, un jeune fermier, deux chevaux et une grande quantité de brebis seraient morts des suites de bubons occasionnés, d'après l'opinion des hommes de l'art, par la piqûre des mouches qui vont ordinairement se reposer sur les cadavres.

(2) *De la morve et du farcin chronique chez l'homme et chez les solipèdes*, par A. Tardieu. Paris, 1843.

cipale condition d'assainissement des voiries où on les dépose, c'est-à-dire la destruction de toutes les parties qui auraient subi la décomposition putride.

Il nous reste à signaler quelques modes particuliers qui peuvent concourir au même but. Ainsi, la chair de cheval sert, ainsi que nous l'avons dit, à l'alimentation des animaux de nos ménageries, qui, à Paris, en soustraient ainsi une bonne part à la voirie. Nous n'avons pas à rechercher si cet usage ne pourrait pas s'étendre avec avantage à une partie de la population qui n'a pas les moyens de se procurer de la viande de boucherie : il suffira de dire que, dans les pays septentrionaux, et même dans le nord de la France, il a produit d'excellents résultats.

Nous ne voulons pas, non plus, avant d'abandonner le sujet des débris animaux, omettre de mentionner la tentative faite par M. Séguin pour établir un nouveau système d'utilisation qui s'applique en même temps aux matières fécales et aux restes des animaux. M. Séguin décompose les débris d'équarrissage et aussi les matières fécales dans des cornues en fer analogues à celles que l'on emploie pour la fabrication du gaz de houille. Il obtenait comme résidu du charbon animal et dégageait un gaz d'un pouvoir éclairant considérable. Pour faire la distillation d'une manière économique, il était convenable de dessécher, autant que possible, les matières premières. C'était une première difficulté dont la solution rentrait dans le domaine des questions de salubrité. Une autre difficulté était celle qu'on éprouvait à purger complétement les gaz des produits sulfurés qu'ils contenaient en proportion assez considérable. Néanmoins, le projet de M. Séguin était certainement digne de la plus sérieuse attention, et l'on doit regretter que les essais, exécutés déjà dans des proportions importantes, n'aient pas atteint le degré de développement nécessaire pour que l'on puisse porter un jugement définitif sur la valeur du procédé au double point de vue de l'économie et de la salubrité.

Enfin, dans la disposition même des voiries établies d'après l'ancienne méthode et des dépôts de cadavres d'animaux annexés aux ateliers modernes d'équarrissage, il y a à suivre certaines règles de salubrité, parmi lesquelles la première est la propreté, qui dépend, avant toutes choses, d'une distribution d'eau surabondante. Parent-Duchâtelet a posé, d'ailleurs, à l'établissement des voiries, certaines conditions qui sont très bonnes à citer. Il veut :

1° Que les industriels ne fassent dans leur établissement ni le travail des boyaux ni celui de la colle ;

2° Qu'ils n'y fassent ni composts ni asticots ;

3° Que tous les animaux abattus ou amenés morts soient traités assez rapidement pour qu'à la fin du jour il n'en reste aucun débris, afin que les abattoirs puissent être lavés à grande eau ;

5° Que les substances qu'on met en magasin soient telles qu'elles puissent être à l'abri de toute altération spontanée ;

6° Que les constructions projetées de l'établissement soient surveillées par un architecte commis par l'administration pour présider à l'exécution des conditions suivantes, imposées aux entrepreneurs ;

7° Que les abattoirs soient dallés en pierres dures, et ces pierres imbibées de mastic hydrofuge, jusqu'à refus ;

8° Que les ateliers, où seront transportées et préparées les différentes parties des animaux, reçoivent un dallage semblable, ou au moins un pavé avec bain de ciment et chaux hydraulique ;

9° Que des robinets partant d'un réservoir facilitent les moyens de lavage dans tous les lieux où ils seraient reconnus nécessaires ;

10° Que toutes les eaux provenant de l'établissement,

soient reçues dans un bassin construit à la manière des fosses d'aisances ; que ce bassin soit assez grand pour contenir toutes les eaux provenant des opérations d'une journée ; qu'il ne se vide pas par sa partie supérieure, mais seulement par sa partie inférieure ;

11° Que tout ce qui sortirait de ce bassin soit conduit à la Seine par un tuyau souterrain, lequel tuyau serait prolongé d'une longueur suffisante dans le lit de la rivière pour gagner le grand courant ;

12° Que ces eaux ne soient lâchées qu'à la fin du jour et dans le courant de la nuit ;

13° Que dans la construction des chaudières, de la cheminée et des fourneaux, on se conforme à tous les règlements qui régissent la matière, et que les foyers soient surtout disposés pour y brûler facilement et complétement toutes les vapeurs et toutes les émanations qu'on pourrait y diriger ;

14° Que des murs, suffisamment élevés, empêchent qu'on ne puisse voir du dehors ce qui se passe dans l'établissement ;

15° Qu'une double rangée de peupliers, ou de tous les autres arbres de futaie, plantés assez près les uns des autres, entourent de toute part la fabrique ;

16° Que les ouvriers ne puissent jamais franchir la porte de l'établissement avec leurs vêtements de travail ;

17° Que les voitures destinées à enlever les chevaux morts dans les écuries ou sur la voie publique soient couvertes exactement, le fond garni en zinc ou d'une matière étamée, et en tout temps lavées et tenues avec une telle propreté qu'elles ne répandent aucune odeur ;

18° Enfin (et par excès de prudence) on proposerait, en accordant la demande, de faire une réserve pour toutes les causes d'insalubrité et d'inconvénients non prévues.

Il est une considération plus générale qui ne saurait être laissée de côté; c'est que l'établissement de voiries d'animaux morts et destinés à l'équarrissage, en enlevant les animaux de toute espèce qui meurent dans une grande ville et les empêchant ainsi de se corrompre, offre une très grande importance et des avantages considérables au point de vue de la salubrité publique. C'est là ce qu'avait parfaitement compris le conseil de salubrité des Bouches-du-Rhône (1) qui, insistant sur l'utilité d'un tel établissement, calculait qu'à Marseille cette industrie s'exercerait sur tous les animaux morts, tels que chiens et chats jetés sur la voie publique et sur quatre à cinq cents chevaux, vingt ou trente bœufs et deux cents moutons qui y meurent annuellement.

Du reste, la plupart des grandes villes de France sont pourvues de semblables établissements qui méritent de fixer toute l'attention des conseils d'hygiène publique et de salubrité. Ceux des départements du Nord, de la Gironde et des Bouches-du-Rhône, dont nous avons eu à mettre à profit plus d'une fois les excellents travaux, ont formulé sur les conditions d'établissement des voiries d'animaux et ateliers d'équarrissage des règles évidemment inspirées des préceptes de Parent-Duchâtelet. Nous citerons celles du conseil de Marseille en 1848 qui seront très utilement placées à la fin de cette partie où nous traitons de l'assainissement des voiries d'animaux morts.

1° La partie de l'établissement où se trouvent les hangars sera entourée d'un mur de clôture, pour que les animaux encore en vie ne puissent s'échapper ;

2° Le lieu où sont abattus les animaux sera dallé en larges pierres, posées au ciment et repiquées de manière à ce

(1) *Rapport déjà cité*. Marseille, 1840, p. 102.

que la moindre quantité de liquide puisse s'écouler vers les rigoles latérales, en suivant la pente générale du sol ; des lavages fréquents y seront opérés pour y entretenir une constante propreté ;

3° Les animaux encore en vie seront abattus et équarris dans la journée ; dans aucun cas, on ne pourra renvoyer au lendemain l'équarrissage des animaux morts, transportés dans le chantier ;

4° Les matières provenant des animaux équarris seront, dans les vingt-quatre heures, converties en produits non putrescibles, ou enlevées le même jour de l'établissement. Les issues et autres débris non utilisables seront enfouis immédiatement à 2 mètres de profondeur.

5° Les voitures servant à transporter les animaux au lieu de la Bedoule seront couvertes ; leur fond sera disposé de manière que les liquides rendus par ceux-ci ne puissent s'écouler sur la voie publique ;

6° La cheminée placée au-dessus de la chaudière aura, au moins, 20 mètres de hauteur ;

7° Le tube qui surmonte actuellement la chaudière devra être jeté dans un deuxième foyer ou poêle , chauffé au rouge, communiquant lui-même avec le grand foyer , afin que les vapeurs y soient décomposées avant de passer, dans l'air, par la grande cheminée ;

8° Le robinet placé au bas de la chaudière ne pourra plus déverser sur le sol du hangar les bouillons chauds, ou dégager, dans ce lieu , de la vapeur d'eau imprégnée de matières organiques. Pour l'enlèvement des bouillons avec ou sans corps gras, pour le lavage des chairs à grand courant de vapeur, au commencement de l'opération, l'industriel devra opérer à couvert.

A cet effet, un double manchon fera communiquer le robinet, d'une part, avec le conduit souterrain actuellement existant et conduisant aux éponges, et, d'autre part, avec des récipients couverts, inférieurs au sol du hangar. De cette manière, il pourra, sans incommoder les voisins, se débarrasser des bouillons dépourvus de graisse, opérer le lavage des chairs et recueillir les produits huileux et graisseux ;

9° Les viandes cuites ne seront retirées de la chaudière que quand elles cesseront d'être fumantes. Ces viandes, transformées ou non en tourteaux par une presse, devront être, dans tous les cas, desséchées dans une étuve chauffée à 60 degrés, jamais à l'air libre, par l'action des rayons solaires ou la ventilation.

Si l'on jugeait convenable de se servir d'une presse, il faudrait prendre, pour les liquides écoulés, les précautions de l'article 8 ;

10° Tous les vases récipients, destinés à recueillir l'huile et la graisse, devront être en métal ;

11° Les peaux des animaux écorchés seront enlevées, dans la journée, de l'établissement, ou desséchées après leur immersion dans le pyrolignite de fer ;

12° Le contenu des intestins pourra, seul, être jeté dans le cloaque destiné au fumier ; ni le sang ni aucun débris organique n'y seront déposés ;

13° Aucun liquide provenant de l'établissement ne pourra avoir son écoulement dans le ruisseau de la Bédoule ;

14° Les joints et communications de la chaudière avec les autres parties de l'appareil devront être constamment entretenus étanches, afin que les liquides en ébullition ne puissent, poussés par la force de la vapeur, en sortir et s'évaporer en se décomposant sur la surface extérieure des parois métalliques du récipient, chauffé à une très haute température ;

15° Deux mois après avoir été autorisé, le demandeur sera

tenu de fonctionner selon les prescriptions de l'ordonnance d'autorisation.

Nous rappellerons, en terminant, que les dépôts d'animaux morts, comme du reste toutes les autres espèces de voiries, sont rangés, par ordonnance du 9 février 1825, dans la première classe des établissements réputés dangereux, insalubres ou incommodes.

DEUXIÈME PARTIE.

CIMETIÈRES.

Étymologie. — Les mots *cœmeterium, cimiterium, cimite-rius, cimetière, chimentière* sont autant de transcriptions ou de formes plus ou moins altérées du mot grec κοιμητήριον, dérivé de κοιμᾶν, κοιμᾶσθαι, lieu où l'on dort, lieu *du sommeil, du repos éternel.* Les demeures des morts, chez les Hébreux, s'appelaient de même, *maisons de l'éternité* (1). — Le mot *cœmeterium* désigne, au moyen âge, tout lieu où l'on enterre les corps des fidèles. Une église même, du moment qu'elle contenait des sépultures, pouvait être désignée sous le nom de cœmeterium. Du Cange, dans son *Glossaire de la basse lati-nité,* le dit expressément : *Cœmeterium in qua scilicet fide-lium corpora humantur,* et il en donne plusieurs exemples. —Du Cange fait de *carnarium,* charnier, le synonyme même et l'équivalent de *cœmeterium :* il le définit *ossarium, polyan-drium, cœmeterium* κρεοφυλάκιον, *locus in quo humana cor-pora, seu cadavera humo conduntur,* se fondant sur ce que *caro non modo* κρέας (chair, viande) *sed et* σῶμα (corps) *signi-ficat.*

Historique. — Nous n'avons pas à faire ici l'exposé histo-rique et complet des rites funéraires des divers peuples, soit de l'antiquité, soit des temps modernes ; il y aurait trop à dire, et, d'ailleurs, c'est là un sujet qui a été mille fois traité. On connaît les belles recherches de Lilio Gregorio Giraldi *De sepulcris et vario sepeliendi ritu,* si souvent citées

(1) *Eccles.,* XII, 5.

par Ramazzini dans son traité *De morbis artificum ;* les *Dialogues sur les funérailles des anciens,* de Thom. Porcaccio (en italien); la dissertation de Meursius *De funere ,* et celles de Claude Guichard sur les *Sépultures des anciens;* de Jo. Kirchmann *De funere Romanorum ;* de Jac. Gutherius *De jure Manium ;* d'Onuphre Panvinio *De ritu sepeliendi mortuos apud veteres christianos, et eorumdem cœmeteriis ;* de Guillaume Bernard *De sepulturis et exequiis ;* de H. de Sponde (Spondanus) *Cœmeteria sacra ;* de J. Gretser *De fun. Christianorum,* et d'Ant. Bosi *De Roma subterranea* (en italien).

Nous ne ferons même pas ressortir ce que ces divers rites funéraires pourraient présenter d'intéressant au point de vue de l'histoire de l'hygiène publique, soit que l'on étudiât les procédés d'embaumement des anciens Égyptiens, si curieusement décrits par Hérodote, ou la substitution si salutaire faite chez certains peuples, les Romains par exemple, de la combustion des corps à leur inhumation, ou l'emploi si opportun fait par les populations primitives d'Afrique, d'Éthiopie, d'Égypte, de Crimée, de Grèce, d'Italie, de Sardaigne, de Sicile, de ces grottes sépulcrales, de ces hypogées funéraires taillés dans la roche calcaire, dans la tuffa trachitique ou dans les monticules de grès; soit enfin qu'on admirât ce rare instinct des populations sauvages, qui, comme les nègres de la Sénégambie, utilisent les énormes amas de coquilles d'huîtres déposés derrière leurs villages, pour y enfouir leurs morts.

Ce que nous nous bornerons à chercher dans l'histoire, ce sera, d'une part, la manière dont se sont formés les cimetières, contrairement, on peut le dire, à ce sentiment de piété propre à tous les hommes de garder religieusement le plus près d'eux, et jusque dans leurs maisons, les restes de ceux qu'ils ont aimés; ce sera surtout la trace de cette sollicitude éclairée des gouvernements, à diverses époques, pour préserver les vivants du voisinage infect des morts. Or une coutume presque générale dans l'antiquité consistait à placer l'une à côté de l'autre, mais séparées par une distance calculée, la ville des vivants et celle des morts ou *Nécropole*. Nous n'en citerons qu'un petit nombre d'exemples empruntés aux peuples dont la civilisation nous intéresse le plus. Les tombeaux, chez les Hébreux, devaient être, suivant la tradition, éloignés du mur de la ville de 50 coudées au moins (1). Ces tombeaux étaient ordinairement des caveaux plus ou moins spacieux, taillés dans le roc, et présentant de chaque côté un certain nombre de compartiments, destinés à recevoir autant de corps (2). On rencontre encore aujourd'hui en Palestine, et notamment aux environs de Jérusalem, un grand nombre de ces anciens sépulcres taillés dans le roc. Du reste, les Hébreux, à ce qu'il semble, n'avaient guère de cimetières communs que pour les gens du bas peuple et pour les étrangers (3) ; autrement, presque chaque famille avait des caveaux dans sa propriété (4), et, pour les rois, on dérogeait à l'usage général en leur accordant des tombeaux au milieu même de la ville de Jérusalem, sur le mont Sion. Le prophète Samuel reçut le même honneur ; il fut enterré, à Rama, dans sa maison (5).

Si des Hébreux nous passons aux Grecs, nous retrouvons, à quelques exceptions près, le même usage, constamment observé, d'enterrer les morts hors des villes. C'est ainsi que Plutarque nous apprend (6) qu'il y avait chez les Sicyoniens une antique loi, toujours fort respectée, qui leur dé-

---

(1) *Mischna*, 4ᵉ partie, *Bava Bathra*, ch. 2, § 9.

(2) *Mischna* l. c., ch. 6, § 8. Conf. *Isaïe*, XXII, 17 ; Évang. de *Matth.*, XXVII, 60 ; *Luc*, XXIII, 53 ; *Jean*, XI, 28.

(3) *II Rois*, XXIII, 6 ; *Jérémie*, XXVI, 33 : *Matth.*, XXVII. 7.

(4) *Genèse*, XXIII, 20 ; XLVII, 30 ; L, 5 ; *Juges*, VIII, 32 ; XVI, 31 ; *II Sam.*, II, 32 ; XIX, 38 ; *I Rois*, XIII, 22.

(5) *I Sam.*, XXV, 1 ; XXVIII, 3.

(6) *Vie d'Aratus*, c. 531.

fendait d'inhumer personne dans l'enceinte de leurs murs, et que l'unique exception qui fût faite à cette loi en faveur d'Aratus ne le fut qu'en vertu d'une réponse de l'oracle de Delphes : νόμου δὲ ὄντος ἀρχαίου μηδένα θάπτεσθαι τειχῶν ἔντος, ἰσχυρᾶς τε τῳ νόμῳ δεισιδαιμονίας προςούσης, ἔπεμψαν εἰς Δελφοὺς ὑπὲρ τούτων ἐρησόμενοι τὴν Πυθιαν. — On lit dans Strabon (l. X) que Rheneia, petite île déserte située à 4 stades de Délos, contenait les tombeaux des Déliens, parce qu'il n'était pas permis d'inhumer ou de brûler les corps à Délos même.—Il est très probable que le même rite s'observait à Corinthe, témoin ce passage de Pausanias (1), où il est dit qu'aux approches de Corinthe on trouve sur la route des tombeaux en foule, et, à la porte même, en dehors, celui de Diogène le cynique : Ἀνιοῦσι δὲ ἐς Κόρινθον καὶ ἄλλα ἐστὶ κατὰ τὴν ὁδὸν μνήματα, καὶ πρὸς τῇ πύλη Διογένης τέθαπται ὁ Σινωπεύς. — Même chose à Syracuse : Cicéron le dit à propos de la re-·cherche et de la découverte qu'il fit, étant questeur, de la tombe d'Archimède : *Est enim ad portas Achradinas magna frequentia sepulchrorum* (2). — Même usage à Smyrne ; c'est encore Cicéron qui l'a signalé : « Vellem tantum habere otii » ut possem recitare ψήφισμα Smyrnæorum, quod fecerunt » in Castricium mortuum : primum ut in oppidum introfer- » retur, QUOD ALIIS NON CONCEDITUR (3). » — Tite-Live (4) et une épître de Servius Sulpicius à Cicéron nous appren- nent encore qu'à Athènes cette même prohibition s'était, de tout temps, exercée très rigoureusement : « Ab Athe- » niensibus locum sepulturæ intra urbem ut darent impe- » trare non potui, quod religione se impediri dicerent : NEQUE « TAMEN ID ANTEA CUIQUAM CONCESSERANT. » (Il s'agit ici de M. Marcellus, assassiné par P. Magius Cilo, et que Servius

---

(1) *In Corinthiacis*, l. II, c. 2, § 115, édit. Car. Siebelis.
(2) *Tuscul.* l. V, c. 23.
(3) *Pro Flacco*, c. 31.
(4) L. XXXI, c. 26 et 30.

Sulpitius ne put faire enterrer dans les murs d'Athènes (1).
— Il faut dire, toutefois, que l'histoire grecque a enregistré quelques exceptions importantes à cette règle d'hygiène
publique. C'est ainsi que Lycurgue n'interdit pas d'enterrer les morts dans l'enceinte de Sparte, voulant apparem-
ment habituer les jeunes gens au spectacle de la mort : Καὶ
μὴν περὶ τὰς ταφὰς ἄριστα διεκόσμησεν αὐτός. Πρῶτος μὲν γὰρ ἀνελὼν
δεισιδαιμονίαν ἅπασαν, ἐν τῇ πόλει θάπτειν τοὺς νεκροὺς, καὶ πλησίον
ἔχειν τὰ μνήματα τῶν ἱερῶν οὐκ ἐκώλυσε, συντρόφους ποιῶν ταῖς
τοιαύταις ὄψεσι καὶ συνήθεις τοὺς νέους, ὥςτε μὴ ταράττεσθαι μηδ' ὀρρω-
δεῖν τὸν θάνατον, ὡς μιαίνοντα τοὺς ἁψαμένους νεκροῦ σώματος, ἤ
διὰ τάφων διελθόντας (2). Mais, à vrai dire, dans la ville de
Sparte, qui, comme on sait, n'avait pas de murailles, et où,
naturellement, les maisons devaient être plus espacées et
entourées de plantations plus étendues, la présence des
tombeaux devait avoir moins d'inconvénients pour la santé
publique. D'ailleurs, il semble que le législateur ait voulu,
autant que possible, diminuer le danger des émanations cadavériques. Il défendait, en effet, expressément qu'on ense-
velît avec le corps aucune substance étrangère ; rien qu'un
linceul ou drap rouge et une enveloppe de feuilles d'olivier :
ἔπειτα συνθάπτειν οὐδὲν εἴασεν, ἀλλὰ ἐν φοινικίδι καὶ φύλλοις ἐλαίας
θέντες τὸ σῶμα περιέστελλον. Cette mesure ne peut guère s'expliquer autrement que comme une mesure de salubrité ;
c'est ainsi que Ricard, le traducteur de Plutarque, l'a envi-
sagée, et nous nous rangeons sans hésiter à son interprétation. Il n'est pas douteux, en effet, que cet usage, si fré-
quent dans l'antiquité, d'ensevelir dans le même cercueil,
ou du moins dans le même tombeau, avec le cadavre, des
corps de diverses natures sujets à pourriture, ne fût très
propre à ajouter beaucoup à la force et aux dangers de l'infection. — Polybe raconte aussi que les Tarentins, cette

(1) *Epist. ad familiares*, l. IV, epist. 12.
(2) Plutarque, *Lycurg.*, c. 27.

population toute grecque de l'Italie méridionale, et, d'ailleurs, comme on sait, d'origine lacédémonienne, pour détourner à leur profit certain vieil oracle qui attachait leur prospérité à l'accroissement de leur population, enterraient les morts dans l'enceinte de leurs murs, doublant ainsi, pour le moins, la population vivante de toutes les générations éteintes. Mais aussi, pour que cet artifice intéressé coûtât le moins cher possible à la santé publique, les Tarentins avaient-ils eu soin d'éloigner ce cimetière intérieur οἱ τάφοι, comme l'appelle Polybe, des quartiers les plus populeux : τὸν οἰκούμενον τόπον τῆς πόλεως, et de le reléguer à l'orient de la ville : τὸ γὰρ πρὸς ἕω μέρος τῆς τῶν Ταραντίνων πόλεως μνημάτων ἐστὶ πλῆρες, διὰ τὸ τοὺς τελευτήσαντας ἔτι καὶ νῦν θάπτεσθαι παρ'αὐτοῖς πάντας ἐντὸς τῶν τειχῶν, κατά τι λόγιον ἀρχαῖον (3).

A Rome, on ensevelissait, dans le principe, au sein même de la ville, et jusque dans l'intérieur des maisons. C'est Servius, le scoliaste de Virgile, qui le dit, non seulement pour Rome, mais, à ce qu'il semble, pour toutes les villes d'Italie (2), à propos de ce vers de l'*Enéide* (3) :

Finitimos tollunt in agros urbique remittunt.

« Meminit (Virgilius) antiquæ consuetudinis ; nam ante » etiam in civitatibus homines sepeliebantur, quod postea, » Duillio consule, senatus prohibuit, et lege cavit ne quis in » urbe sepeliretur. »

Mais déjà antérieurement à ce sénatus-consulte de l'an 490 de Rome, que rapporte ici Servius, un chef de la loi des xii tables défendait d'ensevelir ni de brûler un corps

____

(1) Polyb., *Hist.*, l. VIII, c. 23.

(2) De même, chez les anciens Grecs, les corps que l'on ne brûlait pas, et c'était le plus grand nombre, étaient ensevelis dans la demeure de la famille. A Thèbes, en Béotie, la loi défendait de construire aucune maison sans y réserver une place pour un tombeau.

(3) Livre XI, v. 206.

dans l'intérieur de Rome : « HEMONEM · MORTUOM · ENDO · URBED » · NEI · SEPELITOD · NEIVE · URITOD (hominem mortuum in » urbe ne sepelito neve urito, n'inhumez ni ne brûlez dans la ville aucun mort) » (1). Cet article de la loi décemvirale, dont les savants restaurateurs de ce précieux monument juridique s'accordent à faire le premier chef de la xe table, relative au *Droit sacré* (*De jure sacro*), est pour nous du plus haut intérêt : en effet cette prohibition a traversé tout le cours de l'empire romain, en dépit de la résistance toujours croissante de cet esprit de piété et d'attachement au culte domestique et privé des dieux lares ou pénates, si développé chez les Romains ; les empereurs l'ont énergiquement maintenue, sans cesse renouvelée, et sanctionnée au besoin par les peines les plus sévères, contre cette tendance universelle à la négliger et à la laisser tomber en désuétude ; les Conciles et Synodes chrétiens l'ont reprise à leur tour, et consacrée dans l'intérêt si précieux de la santé publique ; mais, comme on le verra, la persistance éclairée et prévoyante des autorités laïques et ecclésiastiques ne put prévaloir contre cette ferveur irréfléchie des fidèles qui,

(1) Mais il n'est pas douteux qu'avant même la loi des XII tables, et déjà sous les rois de Rome, il était reçu, sinon comme loi, du moins comme coutume, que les morts fussent enterrés hors de la ville. Il est constant, par exemple, que Numa fut inhumé non dans Rome, mais sur le mont Janicule, comme l'attestent Tite-Live, Plutarque, Denys d'Halicarnasse, et Pline qui, d'après le quatrième livre des *Annales* de Cassius Hemina, rapporte (*Natural. histor.*, l. XIII, c. 13) *Cn. Terentium scribam, agrum suum in Janiculum, repastinantem offendisse arcam, in qua Numa, qui Romæ regnavit, situs fuisset*; or tout le monde sait qu'Ancus Martius fut le premier qui renferma le Janicule dans l'enceinte de Rome. Servius Tullius fut pareillement porté et inhumé hors de la ville, suivant Denys d'Halicarnasse. De plus Cicéron nous apprend que Valerius Publicola et Q. Posthumius Tubertus, vainqueur des Latins au lac Régille, obtinrent du sénat, en récompense de leurs services, l'honneur d'être enterrés dans le Forum et transmirent ce droit à leurs descendants : évidemment cette exception honorifique atteste l'existence de la coutume contraire de porter les morts hors des murs de la ville, coutume que la table décemvirale n'aurait fait à ce compte qu'ériger en loi.

pendant le moyen âge et jusqu'au xviiie siècle, brûlèrent d'entasser leurs dépouilles mortelles le plus près possible de certaines reliques révérées, dans d'étroites églises, au risque de compromettre le plus gravement du monde les pauvres survivants ; et le mal devint si général et prit de telles proportions ; la santé publique, aussi bien dans les campagnes que dans les villes, en reçut des atteintes si sérieuses et si continues, qu'il fallut bien en revenir aux salutaires prescriptions des anciens, plus sages que leur postérité.

Cicéron, à vrai dire, qui nous a conservé ce texte curieux de la loi des Douze Tables (1), n'a pas allégué, parmi les motifs de cette prohibition, celui qui nous touche le plus, celui d'hygiène et de salubrité publique, mais seulement la crainte des incendies, *credo, vel propter ignis periculum*, et en second lieu ce principe de droit pontifical qu'un lieu public ne peut changer de nature par la destination des particuliers, et devenir un lieu religieux privé : « Statuit » collegium (pontificum) locum publicum non potuisse pri- » vata religione obligari. » Ces deux motifs sont très réels : le premier est nettement accusé par cet autre chef de la dixième Table décemvirale, rappelé pareillement par Cicéron (2), et qui défendait qu'à l'avenir aucun bûcher ni sépulcre ne pût être placé à moins de 60 pieds de l'édifice d'autrui, si ce n'est du consentement du propriétaire : « Rogum bustumve novum vetat (lex xii, Tabularum), propius sexaginta pedes adjici ædes alienas, invito » domino. » Et la nécessité d'une pareille mesure est attestée par le sinistre arrivé aux obsèques de P. Clodius, dont le bûcher enflammé mit le feu à la curie, consuma la basilique Porcia et le piédestal de la statue de l'augure Attilius Nævius, ce qui provoqua un édit qui accroissait la distance marquée par la loi décemvirale, et interdisait de

(1) *De legibus*, l. II, c. 23.
(2) *De legibus*, II, c. 24.

brûler les corps à plus de deux mille pas de la ville de Rome (1). Mais à ces deux motifs qui suffisaient à l'objet particulier de la thèse développée par Cicéron, il est certain qu'il est plus que permis d'en joindre beaucoup d'autres, et au premier rang celui de la salubrité. C'est ce que n'ont pas manqué de faire les jurisconsultes tant anciens que modernes, notamment le savant Bouchaud (2), en interprétant ou commentant ce chef de la loi des Douze tables. Et l'on peut dire sans exagération que ce serait faire injure à la législation romaine, que de méconnaître en elle ce souci, cette préoccupation de la santé publique et du bien-être des populations, véritable cachet de la civilisation. N'est-ce pas là même un des traits caractéristiques de ces fortes races pélasgiques que l'on voit occupées dès le principe, et avant tout, à assainir les lieux où elles s'établissent, comme l'attestent ces travaux gigantesques des Minyens d'Orchomène dans les plaines inondées et marécageuses de la Béotie, aux environs du lac Copaïs, et ce travail colossal de salubrité publique, la *cloaca maxima*, entrepris à Rome sous Tarquin l'Ancien, et que Tite-Live a magnifiquement décrit dans les lignes que nous avons précédemment citées.

Le résultat immédiat de cette prohibition de la loi décemvirale fut la formation successive et progressive, aux portes de Rome, de ces longues avenues de tombeaux que M. Dezobry, dans sa savante description de *Rome au siècle d'Auguste*, appelle *les faubourgs nécropolitains* de la ville éternelle, et qui s'étendaient à 15 ou 16 milles de distance, pour le moins. Chacun sait, en effet, que les Romains, ne pouvant enterrer les morts dans la ville même, avaient choisi, par ostentation, pour emplacement de leurs sépul-

(1) Dion Cassius, *Hist.*, l. XLVIII, p. 383, de l'édit. d'Hanovre de 1606.
(2) Bouchaud, *Commentaire de la loi des XII tables*. t. II, p. 239-257.

tures, le bord des routes. Les riches patriciens se faisaient inhumer dans leurs villas, leurs jardins et leurs bois, mais ce n'était là que l'exception ; presque tout le monde, grands et petits, préférait la voie publique. Toutes les voies sortant de Rome en étaient bordées, notamment les voies Appia, Latina et Flaminia. Là, parmi les somptueux monuments des familles patriciennes, parmi ces grands sépulcres, précédés majestueusement du *sepulcretum*, *ustrina* ou *forum* (*id est vestibulum sepulcri*), terrain sacré, protégé par le droit et non susceptible d'être acquis par usucapion (1), s'élevaient les humbles *columbaria*, ces sépulcres collectifs d'une forme si étrange, réservés aux affranchis et aux esclaves d'une même famille, et, plus humblement encore, ces petit sépulcres de pierre en forme d'autel ou de cippe, dénués de *sepulcretum*, à cause de la cherté des terrains, et contenant les cendres du pauvre, dont il avait fallu faire brûler le corps dans les *sepulcreta* publics, moyennant salaire.

Comme nous l'avons dit plus haut, le culte privé des *dieux lares* ou *pénates*, qui, à le bien prendre, forme la base de la religion populaire chez les Romains, et qui est resté jusqu'au bout la partie vivace du paganisme, se trouvait malheureusement en opposition avec la prescription sanitaire de la loi décemvirale. Ce culte, comme l'atteste Servius (2), était né précisément de la coutume primitive d'enterrer les morts dans ses propres foyers. On sait en quoi consistait ce culte : on adorait ces dieux *lares* ou dieux du foyer, sous la figure de certains petits marmousets d'argent, de bronze ou de terre cuite, placés au-dessus de la tombe des parents ou de leur urne cinéraire. De là une

(1) *Quod autem forum, id est vestibulum sepulcri, bustumve usucapi vetat* (*lex XII tabularum*, *tuetur jus sepulcrorum*. (Cic., *De legib.* II, c. 24.) — Voy. *Festus*, au mot *Forum*.

(2) *In Æneid.*, l. VI, v. 153.

opposition permanente entre la religion et la loi, une tendance presque générale à échapper à cette dernière, et à la frapper de désuétude ; de là aussi, cette série de sénatus-consultes, de rescrits, de constitutions, d'édits, de lois, pour renouveler et maintenir l'ancien droit. C'est cette honorable résistance du gouvernement romain à une coutume universelle, mais ruineuse et inconsidérée, résistance à laquelle on peut donner divers motifs, mais celui surtout de l'intérêt bien entendu des populations au point de vue de la santé générale, que nous croyons devoir mettre complétement en lumière.

Un premier sénatus-consulte, déjà cité plus haut, daté de l'an 490 de Rome, et rapporté par Servius, défendait d'ensevelir personne dans la ville : « Duillio consule, sena-» tus prohibuit ne quis in urbe sepeliretur. » Un second, daté de l'an de Rome 645, cité par Appien (*De bellis civilibus*, l. 1, p. 637, de l'édit. d'Amst., in-8), interdisait la translation à Rome, pour y recevoir les derniers honneurs, des cadavres de ceux qui avaient été tués dans les combats ; et certes ce n'est pas voir toute la portée de cette mesure, que de n'y relever, comme l'historien l'a fait, que l'intention d'ôter aux habitants de Rome la vue d'un appareil triste et décourageant : il y a là, pour nous du moins, une intention sanitaire très nettement accusée, et que l'hygiéniste ne niera point. Un troisième sénatus-consulte, de l'an de Rome 726, rapporté par Dion Cassius, et déjà cité par nous ci-dessus, ordonna de brûler les corps à plus de deux mille pas de Rome, distance excessive, on en conviendra, si l'on n'avait en vue que de prévenir les incendies.

Grâce à ces mesures législatives souvent renouvelées, la disposition de la loi décemvirale, sauf peut-être dans les temps orageux des guerres civiles, fut maintenue et resta en vigueur ; et l'on peut affirmer que l'application de la loi fut la règle générale et le fait ordinaire, et sa transgression le fait exceptionnel. Un passage de Dion Cassius marque formellement que, vers l'an 710 de Rome, et en général sous César et sous Auguste, il fut rigoureusement interdit d'inhumer personne dans la ville (1). Et cet historien met au nombre des honneurs extraordinaires accordés à Jules César, celui d'avoir été inhumé dans l'enceinte des murs; au contraire, nous voyons Marcellus, fils d'Octavie, enterré non dans la ville, mais au champ de Mars (2), Auguste lui-même et les empereurs suivants, comme Adrien, Septime Sévère, et plusieurs autres personnages illustres, enterrés pareillement dans le champ de Mars. Trajan est le seul dont les cendres, rapportées à Rome et renfermées dans une urne d'or, aient été déposées dans le Forum, que ce prince avait fait construire, et sous la colonne Trajane (3).

Interrogeons maintenant, avec le savant Bouchaud pour guide, les jurisconsultes romains, afin de connaître le soin que prirent les empereurs de faire observer dans les villes la loi décemvirale. Le jurisconsulte Ulpien, qui, dans le XXVe livre de son Commentaire sur l'édit du préteur, ne s'occupe que des choses religieuses, n'a pas manqué de traiter cette question; et il nous reste de lui, dans le Digeste (4), un fragment précieux dont voici le texte : « Divus » Hadrianus rescripto pœnam statuit quadraginta aureorum » in eos qui in civitate sepeliunt, et in magistratus eadem » qui passi sunt, et locum publicari jussit et corpus » transferri. Quid tamen, si lex municipalis permittat in » civitate sepeliri, post rescripta principalia, an ab hoc » discessum sit, videbimus, quia generalia sunt rescripta,

---

(1) Lib. XLIV, p. 395 de l'édit. Reimar.
(2) Virgile, liv. VI, *Énéid.*, v. 872.
(3) Aur. Victor, *in epitome*, c. 13. Eutrop., *in breviario*, l. VIII, c. 5.
(4) *Loi* III, § 5, au Dig., *De sepulcro violato.*

» et oportet imperialia statuta suam vim obtinere et in
» omni loco valere. »

Ce que Ulpien attribue ici à l'empereur Adrien, Capi-
tolin semble l'attribuer à son fils adoptif Antonin le Pieux,
dont il dit : *intra urbes sepeliri mortuos vetuit* (1). Bouchaud ne voit pas là une simple confirmation du rescrit
d'Adrien, faite par son successeur ; il incline plutôt à
croire qu'avant Adrien, suivant l'ancien droit, on punissait
à l'extraordinaire ceux qui enterraient dans la ville et qui,
par cette action, commettaient un délit *extraordinaire ;*
mais qu'Adrien, par son rescrit, décerna l'amende de
40 pièces d'or, qui devint conséquemment la peine *ordinaire* de ce délit ; qu'ensuite Antonin le Pieux rétablit l'ancien droit, et que si Tribonien, dans sa compilation
(le Digeste) omit la constitution de cet empereur, ce fut
pour maintenir de préférence l'amende de 40 pièces d'or
prononcée par le rescrit d'Adrien.

Pour marquer le progrès ultérieur du droit sur cette
matière, il faut citer maintenant une loi de Dioclétien et de
Maximien : « Mortuorum reliquias, ne sanctum municipio-
» rum jus polluatur, intra civitatem condi jam pridem veti-
» tum est (2) ; » et cette constitution de Théodose le Grand,
dont l'extrême sévérité a besoin d'explication : « Omnia quæ
» supra terram urnis clausa, vel sarcophagis corpora deti-
» nentur, extra urbem delata ponantur, ut et humanitatis
» instar exhibeant, et relinquant incolarum domicilio sancti-
» tatem (3). Quisquis autem hujus præcepti negligens fuerit,
» atque aliquid tale ab hujus interminatione præcepti ausus

(1) *In Anton. Pio*, c. 12.
(2) Loi XII, au code *De religiosis et sumpt. funer.*
(3) Le savant Muratori (*Tertia disquisiti*) propose ici une leçon ou correction
très heureuse, *sanitatem* au lieu de *sanctitatem*. Nous avouons la préférer
de beaucoup ; car comment comprendre, en présence du culte si ardent des
païens pour les dieux lares, d'une part, et du respect des chrétiens pour les

» fuerit moliri, tertia in futurum parte patrimonii mulctetur,
» officium quoque, quod sibi paret, quinquaginta librarum
» auri affectum dispoliatione merebitur. Ac ne alicujus fal
» lax et arguta solertia ab hujus se præcepti intentione
» subducat, atque apostolorum vel martyrum sedem hu-
» mandis corporibus æstimet esse concessam, ab his quo-
» que, ita ut a reliquo civitatis, noverint se atque intelli-
» gant esse submotos. » Si d'une simple amende de 40 pièces
d'or, portée par le rescrit d'Adrien, la pénalité s'était élevée jusqu'à la confiscation du tiers du patrimoine pour le
principal coupable, et à une amende de 5o livres d'or pour
ses complices ou agents, il fallait que, dans l'intervalle des
deux lois, un fait énorme se fût produit, et que le mal eût
pris des proportions extrêmes. C'est qu'en effet, avec les
progrès du christianisme et la tolérance de quelques empereurs chrétiens, sans parler de celle des officiers de police
subalternes, bien autrement efficace et dangereuse en pareil
cas, cette croyance superstitieuse, qu'après la mort on repose
plus paisiblement enterré tout auprès des reliques des martyrs, sous leurs autels et dans leurs églises, s'était répandue
partout, et que tout fidèle en état d'acheter des prêtres cette
bienheureuse concession, s'était empressé de le faire. De là
invasion, et bientôt encombrement des basiliques et des égli-

morts de l'autre, qu'on qualifiât de souillure le voisinage et le contact de ces
restes précieux ? Comment admettre uniquement l'explication que donne le jurisconsulte Paul de cette prohibition des inhumations dans les villes : *ne funes-
tentur sacra civitatis* (*Recept. sentent.*, l. I, tit. 21, § 2); ou celle-ci : *ne sánc-
tum municipiorum jus polluatur* (loi XII, au code *De religiosis et sumpt. funer.*). A côté de l'intention religieuse, si l'on peut dire, à côté du motif de droit
sacré que les jurisconsultes anciens se sont plu trop exclusivement peut-être à
mettre en lumière, il nous faut reconnaître cette pensée si naturelle de précaution sanitaire ; et c'est à ce titre que la leçon de *sanitatem* nous paraît intéressante, et, appuyée de l'autorité de Muratori, elle est pour nous d'un grand
poids. Voici du reste comment lui-même la justifie : *Nimirum, ne cadavera pes-
tiferis exhalationibus urbem inficerent, neve cum incolarum viventium salute
fœtor mortuorum corporum conflictaretur.*

ses, hors des villes et dans les villes mêmes, par les corps des fidèles. C'est cette coutume désastreuse qu'il importait de réprimer, et que l'empereur Théodose s'était proposé de détruire par une pénalité aussi forte. Il est bien probable qu'elle ne fut pas complétement inefficace ; au moins semble-t-il qu'au commencement du ve siècle, en 410, cette constitution était encore en vigueur : c'est ce qui peut s'inférer d'un passage de Zozime (1), relatif au siége de Rome par Alaric, où est peint sous d'horribles couleurs l'encombrement de cadavres sans sépulture, résultant du blocus de la ville, qui ne permettait pas qu'on les portât au dehors dans les cimetières. Mais il faut bien que toute la rigueur des lois ait été impuissante à réprimer une pareille coutume dont le principe était un excès de zèle et de ferveur religieuse, et la certitude ou tout au moins l'espoir du salut éternel ; car Tribonien, le rédacteur de la grande collection ou compilation juridique de Justinien, respectant l'entraînement universel, crut devoir mutiler la loi de Théodose le Grand, et en supprimer la sanction pénale, n'en conservant au code de Justinien (2) que ce peu de mots : « Nemo » apostolorum vel martyrum sedem humanis (ou humandis) » corporibus existimet esse concessam. » Pour comble de tolérance, ou plutôt de faiblesse, la Novelle LIII de l'empereur Léon, au IXe siècle, abrogea toutes les lois antérieures, et permit indistinctement l'inhumation dans l'enceinte même des villes : mais on sait que cette Novelle, n'étant pas comprise dans la compilation, n'est et ne fut d'aucune autorité. Ce fut donc le rescrit d'Adrien, dont il est parlé dans la loi III, § 5, au Digeste, *De sepulcro violato*, et qui décerne une amende de 40 pièces d'or contre ceux qui inhumeraient dans l'enceinte des villes et contre les

____

(1) *Histor.*, liv. V, c. 39, p. 353, de l'édit. d'Oxford.
(2) Loi II, au code *De sacrosanct. eccles.*

magistrats qui le souffriraient, qui se trouva de fait former le dernier état de la jurisprudence romaine (1).

Les canons des conciles, à l'exemple des lois civiles, s'opposèrent, mais sans plus de succès, à l'inhumation des corps dans l'enceinte des villes et dans l'intérieur des églises.

Relevons l'énumération de ces documents que nous considérons comme la partie capitale et vraiment nécessaire de cet historique : c'est, en effet, la persistance des autorités ecclésiastiques et civiles qui, à la longue, a réussi, en provoquant les mesures définitives prises depuis moins d'un siècle, à détruire ces foyers pestilentiels que contenait pour ainsi dire chaque ville, chaque église même de l'Europe chrétienne.

D'ailleurs les expressions employées dans ces *canons* sont quelquefois si fortes et si vives de coloris, qu'elles suffisent à peindre l'état épouvantable où cette ferveur inconsidérée et aveugle des fidèles avait réduit les églises et les moindres chapelles ; les descriptions les plus circonstanciées ne diraient ni mieux ni davantage.

Le concile de Brague (Portugal), en 563, renferme un canon fameux, le dix-huitième : « On n'enterrera personne, » y est-il dit, dans les églises, mais au dehors et autour des

(1) L'abbé Lebeuf (*Examen d'un passage de Grégoire de Tours sur le temps où l'on a commencé d'enterrer les morts dans les cités*, dans les *Mémoires de l'Acad. des inscriptions*, t. XXVII, p. 177-179) n'hésite pas à déclarer que la prohibition de la loi des XII tables fut en vigueur dans les Gaules jusqu'après l'établissement définitif des Francs ; que le premier exemple contraire n'est que du vi^e siècle (*Vita S. Vedasti Atreb.*), encore n'est-ce qu'une exception particulière, et que ce fut au xe siècle seulement que l'infraction de l'ancienne règle commença à devenir fréquente. Et se fondant sur cette opinion peut-être un peu trop affirmative, il relève une erreur commise par les Bollandistes, dans la vie de saint Lidoire, deuxième évêque connu de Tours, et qui consistait à avoir dit que ce prélat, mort vers 370, avait été inhumé dans l'église cathédrale de Tours, tandis qu'il l'avait été dans une *basilique* différente de l'*ecclesia*, ou *cathédrale*, et située hors de la ville.

» murs ; car, si les villes ont le privilége qu'on ne puisse
» enterrer les morts dans l'enceinte de leurs murailles, à
» plus forte raison doit-on observer la même chose dans
» les églises, à cause du respect dû aux corps des saints
» martyrs qui y sont renfermés. » — « Firmissimum usque
» nunc retinent hoc privilegium civitates Galliæ, ut nullo
» modo intra ambitum murorum civitatum cujuslibet de-
» functi corpus sit humatum..... Placuit.... corpora de-
» functorum nullo modo intra basilicam sacram sepeliantur;
» sed si necesse est, deforis circa murum basilicæ usque
» adeo non abhorret. »

Le concile d'Auxerre, en 585, défendit les inhumations
dans l'intérieur des *baptistères, non licet in baptisterio corpora
sepelire,* soit que par ce nom on entendît ces édifices que
l'on construisait dans le voisinage des basiliques pour y
administrer le sacrement de baptême, soit qu'on voulût
désigner les églises elles-mêmes, dans le vestibule desquelles on commença, dans ce siècle (le vi^e), à élever des
fonts baptismaux.

Dans le même concile, il fut défendu de mettre un mort
sur un autre, c'est-à-dire sur un corps non encore con-
sommé.

Le sixième canon du concile de Nantes, en 660, contient
des prohibitions du même genre.

A la fin du viiie siècle (794), Théodulphe, évêque d'Orléans, homme éminent, qui avait toute la confiance de Charlemagne, appela l'attention de l'empereur sur les abus des
sépultures, qui, disait-il, avaient fait des églises *autant de
cimetières,* et au grand mécontentement des autres prélats
de France, il provoqua, pour un temps, la plus stricte obser-
vance des canons relatifs aux sépultures. Voici ses propres
paroles, dont on ne pourrait qu'affaiblir l'énergie en les
traduisant : « Loco divino cultui mancipata et ad offerendas
» hostias præparata, cœmeteria, sive polyandria facta sunt;

» unde volumus ut ab hac re deinceps abstineatur et nemo
» in ecclesia sepeliatur, nisi forte talis sit persona sacer-
» dotis aut cujuslibet justi hominis, quæ per vitæ meri-
» tum talem vivendo suo corpori defuncto locum adqui-
» sivit. »

Après avoir marqué les seules exceptions qui, à l'avenir, pourraient être faites à cette règle, Théodulphe s'occupait de rendre aux églises l'aspect qu'elles n'auraient jamais dû perdre : il fit détruire les anciens tombeaux, et voulut que désormais ils ne fussent point élevés hors de terre ; ajoutant que si l'on ne pouvait exécuter cette prescription, il fallait déplacer l'autel et le porter dans un autre lieu, convertissant le premier purement et simplement en cimetière : « Corpora vero quæ antiquitus in ecclesiis sepulta
» sunt nequaquam projiciantur, sed tumuli, qui apparent,
» profundius in terram mittantur, et, pavimento desuper
» facto, nullo tumulorum vestigio apparente, ecclesiæ re-
» reverentia conservetur. Ubi vero est tanta cadaverum
» multitudo ut hoc facere difficile sit, locus ille pro cœme-
» terio habeatur, ablato inde altari et in eo loco constructo
» ubi religiose et pure Deo sacrificium offerri valeat. »

Charlemagne, pour terminer les querelles survenues entre Théodulphe et les autres prélats de France, priva, par ses capitulaires, les laïques de la sépulture dans l'intérieur des églises, et l'interdit plus tard à toute personne indistinctement : « Nullus deinceps in ecclesia mortuum sepe-
» liat. » (Anno 797.)

Le vingt et unième canon du sixième concile d'Arles en 813, le concile de Magouze, le concile de Meaux en 845 (canon soixante-douzième), et le concile de Tribur en 895 (canon dix-septième), autorisèrent l'inhumation dans les églises, mais seulement des évêques, des abbés et des ecclésiastiques, ou des laïques de première distinction, maintenant d'ailleurs pour tout autre les anciens statuts dans leur

entière et stricte rigueur : « De sepeliendis in basilicis
» martyris constitutio illa servetur quæ antiquis patribus
» constituta est. »

L'illustre Hincmar, archevêque de Reims, tenta aussi de
déraciner cet abus ; il défendit et abolit les sépultures héré-
ditaires, et remit au soin des curés de faire à ce sujet tel
règlement qu'ils jugeraient à propos : « Nemo christiano-
» rum præsumat, quasi hereditario jure, de sepultura con-
» tendere, sed in sacerdotis providentia sit. » Il voulut même
faire prêter aux évêques de son diocèse le serment qu'ils
n'exigeraient plus rien désormais pour les sépultures. Le
concile de Meaux, année 845, s'explique de même dans son
soixante-douzième canon. Le concile de Nantes, sur la fin
du IXe siècle, en permettant d'élever des tombeaux dans les
vestibules et dans les portiques ou galeries extérieures des
églises, défendit formellement d'en construire dans les
églises mêmes, dont souvent ils avaient envahi jusqu'au
chœur et à l'autel. Les paroles de ce concile méritent d'être
ici textuellement relatées : « Prohibendum est etiam secun-
» dum majorum instituta, ut in ecclesia nullatenus sepe-
» liantur, sed in atrio aut in porticis, aut in exedris eccle-
» siæ. Intra ecclesiam vero et prope altare, ubi corpus
« Domini et sanguis conficiantur, nullatenus sepeliantur. »
En présence d'une pareille unanimité, on peut affirmer que
l'esprit de l'Église était énergiquement opposé à ce nouvel
et ruineux usage, et que, sur ce point, il s'accordait sans
restriction avec la prévoyance des lois civiles ; les conciles
tenus depuis le Xe siècle jusqu'au XVIIIe, dans toutes les
parties du monde catholique, l'attestent de la manière la
plus formelle. Le concile de Ravenne, tenu sous Gilbert, et
ensuite sous Sylvestre II, en 995 ; le sixième de Winches-
ter, en 1076 ; le fameux synode de Toulouse, en 1093, où
il fut convenu de faire deux cimetières, l'un pour les évêques et les grands seigneurs, l'autre pour le commun des

habitants (c'était accorder fort habilement l'attachement aux distinctions orgueilleuses et mondaines avec le retour nécessaire à l'emploi des cimetières) ; un concile de Londres, tenu en 1107 ; deux de Cognac, en 1255 et 1260 ; un de Bude, en 1269 ; un de Nîmes, en 1284 ; un de Chester, en 1292 ; un d'Avignon, en 1326 ; un de Narbonne, en 1551 ; un de Tolède, en 1566 ; un de Malines, en 1570; les comités du clergé de France assemblés à Melun, en 1579 ; un synode de Rouen, en 1581 ; un de Reims, en 1583 ; un de Bordeaux et de Tours, en la même année ; un de Bourges, en 1584 ; un d'Aix, en 1585 ; un de Toulouse, en 1590 ; un autre de Bordeaux, en 1624 : tous ont confirmé sur ce point et admis la même doctrine (1).

Comment donc concevoir que, contre une pareille réprobation, si souvent renouvelée, un abus si désastreux pour la santé de tous ait pu, non seulement tenir, mais croître sans cesse ? On a voulu en trouver la cause dans l'avidité du

---

(1) On peut joindre à ces indications les suivantes, tirées de nos *rituels* et *statuts synodaux* qui tous font éclater le zèle de l'Église de France sur cette partie de l'ancienne discipline : Ordonnance de M. de Pericard, évêque d'Avranches, art. 75, en 1600 ; de M. le Commandeur, évêque de Saint-Mâlo, en 1620, chap. des *Règlements communs*, art. 8, p. 342 et suiv. ; de M. de Matignon, évêque de Lisieux, en 1650, titre des *Eglises et cimetières*, art. 3 ; de M. de la Guibourgère, 1ᵉʳ évêque de la Rochelle, en 1655, titre des *Sépultures*, p. 127 ; de M. Vialart, évêque de Châlons, en 1661, art. 7, p. 18 ; de M. Faur, évêque d'Amiens, en 1662, chap. 13, art. 5, p. 45 ; de M. d'Elbene, évêque d'Orléans, en 1664, tit. 14, n° 3, p. 537 ; de M. de Pavillon, évêque d'Aleth, en 1670, tit. 2, art. 10, p. 37 ; de M. Sevin, évêque de Cahors, en 1673, chap. 26, n° 11 et suiv., p. 257 ; de M. de Villeserin, évêque de Senez, en 1678, titre du *Lieu de la sépulture*, p. 474 et suiv., où, p. 477, est son ordonnance de 1672 ; de M. le cardinal le Camus, évêque de Grenoble, en 1690, tit. 4, art. 2, n° 7, p. 163 ; de M. de Clermont, évêque de Noyon, en 1691, part. I, titre *Des sépultures*, art. 6, p. 64 ; de M. de Sillery, évêque de Soissons, en 1700, titre des *Eglises et cimetières*, p. 20, etc. ; *Rituale Rothomagi*, p. 194 ; *Carnot*, p. 180, etc. ; de *Saint-Malo*, p. 125 ; d'*Aleth*, p. 256 ; d'*Agen*, p. 187 ; de la *Rochelle*, p. 556 ; de *Verdun*, p. 332 ; de *Lyon*, p. 178 ; de la *Province d'Auch*, p. 231.

clergé , qui tirait de ces sépultures dans les églises un grand profit : et, en effet, la défense de percevoir aucune rétribution pour les sépultures est souvent jointe, dans les canons des conciles, aux prohibitions plus générales. Mais la cause était ailleurs : elle était dans la ferveur effrénée des fidèles ; dans l'ambition des grands, qui voulaient conserver leur rang jusque dans la mort ; dans ces offrandes volontaires que l'Église se faisait un cas de conscience de rejeter, en même temps qu'elle proscrivait les exactions de ses ministres ; elle était, surtout, dans cette fausse croyance que saint Augustin lui-même a combattue (1), et que l'on peut formuler ainsi : « Cum sanctis martyribus quiescentes, eva- » dimus inferni tenebras, eorum propriis meritis attamen » consocii sanctitate. »

Résumons cette longue série de textes d'une lecture quelque peu ingrate.

Nous avons vu dans l'antiquité, à côté d'une prohibition expresse d'inhumer et de brûler les corps dans l'intérieur des villes, une tendance incessante et presque universelle à enfreindre cette loi, tendance provenant, soit de l'extension du culte des dieux lares, soit aussi de la difficulté et de la dépense attachées, pour le pauvre, à la translation, souvent lointaine, des corps. Dans les deux premiers siècles de l'ère chrétienne, cette désobéissance à la loi se peut expliquer par la crainte de voir la dépouille des fidèles insultée par la foule des païens. On gardait donc subrepticement dans les maisons ces restes si chers qu'on n'osait plus, qu'on ne daignait peut-être plus confondre avec ceux des infidèles. Plus tard on utilisa, comme chacun sait, les *catacombes*, et les premières donations de terrains, dues à la piété des patriciens convertis et de quelques dames romaines, furent affectées à la formation de cimetières chrétiens ; jusque-là,

(1) Voyez son ouvrage *Sur le soin que l'on doit prendre des morts*, adressé à Paulin.

les sépultures chrétiennes durent être fort gênées, au grand préjudice de la santé publique. Les cimetières, une fois formés (on en compte plus de quarante dans les environs de Rome antique dont les historiens ecclésiastiques nous ont conservé les noms (1), virent élever dans leur enceinte des autels, des chapelles destinés à servir de retraite pendant les cérémonies funèbres ; on les orna avec un soin particulier, et ces autels ou chapelles des cimetières devinrent, pour la plupart, bien probablement, autant d'églises paroissiales. Ces petits édifices, d'abord séparés de l'église, y furent réunis par le moyen de portiques et d'arcades, et en formèrent les bas côtés ; on les ferma de toutes parts, et ils firent corps avec le reste de l'édifice. Les tombeaux et les cercueils ou bières qu'ils contenaient et recouvraient devinrent les fondements mêmes des autels des chapelles latérales. D'autre part, beaucoup de cimetières des paroisses situés dans la campagne finirent par être compris dans l'enceinte des villes, par suite de l'agrandissement de celles-ci. C'est ainsi que nous concevons, et l'introduction des premières sépultures dans les temples chrétiens, et la formation des cimetières au sein même des cités ; car, dans le principe, non-seulement on n'enterrait point dans les églises, mais longtemps la présence d'une seule tombe suffit à empêcher l'érection d'une église : c'est ainsi que, dans toutes les lettres de saint Grégoire où il permet de bâtir quelque église nouvelle, il y a toujours : *Si nullum corpus ibi constat humatum.* Les corps des martyrs et des confesseurs furent d'abord seuls exceptés de cette loi générale : « Il était juste, selon saint Ambroise, que les victimes de la foi fussent déposées auprès des autels où Jésus-Christ lui-même est offert en sacrifice : « Succedant victimæ triumphales in » locum ubi Christus est : sed ille super altare qui pro om-

____

(1) Vide Baron., ad ann. 226.

» nibus passus est ; isti sub altari qui illius redempti sunt
» passione (1). »

La maison de Dieu était celle des apôtres et des martyrs ;
mais longtemps les empereurs eux-mêmes ne furent enterrés que dans les dépendances extérieures des temples. Con-
stantin fut le premier qui fit placer son tombeau dans le
portique du temple des apôtres, à Constantinople. Hono-
rius, à son exemple, fut enterré dans le porche de l'église de
St-Pierre, à Rome. Cette distinction s'étendit bientôt naturellement aux fidèles remarquables par le sainteté de leur vie,
aux hauts personnages, aux fondateurs, aux bienfaiteurs et
aux patrons des églises ; et du portique et des chapelles
latérales, les tombes eurent bientôt gagné la nef, et même
le sanctuaire et le chœur : malgré toutes prescriptions contraires, à partir du x⁰ siècle, être enterré dans la place la
plus honorable de l'église, dans le chœur, près de l'autel et
des reliques, était l'ambition des plus grands personnages.

Ces distinctions devinrent de véritables droits transmis-
sibles par l'hérédité ; et les priviléges s'étant multipliés
sans bornes, les refus devinrent des exceptions si odieuses,
qu'il fallut ne plus refuser personne. C'est ainsi qu'une con-
descendance funeste, accrue par degrés, avait fini par les
autoriser presque toutes ; c'est ainsi que les églises elles-
mêmes étaient devenues autant de cimetières, par l'abandon
des cimetières consacrés, et cela malgré l'interruption gênante des saints mystères, produite par des enterrements
répétés ; malgré la putridité que répandait une terre infecte
et continuellement remuée ; malgré l'état horrible du pavé
des églises qui ne présentait plus la consistance ordinaire
des chemins publics (2). Il n'est pas indifférent de faire
ressortir ce qu'a pu ajouter à l'infection des corps cette

(1) S. Ambr., *Epist. cl. I, Epist. de reliquiis sanctorum Gervasii et Pro-*
tasii, n° 13.

(2) « Vous entrez, disait Voltaire, dans la gothique cathédrale de Paris ;

masse de substances étrangères, insignes, croix, chapelets, médailles de cuivre, livres, habituellement ensevelis avec le corps, voire même la substitution des bières ou cercueils de bois aux anciens cercueils de pierre, substitution nécessitée par l'affluence et l'encombrement des corps, et qui paraît remonter au xᵉ siècle (1).

Nous avons recherché l'origine de cet abus si funeste de l'inhumation dans les villes et dans les églises; nous avons constaté ses progrès par les efforts mêmes que l'Église a faits pour l'arrêter. (Nous disons l'Église seule, et c'est une distinction importante à marquer ici, et qui justifie la division que nous avons cru devoir faire de notre sujet en deux parties différentes : la question des cimetières, au moyen âge du moins, et peut-être jusqu'à la moitié du xvıᵉ siècle, n'eut aucune connexion avec celle des voiries, les cimetières étant chose ecclésiastique et non seigneuriale ou municipale; tandis qu'aujourd'hui l'autorité ecclésiastique, comme on sait, n'intervient plus dans l'établissement des cimetières, restitués absolument à l'administration municipale.) Il nous resterait maintenant à raconter dans ses progrès, encore fort lents, le rétablissement définitif de l'ancien ordre de choses, qui était bien le seul remède à apporter au mal; mais il serait par trop long d'étendre nos recherches à tous les pays civilisés, même à la France entière. Nous les circonscrirons donc sur Paris, qui d'ailleurs est peut-être l'exemple le plus frappant et le plus saisissant du danger des cimetières conservés au milieu

vous y marchez sur de vilaines pierres mal jointes, qui ne sont point au niveau; on les a levées mille fois pour jeter sous elles des caisses de cadavres. » (*Dictionn. philos.*, au mot *Enterrement*.)

(1) C'est ainsi qu'on explique l'existence, dans plusieurs provinces de l'ancienne France, d'amas considérables de cercueils de pierre demeurés sans emploi et provenant évidemmen td'anciennes fabriques privilégiées.—Voyez un mémoire de M. Mongez, dans le 3ᵉ volume des *Mémoires de l'Institut* (Acad. des inscriptions, p. 17-23).

même des habitations. La description circonstanciée et exacte du cimetière ou charnier des Innocents, au moment de sa translation dans les catacombes, suffira enfin à représenter l'état du reste de Paris avant 1780, alors que, sans parler des caveaux des églises, il comptait au moins vingt cimetières intérieurs (1).

Dès 1554, Fernel et Houllier, nommés pour faire un rapport sur le cimetière des Innocents, le plus central et le plus vaste de tous, s'élevèrent avec force contre l'insalubrité de cet emplacement ; en 1737, MM. Lémery, Geoffroy et Hunauld, de l'Académie royale des sciences, chargés de la même mission, avaient confirmé toutes les craintes émises par leurs prédécesseurs. Ces enquêtes des gens de l'art avaient été provoquées par les réclamations et plaintes les plus vives des habitants des maisons voisines (2). Dans la première moitié du xviiie siècle, en 1724, 1737, 1746, 1755, quatre suppliques les plus pressantes furent adressées par eux au gouvernement. Ce fut sans doute pour obéir aux inquiétudes si légitimes de la population parisienne qu'intervint le célèbre arrêt de la cour du parlement, du 25 mai 1765, ordonnant enfin et réglant les sépultures hors de Paris. En exécution

---

(1) A savoir ceux de la *Charité*, rue des Saints-Pères ; de la *Pitié*, rue Saint-Victor ; de *Saint-André-des-Arts*, rue du même nom et rue Suger ; de *Saint-Étienne-du-Mont*, en face de l'église ; les deux cimetières *Saint-Eustache ;* les deux de la paroisse *Saint-Benoît* ; celui de *Saint-Jean*, au bout de la rue de la Verrerie, converti en marché en 1791 ; le cimetière *Saint-Joseph*, rue Montmartre, près de la rue du Croissant ; *Saint-Nicolas-des-Champs*, rue Chapon ; *Saint-Nicolas-du-Chardonneret*, entre les rues des Bernardins et Traversine ; *Saint-Roch* ; *Saint-Séverin ;* les deux cimetières de *Saint-Sulpice*, et enfin celui des *Saints-Innocents*.

(2) Lorsque les chaleurs de l'été augmentaient les exhalaisons, la putréfaction était telle, que les aliments de première nécessité ne pouvaient se conserver que quelques heures seulement, dans les maisons voisines, sans se corrompre. Souvent aussi des marchands, en ouvrant leurs caves, avaient vu des cadavres ébouler sur leurs tonneaux.

T.   12

d'un premier arrêt de la cour, du 12 mars 1763 , les différentes paroisses de la ville de Paris avaient adressé au procureur général du roi des *Mémoires* concernant les sépultures, l'évaluation du nombre des enterrements annuels, la nature du sol , l'étendue et l'ancienneté des cimetières, et les avis de diverses fabriques ; les commissaires du Châtelet lui avaient pareillement fait tenir leurs divers procès-verbaux ; enfin, les officiers du Châtelet, consultés aussi, avaient donné leur avis sur ce même sujet. Ce fut après examen de toutes ces pièces que le procureur général proposa à la cour ses réflexions et un moyen de remédier aux inconvénients de tout genre résultant de cet usage si invétéré d'enterrer dans l'intérieur de la ville. La requête du procureur général constatait que déjà plusieurs fabriques , sensibles aux plaintes des paroissiens, s'étaient déterminées à supprimer leurs cimetières actuels, et que, dès avant le premier arrêt de la cour, elles avaient entre elles pris des arrangements pour acquérir en commun, hors la ville, un terrain propre à cet usage, et assez étendu pour le besoin de ces paroisses, eu égard au nombre de leurs habitants. Il ne s'agissait donc que d'étendre un plan si naturel et si facile à exécuter ; en conséquence, il proposait à la cour, d'un côté, de supprimer les cimetières de l'enceinte de la ville, afin que la loi, étant générale, devînt d'une exécution plus facile, et de l'autre, de placer au dehors de la ville sept ou huit cimetières communs à plusieurs paroisses d'un même arrondissement, afin d'en diminuer le nombre et de trouver tout ensemble plus facilement des terrains convenables. Voici du reste le texte même de l'arrêt du parlement. qu'il nous a paru curieux de consigner ici tout entier.

La cour ordonne : 1° Qu'aucunes inhumations ne seront plus faites à l'avenir dans les cimetières actuellement existants dans cette ville, sous aucun prétexte que ce puisse être, et sous telle peine qu'il appartiendra, et ce, à compter du 1er janvier prochain, sauf néanmoins dans ceux qui seront exceptés par l'article 19 ci-après.

2^d Que les cimetières actuellement existants demeureront dans l'état où ils sont, sans que l'on puisse en faire aucun usage avant le temps et espace de cinq années, à compter dudit jour 1er janvier prochain, après lequel temps il sera procédé à la visite desdits terrains par les officiers de police, et par les médecins et chirurgiens du Châtelet, pour, leur avis communiqué aux curés et marguilliers de chaque paroisse, et dans le cas où les officiers et médecins estimeroient qu'on pourroit faire usage desdits cimetières, se pourvoir par lesdits curés et marguilliers vers le supérieur ecclésiastique, pour obtenir de lui la permission d'exhumer les corps et ossements avant de remettre lesdits terrains dans le commerce.

3° Qu'aucunes sépultures ne seront faites à l'avenir ou accordées dans les églises, soit parbissiales, soit régulières, si ce n'est celles des curés ou supérieurs décédés en place, à moins qu'il ne soit payé à la fabrique la somme de 2,000 livres pour chaque ouverture en icelles ; et que quant aux sépultures dans les chapelles et caveaux, elles ne pourront avoir lieu que pour les fondateurs ou leurs représentants, et pour ceux des familles qui en sont propriétaires, ou sont dans une possession longue et ancienne d'y avoir leurs sépultures, et ce à la charge d'y mettre les corps dans des cercueils de plomb et non autrement.

4° Qu'il sera fait choix de sept à huit terrains différents, propres à recevoir et consommer les corps, et situés hors de la ville au sortir des faubourgs, aux endroits les plus élevés et assez étendus pour l'usage des paroisses de chaque arrondissement, ainsi qu'il sera fixé par l'article 11 ci-après ; et à cet effet ordonne que le roi sera très humblement supplié de vouloir bien déroger à la déclaration du 31 janvier 1690, registrée le 6 février audit an, et à l'édit du mois d'août 1749, concernant les biens de main-morte, registré le 2 septembre audit an.

5° Que chacun desdits cimetières sera clos de murs de 10 pieds d'élévation dans tout le pourtour ; et que dans chacun d'iceux il y aura une chapelle de dévotion et un logement de concierge, sans qu'on y puisse construire autres bâtiments, ni même mettre dans l'intérieur aucune épitaphe, si ce n'est sur lesdits murs de clôture, et non sur aucunes sépultures.

6° Que les enterrements se feront comme par le passé, mais qu'après les prières finies dans l'église, les corps seront portés dans le lieu du dépôt, ou chapelle mortuaire, tel qu'il sera ci-après indiqué article 10, pour un certain nombre de paroisses de chaque arrondissement, sans que, sous aucun prétexte, l'on puisse y accorder de sépulture particulière, non plus que dans le cimetière commun.

7° Que les pierres ou serpillières seront marquées d'une lettre alphabétique indicative de la paroisse, et d'un numéro qui, porté également à la marge de l'extrait mortuaire de chaque défunt, indiquera que le corps y est renfermé ; et les corps seront accompagnés lors du transport au dépôt d'un ecclésiastique de la paroisse d'où le transport sera fait, et y demeureront jusqu'au lendemain matin.

8° Il restera toujours audit lieu de dépôt l'un des ecclésiastiques qui y aura accompagné les corps jusqu'au moment où l'on viendra les lever pour les transporter au cimetière commun de chaque arrondissement pour prier Dieu pour les défunts ; à l'effet de quoi il sera bâti dans le dépôt de chaque arrondissement une ou deux chambres pour ledit ecclésiastique ; et sera ledit ecclésiastique pris alternativement dans chaque paroisse de l'arrondissement, et nommé par le curé de la paroisse.

9° Tous les jours, à deux heures du matin, depuis le 1er avril jusqu'au 1er octobre, et à quatre heures du matin depuis le 1er octobre jusqu'au 1er avril, on ira lever les corps qui auront été portés audit dépôt, et ils seront transportés dans un ou plusieurs chars couverts de draps mortuaires, attelés de deux chevaux, allant toujours au pas, au cimetière commun de l'arrondissement. Le conducteur dudit chariot se rendra d'abord au premier des dépôts de l'arrondissement qui sera sur la route, et ira successivement à chacun des dépôts, et ledit chariot sera toujours accompagné d'un ecclésiastique ou deux au plus, qui seront choisis alternativement dans chaque paroisse de l'arrondissement, et nommés par les curés de chaque paroisse de l'arrondissement. Le chariot sera précédé d'autant de lanternes qu'il y aura de dépôts dans l'arrondissement ; et les porteurs d'icelles chargeront le chariot, et aideront en route en cas d'accident ; ils seront en même temps les fossoyeurs du cimetière commun.

10° Que chaque entrepôt où seront déposés les corps, en attendant qu'ils soient portés au cimetière commun, sera un lieu fermé, à la hauteur de 6 pieds au moins, de murailles garnies au-dessus de barreaux de fer de 4 pieds de haut dans tout le pourtour, et terminé par une voûte ouverte dans son sommet.

11° Que les corps des paroisses Saint-Louis-du-Louvre et des Quinze-Vingts, seront portés au dépôt de Saint-Roch, et ceux de Philippe-du-Roule à celui de la Ville-l'Évêque. Que les corps des paroisses de Saint-Honoré et Saint-Germain-l'Auxerrois seront portés au dépôt de Saint-Eustache, Que ceux de Saint-Jacques-de-la-Boucherie, Sainte-Opportune, Saint-Méry et Saint-Josse seront portés au dépôt des Saints-Innocents ; et ceux de Saint-Leu , à Saint-Sauveur. Que les corps de Saint-Jean-en-Grève seront portés au dépôt de Saint-Gervais. Que ceux de la Charité des hommes et de Saint-Simphorien seront portés au dépôt de Saint-Sulpice. Qu'au dépôt de Saint-Séverin seront portés les corps des paroisses de la Sainte-Chapelle basse, Saint-Barthelemi, la Magdeleine, Saint-Landry, Sainte-Marine , Saint-Denis-du-Pas , Saint-Pierre-aux-Bœufs , Saint-Germain-le-Vieux et Saint-André. Que les corps de Saint-Côme seront portés au dépôt de Saint-Benoît. Que ceux de Saint-Hilaire et de Saint-Jean-de-Latran seront portés à celui de Saint-Étienne-du-Mont. Que ceux de Saint-Louis-en-l'Isle , Saint-Victor et le Cardinal-le-Moine , seront portés au dépôt de Saint-Nicolas-du-Chardonneret. Que ceux de Saint-Martin et Saint-Hippolyte seront portés au dépôt de Saint-Médard. Qu'enfin auront chez elles le dépôt, les paroisses de Saint-Roch et la Magdeleine-de-la-Ville-l'Évêque, Saint-Eustache , les Innocents , Saint-Sauveur et Saint-Nicolas-des-Champs , Saint-Gervais et Saint-Paul , Saint-Sulpice , les Incurables, Saint-Séverin, Saint-Benoît , Saint-Jacques-du-Haut-Pas , Saint-Étienne-du-Mont, Saint-Nicolas-du-Chardonneret Saint-Médard ; et que les paroisses de Saint-Laurent , Saint-Pierre-du-Gros-Caillou et Sainte-Marguerite porteront les corps droit au cimetière commun à elles indiqué par l'article suivant.

12° Que l'arrondissement du premier des huit nouveaux cimetières sera composé des paroisses de Saint-Philippe-du-Roule, Saint-Roch, les Quinze-Vingts et Saint-Louis-du-Louvre , qui auront leur cimetière commun à la Chaussée d'Antin ; en augmentant celui de Saint-Roch, il sera de cinq cents toises de superficie au moins. Que l'arrondissement du second sera formé des paroisses Saint-Eustache, Saint-Germain-l'Auxerrois et Saint-Honoré. Ce cimetière sera de mille toises de superficie au moins , vers la Croix-Cadet aux Porcherons. Que le troisième cimetière sera placé, pour onze cent vingt-cinq toises au moins , rue des Marais-Saint-Martin , vis-à-vis la rue des Vinaigriers ; et que cet arrondissement sera composé des paroisses de Saint-Jacques-de-la-Boucherie , Sainte-Opportune, les Saints-Innocents , Saint-Méry, Saint-Josse , la Trinité , Saint-Sauveur , Saint-Nicolas-des-Champs, Notre-Dame de Bonne-Nouvelle et Saint-Laurent. Que le quatrième arrondissement aura son cimetière situé rue du Chemin-Vert, près Piucourt , au-dessous des Annonciades ; qu'il sera de onze cent vingt-cinq toises au moins de superficie, et servira aux paroisses de Saint-Gervais , Saint-Jean-en-Grève, Saint-Paul , les Enfants-Rouges, le Temple et Sainte-Marguerite. Que le cinquième arrondissement sera celui des paroisses de Saint-Sulpice , Saint-Simphorien, Saint-Pierre-du-Gros-Caillou , les Invalides , les Incurables , les Petites-Maisons et la Charité des hommes, et auront leur cimetière commun de dix-sept cent cinquante toises au moins de superficie, sis à la Croix, sur le chemin de Vaugirard, près le Moulin de la Pointe. Que le sixième arrondissement aura son cimetière sur la grande route d'Orléans, consistant en cinq cents toises de superficie au moins, à main droite de la demi-lune du boulevard, pour les paroisses de la Sainte-Chapelle basse, Saint-Barthélemi, Saint-Pierre-des-Arcis, Sainte-Croix, la Madeleine, Saint-Landry, Sainte-Marine, Saint-Denis-du-Pas, Saint-Pierre-aux-Bœufs, Saint-Germain-le-Vieil, Saint-Côme, Saint-Benoît et Saint-Jacques-du-Haut-Pas, Saint-André et Saint-Séverin. Que le septième sera composé des paroisses de Saint-Jean-de-Latran, Saint-Hilaire et Saint-Étienne-du-Mont, dont le cimetière sera placé sur le chemin nouveau du boulevard près l'hôpital de la Santé, et sera de trois cent quinze toises de superficie au moins. Que le huitième et dernier arrondissement sera composé des paroisses de Saint-Louis-en-l'Isle, Saint-Nicolas-du-Chardonneret, le Cardinal-le-Moine, Saint-Victor, Saint-Médard Saint-Martin et Saint-Hippolyte, et auront leur cimetière au-dessus de la demi-lune du nouveau boulevard allant au chemin de Vitry, lequel aura trois cent soixante-quinze toises de superficie au moins.

13° Que la dépense à faire pour l'acquisition des terrains et bâtiments qui devront servir aux nouveaux cimetières sera supportée par chaque paroisse du même arrondissement, à proportion du nombre des sépultures annuelles qu'elles peuvent avoir, et au marc la livre de la somme totale qui aura été employée aux dépenses susdites du cimetière de leur arrondissement.

14° Que les paroisses de chaque arrondissement seront tenues de contribuer dans la même proportion de l'article précédent, à la dépense et entretien, gages et appointements, soit des ecclésiastiques et luminaires, soit du char, des chevaux, du concierge et des fossoyeurs, soit du cimetière commun, soit du lieu du dépôt particulier à aucune des paroisses de chaque arrondissement, et généralement à toute dépense commune, de quelque nature qu'elle puisse être.

15° Que, pour supporter lesdites charges, il sera payé par les héritiers ou les représentants des défunts, à la fabrique de chaque paroisse, un supplément de 6 livres par chaque enterrement des grands ornements, et de 3 livres pour chacun des autres, sauf ceux de charité et demi-charité, pour raison desquels il ne sera rien perçu, non plus que pour ceux qui, en payant le double des frais ordinaires en tout genre, voudroient faire porter directement les corps de leurs parents au cimetière commun, sans que pour ce l'on y puisse ouvrir aucune fosse particulière, s'il n'est préalablement payé la somme de 300 livres qui sera employée aux dépenses communes des paroisses de l'arrondissement; et qu'il sera réservé à cet effet un terrain de 8 pieds au pourtour intérieur des murailles de chaque cimetière, dans lequel espace ne pourra être ouverte aucune fosse commune.

16° Que la fosse commune de chacun des huit cimetières sera renouvelée au plus tard trois fois dans l'année, et l'ancienne comblée, quand même elle ne serait pas remplie : savoir, une fois depuis octobre jusqu'en avril, et deux fois depuis le 1er avril jusqu'au 1er octobre.

17° Que l'ouverture de la fosse générale sera couverte et fermée par un assemblage de bois, sur lequel sera attachée une grille de fer fermant avec un cadenas.

18° Défend au concierge et à tous autres de planter aucuns arbres ou arbrisseaux dans lesdits cimetières.

19° Ordonne qu'il ne sera rien innové quant à présent, pour les sépultures des personnes habitantes dans les hôpitaux, maisons et communautés religieuses, tant d'hommes que de filles, autres que celles ci-dessus désignées. Ordonne que le présent arrêt sera imprimé jusqu'à la concurrence de tel nombre d'exemplaires qu'il se trouvera nécessaire, à l'effet d'être par le procureur général du roi envoyé aux curés et marguilliers des paroisses de la ville de Paris, ensemble aux hôpitaux et communautés séculières et régulières de ladite ville qu'il appartiendra, à ce qu'ils n'en ignorent, et aient à s'y conformer.

Fait en parlement le vingt-un mai mil sept cent soixante-cinq.

Collationné, REGNAULT. *Signé* DUFRANC.

Un arrêt de la cour du parlement du 3 septembre 1775 rétablit quelques omissions qui s'étaient glissées dans le dénombrement des différentes paroisses énoncées en l'arrêt du règlement de la cour du 21 mai 1765. Mais combien de temps fallut-il encore attendre l'accomplissement de ces salutaires mesures ? L'arrêté de 1765, du parlement de Paris, non plus que la déclaration du Roi concernant les inhumations, donnée à Versailles le 17 mars 1776, registrée en parlement le 21 mai 1776 (1), ne purent être exécutés,

(1) *Déclaration du Roi, concernant les inhumations, donnée à Versailles le 17 mars 1776, registrée en parlement le 21 mai 1776.*

LOUIS, par la grâce de Dieu, roi de France et de Navarre, à tous ceux qui tant l'habitude, dit Voltaire, et la sottise ont de force contre la raison et les lois ! Il fallut qu'au mois de février un accident grave survenu dans plusieurs maisons de la rue de

ces présentes lettres verront, salut. Les archevêques, évêques et autres personnes ecclésiastiques assemblées l'année dernière par notre permission en notre bonne ville de Paris, nous ont représenté que, depuis plusieurs années il leur aurait été porté, des différentes parties de leurs diocèses respectifs, des plaintes touchant les inconvénients des inhumations fréquentes dans les églises, et même par rapport à la situation actuelle de la plupart des cimetières qui, trop voisins desdites églises, seraient placés plus avantageusement s'ils étaient plus éloignés des enceintes des villes, bourgs ou villages des différentes provinces de notre royaume ; nous avons donné à des représentations si justes d'autant plus d'attention, que nous sommes informé que celle des magistrats de notre royaume s'est portée depuis longtemps sur cette partie de la police publique, et leur a fait désirer sur cette matière une loi capable de concilier avec la salubrité de l'air, et ce que les règles ecclésiastiques peuvent permettre, les droits qui appartiennent aux archevêques, évêques, curés, patrons, seigneurs, fondateurs ou autres, dans les différentes églises de notre royaume : excité par ces vœux légitimes, nous avons cru ne pas devoir différer d'expliquer nos intentions, et nous sommes persuadé que tous nos sujets recevront avec reconnaissance un règlement dicté par la tendre affection que nous avons et que nous aurons toujours pour leur conservation. A ces causes, et autres à ce nous mouvant, de l'avis de notre conseil, et de notre certaine science, pleine puissance et autorité royale, nous avons dit, déclaré et ordonné, et par ces présentes signées de notre main, disons, déclarons et ordonnons, voulons et nous plaît ce qui suit :

I. Nulle personne ecclésiastique ou laïque, de quelque qualité, état et dignité qu'elle puisse être, à l'exception des archevêques, évêques, curés, patrons des églises et hauts justiciers et fondateurs des chapelles, ne pourra être enterrée dans les églises, même dans les chapelles publiques ou particulières, oratoires, et généralement dans tous les lieux clos et fermés où les fidèles se réunissent pour la prière et célébration des saints mystères ; et ce, pour quelque cause et sous quelque prétexte que ce soit.

II. Les archevêques, évêques ou curés, ainsi que les patrons, hauts-justiciers et fondateurs des chapelles exceptés dans le précédent article, ne pourront jouir de ladite exception : c'est à savoir, les archevêques et évêques que dans les églises de leurs cathédrales, les curés dans les églises de leurs paroisses, les patrons et hauts justiciers dans l'église dont ils sont patrons, ou sur laquelle la haute justice leur appartient, et les fondateurs des chapelles dans les chapelles par eux fondées et à eux appartenantes ; et ce, à condition par eux, et non autrement, de faire construire dans lesdites églises ou chapelles, la Lingerie vînt encore provoquer une enquête spéciale des physiciens Cadet de Vaux et Fontane, sur le cimetière des Innocents. Le premier de ces savants, inspecteur gé-

si fait n'a été, des caveaux pavés de grandes pierres, tant au fond qu'à la superficie; lesdits caveaux auront au moins soixante-douze pieds carrés en dedans d'œuvre; et ne pourra l'inhumation y être faite qu'à six pieds en terre au-dessous du sol intérieur, sous quelque prétexte que ce soit.

III. Le droit d'être enterré dans lesdits caveaux, ainsi construits, ne pourra être cédé à personne par ceux auxquels lesdits caveaux appartiendront, et ce, à quelque titre que ce soit; comme aussi ne pourra un semblable droit être concédé par la suite, même à titre de fondation; et, au cas que les fondateurs des chapelles actuellement existantes soient divisés en plusieurs familles ou branches qui aient également droit d'être enterrées dans lesdites chapelles, voulons que la dimension desdits caveaux augmente en proportion du nombre desdites familles, celle de soixante-douze pieds requise par l'article précédent ne devant être imputée que pour une seule.

IV. Les autres personnes qui ont actuellement droit d'être enterrées dans les églises dont dépendent les cloîtres pourront être enterrées dans lesdits cloîtres et chapelles ouvertes y attenantes, si aucune y a, pourvu toutefois que lesdits cloîtres ne soient pas clos et fermés, et à condition pareillement d'y faire construire des caveaux suivant la forme et dimension indiquée par l'article II, et que l'inhumation se fera six pieds en terre au-dessous du sol intérieur desdits caveaux; et ne pourront de pareilles concessions être accordées, à quelque titre que ce soit, qu'à ceux qui ont actuellement droit, par titre légitime et non autrement, d'être enterrés dans les églises dont lesdits cloîtres et chapelles y attenantes sont dépendants.

V. Ceux qui ont droit d'être enterrés dans les églises dont il ne dépend aucun cloître, comme sont les églises des paroisses, pourront choisir dans les cimetières desdits paroisses un lieu séparé pour leur sépulture; même faire couvrir ledit terrain, y construire un caveau ou monument, pourvu néanmoins que ledit terrain ne soit pas clos et fermé; et ne pourra ladite permission être donnée par la suite qu'à ceux qui ont actuellement droit par titre légitime, et non autrement, d'être enterrés dans lesdites églises, et de manière qu'il reste toujours dans lesdits cimetières le terrain nécessaire pour la sépulture des fidèles.

VI. Les religieux et religieuses, exempts ou non exempts, même les chevaliers et religieux de l'ordre de Malthe, seront tenus de choisir dans leurs cloîtres, ou dans telle autre partie de l'enceinte de leurs monastères ou maisons, un lieu convenable, autre que leurs églises, distinct et séparé pour leur sépulture, à la charge toutefois d'y faire construire les caveaux ci-dessus indiqués, et proportionnés au nombre de ceux qui doivent y être enterrés; et les supérieurs des communautés religieuses seront tenus de veiller à l'observation

néral de la salubrité de la ville, publia même encore en
1785 un mémoire à ce sujet ; et ce ne fut que le 9 novembre
de cette année, après l'examen de ce mémoire par une commission nommée au sein de la Société royale de médecine,
à la réquisition de M. de Crosne, lieutenant général de
police, et composée de MM. le duc de la Rochefoucault, de
Lassone, Poulletier de la Salle, Geoffroy, Despérières, Colombier, Dehorne, Vicq d'Azyr, de Fourcroy, Thouret, etc., qu'un
arrêt du conseil d'État ordonna que ce cimetière ou charnier des Saint-Innocents, ce vaste enclos *consacré à la peste*,
comme l'appelait Voltaire, serait converti en un marché
public.

du présent article, en cas de négligence, d'en avertir les archevêques et évêques diocésains, pour y être par eux pourvu ainsi qu'il appartiendra.

VII. En conséquence des précédentes dispositions, les cimetières qui se trouveront insuffisants pour contenir les corps des fidèles seront agrandis ; et ceux
qui, placés dans l'enceinte des habitations, pourraient nuire à la salubrité de
l'air, seront portés, autant que les circonstances le permettront, hors de ladite
enceinte, en vertu des ordonnances des archevêques et évêques diocésains ;
et seront tenus les juges des lieux, les officiers municipaux et habitants d'y concourir chacun en ce qui les concernera.

VIII. Permettons aux villes et communautés qui seront tenues de porter
ailleurs leurs cimetières, en vertu de l'article précédent, d'acquérir les terrains
nécessaires pour lesdits cimetières, dérogeant à cet effet, en tant que de besoin,
à l'édit du mois d'août 1749 ; voulons que lesdites villes et communautés soient
dispensées pour lesdites acquisitions de tous droits d'indemnité ou d'amortisse-
ment, dont nous leur faisons pareillement remise, à condition toutefois, et non
autrement, que les terrains ainsi acquis ne seront employés à aucun autre usage ;
nous réservant au surplus de pourvoir sur ce qui concerne les cimetières de
notre bonne ville de Paris, d'après le mémoire que nous voulons nous être incessamment remis, tant par le sieur archevêque de Paris, que par notre cour
de parlement, même par les curés de notredite ville, ou autres personnes intéressées. SI DONNONS EN MANDEMENT à nos amés et féaux Conseillers les gens
tenants notre cour de parlement à Paris, que ces présentes ils aient à faire lire,
publier et exécuter selon leur forme et teneur. Car tel est notre plaisir. En témoin de quoi nous avons fait mettre notre scel à cesdites présentes. Donné à
Versailles le dixième jour du mois de mars, l'an de grâce mil sept cent soixante-
seize, et de notre règne le deuxième. *Signé* LOUIS. *Et plus bas :* par le Roi,
DE LAMOIGNON. Et scellé du grand sceau de cire jaune.

Au commencement de l'année suivante, l'archevêque de Paris donna son consentement pour cette suppression ; il fut décidé que le cimetière serait détruit, le terrain creusé à la profondeur de cinq pieds, et les ossements transportés dans les carrières souterraines de la plaine de Montrouge. La maison de la tombe Issoire, située à peu de distance de la barrière d'Enfer, fut achetée et disposée pour servir d'entrée à ces catacombes parisiennes. Le nouveau cimetière souterrain fut solennellement béni par le clergé de la ville, qui, le 7 avril 1786, vint le consacrer en grande pompe. Cependant on n'avait pas attendu la sanction de l'Église pour commencer les travaux. Dès l'année 1785, avant cette bénédiction, avant même la publication du consentement de l'archevêque, on avait commencé le transport des ossements du cimetière des Innocents. La première translation eut lieu pendant le mois de décembre 1785 et les quatre mois suivants ; la deuxième se fit en décembre 1786 et mars 1787 ; la troisième commença au mois d'août de la même année, et se prolongea jusqu'en janvier 1788. Ce fut un triste spectacle pour la ville de Paris, qui se vit ainsi pendant trois ans sillonnée par le continuel passage de convois infects, qui répandirent une foule de maladies dans toutes les rues qu'ils traversèrent. On a calculé qu'en sept siècles seulement, il avait dû être enfoui, dans cet étroit espace 1,200,000 cadavres. Pendant les années 1808, 1809, 1811, diverses constructions qu'on fit au marché des Innocents amenèrent encore des découvertes de débris tumulaires, qui allèrent augmenter la funèbre collection des catacombes ou furent transportés au cimetière de Montmartre et à celui du Père-Lachaise.

Paris n'a plus actuellement, comme chacun sait, que quatre cimetières : celui de *Vaugirard*, situé à l'entrée du village de ce nom, près du boulevard extérieur, le moins grand de tous ; le cimetière du *Mont-Parnasse*, ou du *Sud*,

entre le boulevard extérieur, le Petit-Montrouge et la chaussée du Maine; le cimetière de *Mont-Louis* ou du *Père-Lachaise*, ou de l'*Est*, situé à l'extrémité des boulevards exté-
rieurs du Nord, proche la barrière d'Aunay, et présentant
une superficie de 80 arpents, et ouvert le 21 mai 1804;
et enfin le cimetière de *Montmartre*, ou du *Nord*, au pied
de la butte de ce nom, entre les barrières de Clichy, et
de Rochechouart, le premier qui ait été ouvert hors de
Paris.

Législation et règlements actuels. — Dans l'état actuel de la
législation, les cimetières communaux sont régis par le
décret du 23 prairial an XII, interprété et complété dans
quelques unes de ses dispositions par une ordonnance réglementaire du 6 décembre 1843 (1).

Ce décret, après avoir défendu (art. 1er, titre Ier) toute
inhumation dans les églises, temples, synagogues et autres
lieux consacrés au culte, ainsi que dans l'enceinte des villes,
bourgs et villages, décide qu'il y aura, hors de ces centres
d'habitations et à la distance de trente-cinq à quarante
mètres au moins de leur enceinte, des terrains consacrés à
l'inhumation des morts (art. 2); que les terrains les plus
élevés et exposés au nord seront choisis de préférence,
qu'ils seront clos de murs de 2 mètres au moins d'élévation et plantés d'arbres, sauf à prendre les précautions
convenables pour ne pas gêner la circulation de l'air
(art. 3).

Le même acte a réglé la dimension et l'espacement des
fosses. Chaque inhumation, dit l'art. 4, aura lieu dans une
fosse séparée de 1 mètre 5 décimètres à 2 mètres de profondeur sur 8 décimètres de largeur, laquelle sera ensuite
remplie de terre bien foulée. Les fosses seront (art. 5) dis-

______

(1) *Dictionnaire général d'administration*, art. COMMUNES et art. INHUMA-
TION. Paris, 1846.

tantes les unes des autres de 3 à 4 décimètres sur les côtés, et de 3 à 5 décimètres à la tête et aux pieds ; puis, pour éviter le danger qu'entraîne le renouvellement trop rap proché des fosses, il est dit (art. 5) que l'ouverture de celles-ci, pour de nouvelles sépultures, n'aura lieu que de cinq ans en cinq ans ; et qu'en conséquence les terrains destinés à servir de sépultures doivent être cinq fois plus étendus que l'espace nécessaire pour y déposer le nombre présumé des morts qui peuvent y être enterrés chaque année.

La règle générale qui a été posée plus haut n'est pas sans exception.

Quelquefois il arrive que l'on autorise, par honneur, les inhumations dans les églises, les temples, les monuments publics.

D'un autre côté, le décret du 23 prairial an XII porte (art. 14) que « toute personne pourra être enterrée sur sa propriété, pourvu que ladite propriété soit hors et à la distance prescrite de l'enceinte des villes et bourgs, c'est-à-dire à 35 mètres au moins. »

Relativement à la distance à laquelle tout cimetière doit être des habitations, il y a un décret du 7 mars 1808 qui est ainsi conçu : « Art. 1er. Nul ne pourra, sans autorisation, élever aucune habitation ni creuser aucun puits à moins de 100 mètres des nouveaux cimetières transférés hors des communes en vertu des lois et règlements. — Art. 2. Les bâtiments existants ne pourront également être restaurés ni augmentés sans autorisation. Les puits pourront, après visite contradictoire d'experts, être comblés en vertu d'ordonnance du préfet du département, sur la demande de la police locale. »

Deux observations essentielles sont utiles à consigner ici. La première, c'est que le décret ci-dessus rapporté n'est applicable qu'aux cimetières transférés hors des communes et qu'on ne saurait s'en prévaloir pour interdire aux propriétaires d'immeubles qui entourent un ancien cimetière le libre usage de leurs propriétés. (Déc. min. 17 mars 1839; *Loiret.*) La seconde, c'est que lorsqu'une commune a transféré son cimetière à 35 ou 40 mètres de son enceinte, en exécution de l'article 2 du décret du 23 prairial an XII, il ne serait ni juste, ni d'ailleurs vraiment utile d'étendre les prohibitions prononcées par le décret du 7 mars 1808 sur un rayon de 100 mètres du côté des habitations; celles-ci devant, par le fait de la translation du cimetière à la distance légale, être considérées comme exonérées de toute servitude. C'est donc seulement du côté des terrains non bâtis que doivent porter les prohibitions. (Circ. 30 décembre 1843.)

L'aliénation des cimetières supprimés est aussi l'objet de certaines règles qu'il est bon de rappeler. « Aussitôt, dit le décret de prairial an XII, art. 8, que les nouveaux emplacements seront disposés à recevoir les inhumations, les cimetières existants seront fermés et resteront dans l'état où ils se trouveront, sans que l'on puisse en faire usage pendant cinq ans. » Et l'article 9 ajoute : « A partir de cette époque, les terrains servant actuellement de cimetières pourront être affermés par les communes auxquelles ils appartiennent, mais à condition qu'ils ne seront qu'ensemencés ou plantés, sans qu'il puisse y être fait aucune fouille ou fondation pour des constructions de bâtiment jusqu'à ce qu'il en soit autrement ordonné. »

Une disposition antérieure, celle de l'article 9 de la loi du 15 mai 1791, porte que « les cimetières ne pourront être mis dans le commerce que dix ans après les dernières inhumations. » C'est la règle ordinairement suivie par l'administration centrale en cette matière, d'après un avis du conseil d'État du 13 nivôse an XIII, portant que les terrains qui ont servi aux inhumations peuvent être vendus ou échangés sous les conditions exprimées par les règlements et à la charge par la police locale d'en surveiller soigneusement l'exécution. (Circ. 4 pluviôse an xii.)

Émanation des cadavres inhumés dans les cimetières. — L'inhumation d'un corps dans une fosse où il est recouvert de plusieurs pieds de terre n'empêche pas les gaz engendrés par la décomposition et les matières putrides qu'ils tiennent en suspension, de pénétrer le sol environnant et de s'échapper dans l'air qui est au-dessus ou dans l'eau qui est au-dessous. L'hydrogène carboné, par exemple, arrive rapidement à la surface à travers une couche de sable de plusieurs pieds d'épaisseur, le sol paraissant à peine opposer quelque résistance à son passage. Ce fait domine la question de la salubrité des cimetières.

Lorsque les gaz proviennent de foyers considérables, ainsi d'une fosse commune, ils s'épandent dans tous les sens, mais surtout de bas en haut, et ne paraissent qu'en très faible partie absorbés par le sol. Et telle est la tendance de ces gaz à gagner la surface, qu'il ne paraît pas possible de s'y opposer. « Si l'on enterrait les corps, dit M. Leigh, chimiste de Manchester, qui paraît avoir étudié très particulièrement ce sujet, à une profondeur de huit ou dix pieds, dans un sol sablonneux, je suis convaincu que l'on n'y gagnerait pas grand'chose ; les gaz trouveraient une issue facile de presque toutes les profondeurs praticables (1) » Et il est probable qu'ils ne s'échapperaient que plus facilement encore à travers les fissures si communes des terres argileuses.

« J'ai examiné, dit le docteur Lyon Playfair, plusieurs cimetières dans le but de reconnaître si l'épaisseur de la terre qui environne les corps est suffisante pour absorber

(1) *Report on a general scheme for extramural sepulture, presented by the general Board of health to both houses of parliament, by command of Her Majesty.* London, 1850, p. 6.

les gaz putrides qui s'en dégagent. L'inspection la plus superficielle suffit pour montrer que le sol ne les absorbe pas entièrement. Je connais plusieurs cimetières d'où s'échappent des odeurs très fétides, et les parois d'égouts qui passent à plus de trente pieds de là exhalent exactement la même odeur (1) ».

Il y a des gaz en particulier qui semblent résister plus spécialement à cette absorption du sol : l'acide carbonique, par exemple. Le docteur Reid a vu dans des cimetières la terre imprégnée d'acide carbonique, comme elle pourrait être imbibée d'eau. Lorsqu'on y avait creusé une fosse, au bout de peu d'heures elle était devenue comme un véritable puits d'acide carbonique, où les fossoyeurs ne pouvaient plus descendre sans danger (2). Il est des circonstances cependant où le sol finit par retenir tous les produits volatils de la putréfaction : c'est, par exemple, lorsque les corps entassés dans une fosse commune sont hors de proportion avec le sol qui les environne.

Le docteur Playfair évalue la quantité de gaz produits annuellement par la décomposition de mille cent dix-sept cadavres par acre de terre, à 55,261 pieds cubes ; or, comme on inhume annuellement cinquante-deux mille cadavres dans la ville de Londres, cela élève à 2,572,580 pieds cubes la totalité des gaz qui, indépendamment de ce qui est absorbé par le sol, passent dans l'eau inférieurement ou dans l'atmosphère (3).

M. Shepard, surveillant du cimetière à Abntey-Park, dit avoir constamment observé, lorsqu'on ouvrait une tombe déjà ancienne, que la terre qui environnait le cercueil offrait dans l'espace de 3 ou 4 pieds une couleur plus foncée qu'ailleurs, ce qu'il attribue à la production et au dégage-

(1) *Report on a general scheme*, etc., p. 6.
(2) *Ibid.*, p. 6.
(3) *Ibid.*, p. 7.

ment des gaz. Il pense que ce dégagement de gaz putrides dure pendant douze ou quinze mois, et il a observé qu'il offrait surtout de l'activité pendant les six premiers mois. Il s'est assuré que ce terreau foncé, qui environne les cercueils, offrait une odeur perceptible encore douze ou quinze mois après l'inhumation (1).

Quant à l'imprégnation de l'eau par ces produits de décomposition, elle est prouvée par l'odeur particulière qu'acquièrent l'eau des puits et les matières contenues dans les égouts. Ce fait a été officiellement constaté lors de la construction d'un égout, dans la paroisse de Saint-Pancrace. On s'est assuré également que non seulement les constructions de briques, mais encore le ciment laissaient passer de semblables émanations.

Le passage suivant, emprunté au docteur Reid, donnera encore une idée des conséquences auxquelles est exposé le voisinage d'un cimetière, surtout lorsque ce dernier se trouve au milieu d'une population condensée, et lorsque le *drainage* peut s'y trouver obstrué à certaines époques : c'est ce qui arrive pour la chambre des communes, voisine du cimetière de l'église Saint-Margaret, dont tous les tuyaux de drainage se trouvent périodiquement fermés à la haute marée. Les émanations désagréables y ont été observées à toutes les heures du matin et de la nuit, et même dans la journée, on en a constaté l'existence dans les caveaux de la chambre des communes et dans les égouts du voisinage. Lorsque le baromètre est bas, la surface du sol légèrement humide, la marée pleine et la température élevée, c'est alors que la viciation de l'atmosphère paraît le plus prononcée. Plus d'une fois, dans les maisons particulières et à la chambre des communes, le docteur Reid a dû faire usage d'appareils de ventilation ou de préparations chlo-

______

(1) *Loc. cit.*

T.　　　　　　　　　　　　　　　　　13

rurées pour combattre ces émanations désagréables et délétères, dont les individus ont paru également, dans plusieurs
circonstances, ressentir assez vivement les fâcheux effets.

Maret (1) a essayé d'appliquer les lois de la physique au
mode de dégagement et d'expansion, dans l'atmosphère, des
produits volatils de la décomposition des cadavres.

« La terre est perméable aux écoulements qui se font des
corps qu'elle renferme, et ces écoulements étant nécessairement proportionnés au nombre des points d'où ils partent, il en résulte qu'ils sont d'autant plus considérables,
dans un lieu donné, qu'il y a plus de points exhalants, et
que les vapeurs formées par ces écoulements sont d'autant
plus considérables dans les cimetières qu'on y a enterré un
plus grand nombre de corps, et d'autant moins que ce
nombre est plus petit. Mais quoique la terre soit perméable, il est de fait qu'elle gêne un peu les flux par l'obstacle
que leur opposent ses parties constituantes ; qu'en les gê-
nant, elle retarde l'émanation des molécules cadavéreuses,
de manière que celles-ci s'exhalent en détail, et conséquemment sortent en plus petite quantité dans un temps donné.
— Cette action de la terre, considérée comme agissant par
sa masse, est nécessairement proportionnée à l'épaisseur
des couches que les écoulements doivent traverser ; d'où
il suit que ceux-ci sont d'autant moins considérables que
les cadavres sont plus profondément enterrés. L'enfouissement des corps morts, fait plus ou moins profondément, influe
encore sur la densité des vapeurs. Dès que les molécules
terreuses sont capables de faire obstacle à l'écoulement des
corpuscules putrides qui s'échappent des cadavres, il est
certain qu'elles agissent avec plus d'avantage sur les corpuscules plus grossiers que sur les autres ; qu'ainsi l'effet
d'une couche terreuse fort épaisse est de subtiliser les vapeurs, en s'opposant à l'émanation des corpuscules grossiers,

(1) *Loc. cit.*, p. 42.

et de diminuer leur densité ; de sorte qu'elles sont d'autant
moins denses que les corps qui les fournissent sont plus profondément enterrés, et d'autant plus denses que les corps sont
recouverts de moins de terre. Il est encore une cause capable
d'augmenter la densité de ces vapeurs, c'est la réunion des
écoulements sortant des différents cadavres; il est évident que
ces vapeurs acquièrent une densité proportionnelle au nombre des rayons d'écoulement réunis en un même point.
Tout corps livré à la putréfaction doit être regardé comme
un foyer d'où s'élancent en tous sens des corpuscules fétides,
dont la direction forme des rayons plus ou moins étendus,
plus ou moins inclinés à l'horizon. Ces rayons, à l'air libre
et quand la mobilité de ce fluide ne les brise point et ne
change point leur direction, se rendent sensibles à un plus
ou moins grand éloignement, suivant la force des écoulements qui en constituent l'essence; et quoiqu'on ne puisse
pas déterminer avec précision leur étendue, il semble que
l'expérience autorise à leur donner en un temps calme au
moins celle de 25 à 30 pieds.

» La terre, par la résistance stratiforme qu'elle oppose à
ces écoulements, produit sur les rayons qui les constituent
deux effets qu'il est intéressant de remarquer : elle les rac-
courcit nécessairement et en modifie la direction. Il n'est
pas possible de soumettre au calcul ce raccourcissement, ni
ce changement de direction; mais l'on peut donner pour
assuré qu'il est proportionné à l'épaisseur de la couche ter-
réuse ; et comme, dans une occasion où l'expérience ne peut
pas guider, il est permis de faire des suppositions, pourvu
qu'on ne s'écarte point de la ressemblance, je supposerai
qu'une couche terreuse de 1 pied d'épaisseur raccourcisse
les rayons de 2 pieds et même de 3, si l'on veut; c'est probablement en exagérer l'effet, puisque l'on voit des sources
se manifester par des exhalaisons sensibles quoiqu'elles
soient à 20 et 30 pieds au-dessous de la surface du terrain,

et que les écoulements étant fluides et les pores de la terre
pouvant être assimilés à des tubes capillaires, il est à présumer que l'effet de l'obstacle opposé aux émanations par les
molécules terreuses n'est pas à beaucoup près aussi considérable que je le suppose. — J'admettrai, cependant, cet
effet comme constant pour écarter la plus légère objection;
et, partant de cette supposition, je trouve qu'un corps mort
enfoui à 7 pieds de profondeur ne doit porter ses exhalaisons qu'à 5 ou 6 pieds au-dessus de la surface de la terre,
mais que 4 pieds de terre laissent assez de force aux émanations pour s'élever à 12 ou 15 pieds, et même beaucoup
plus haut. — Un autre effet nécessaire de l'action des couches terreuses est la réfraction des rayons d'écoulement.
Celle-ci doit être proportionnelle à l'épaisseur de ces couches,
et l'on est en droit de supposer que les rayons, partis d'un
corps enterré à 7 pieds de profondeur, seront tous réfrac-
tés, et tellement rapprochés de la perpendiculaire, qu'ils
deviendront presque tous parallèles entre eux; et que les
émanations d'un cadavre enfoui à cette profondeur s'élè-
veront à peu de chose près perpendiculairement à l'horizon : ce qu'on doit s'efforcer d'obtenir.

» Mais on est aussi autorisé à prétendre que la terre étant
perméable en tous sens, ses rayons divergeront d'autant
plus et seront d'autant plus inclinés à l'horizon que la couche de terre qui couvrira les cadavres sera moins épaisse;
qu'ainsi, lorsque ces rayons ne traverseront qu'une couche
de 4 pieds d'épaisseur, ils se porteront obliquement, de
façon à se réunir à ceux qui partiront de fosses voisines,
si celles-ci ne sont pas assez éloignées pour que leurs rayons
mutuels ne puissent pas se rencontrer; mais cette réunion,
qu'il faut autant que possible éviter, ne pourra avoir lieu
sans augmenter la densité des vapeurs, et cette densité sera
toujours en raison directe de la distance des fosses qui ren-
fermeront les cadavres, puisque alors un nombre plus consi-

dérable de rayons se trouvera réuni , par l'effet de l'obli-
quité, sur un même point.

» Si l'on pouvait calculer et la résistance des couches
terreuses et la force des écoulements putrides, on pourrait
déterminer avec précision la divergence des rayons formés
dans cette circonstance par ces écoulements ; ceux-ci sont
si subtils qu'on peut présumer que ces rayons s'étendent à
plus de 7 à 8 pieds sous des angles plus ou moins aigus.
Je borne l'étendue des rayons à 3 ou 4 pieds, je réduis à
2 pieds la ligne horizontale à l'extrémité de laquelle tombe-
rait la perpendiculaire tirée du sommet du rayon ; il en
résultera que si deux fosses , dont la profondeur serait de
4 à 5 pieds, n'étaient qu'à 2 pieds de distance l'une de l'autre, les écoulements des cadavres voisins se confondraient ;
qu'ainsi , pour éviter la densité qui en serait l'effet, il fau-
dra au moins mettre entre chaque fosse 4 pieds d'intervalle
sur les grands côtés, et que, eu égard au peu d'écoulement
que doivent donner la tête et les pieds, on pourra réduire cet
intervalle à 2 pieds à chaque extrémité de la fosse. Cette
distance devra varier à raison de la profondeur des fosses ;
et comme la divergence des rayons serait peu considérable
si les fosses avaient 6 ou 7 pieds de profondeur, on pourra
alors ne mettre entre chaque fosse que 2 pieds sur les grands
côtés , et un pied seulement à la tête et aux pieds.

» Mais en vain s'élèverait-il peu de corpuscules cadavé-
reux de la surface des cimetières ; en vain les cadavres se-
raient-ils profondément enterrés ; en vain les rayons de
leurs écoulements affectant la perpendiculaire ne se réuni-
raient-ils point , toujours est-il vrai de dire que la densité
des vapeurs serait encore inévitable, si les émanations n'é-
taient point absorbées et dissoutes à proportion qu'elles se
font. Or, cette absorption et cette dissolution ne peuvent
avoir lieu qu'autant que l'air qui couvre la surface des cimetières est souvent renouvelé et très peu humide.

» Dès que la salubrité des cimetières dépend du peu d'abondance et du peu de densité des vapeurs animales que les exhalaisons cadavéreuses y forment, et que cette abondance et cette densité sont en raison du petit nombre de cadavres qui y sont déposés, de la profondeur de leur enfouissement, de l'attention à espacer les fosses proportionnellement à leur profondeur, et de la facilité que l'air trouve à absorber ces vapeurs, il faut donc que les fosses aient au moins 5 à 6 pieds de profondeur, afin que les morts soient recouverts de 4 à 5 pieds de terre ; que les cimetières aient une étendue proportionnée au nombre de cadavres qu'on y enterre, et que l'air y circule avec facilité et y jouisse de toutes les qualités propres à le rendre très absorbant. »

M. Pellieux a fait quelques observations sur les gaz méphitiques des caveaux mortuaires des cimetières de Paris (1). L'air renfermé dans les caveaux de famille, ou dans les caveaux destinés à servir de sépultures provisoires, acquiert souvent des propriétés qui ne permettent pas de les respirer sans inconvénient ou même sans danger. Les gaz auxquels sont dues ces propriétés malfaisantes sont certainement de même nature, mais seulement à un degré de concentration beaucoup plus considérable que ceux qui se trouvent disséminés à l'air libre dans les cimetières. Leur étude offre donc un grand intérêt pour le sujet qui nous occupe.

Voici quels étaient les symptômes éprouvés sous l'influence de ces gaz :

Une bougie, descendue à une certaine profondeur dans l'intérieur des caveaux, cessait de brûler. Lorsqu'on avait franchi cette limite, la respiration devenait plus difficile : on éprouvait un sentiment de pesanteur sur les tempes et sur les paupières, on avait de la peine à tenir ces dernières

---

(1) A. Pellieux. *Observations sur les gaz méphytiques des caveaux mortuaires des cimetières de Paris* (*Annales d'hygiène publique et de médecine légale*, 1849, t. XLI, p. 127).

relevées ; la tête devenait lourde ; la face s'injectait aux parties saillantes, surtout ; le nez, les pommettes prenaient une teinte d'un rouge violacé ; les parties rentrantes étaient, au contraire, d'une couleur livide ; en un mot, la physionomie subissait une complète transformation. En dernier lieu, on éprouvait dans la bouche un sentiment de sécheresse, la déglutition devenait plus difficile, on ressentait dans la gorge une saveur âcre et chaude que les fossoyeurs comparent à celle que laisse la *cassonnade de mauvaise qualité* ; on éprouvait un bourdonnement dans les oreilles, en même temps qu'une sueur abondante se développait sur le visage, la poitrine et le dos. Il fallait alors se hâter de remonter au grand air, car l'asphyxie était imminente.

Les gaz des caveaux analysés par M. Pellieux ont offert une proportion d'acide carbonique plus ou moins grande, suivant les caveaux, mais d'autant plus grande que l'air était pris à une plus grande profondeur. Dans tous les caveaux, même dans ceux où les ouvriers pouvaient séjourner sans aucun malaise, la proportion d'acide carbonique avait toujours été plus grande que celle de l'atmosphère prise aux environs du caveau lui-même. Dans quelques uns encore, le même chimiste a pu signaler la présence d'une quantité notable de carbonate et de sulfhydrate d'ammoniaque.

M. Pellieux attribue la présence de ces gaz, dans les caveaux des cimetières, à trois causes, dont aucune ne doit être négligée ici.

D'abord, les émanations du corps ou des corps contenus dans les caveaux à travers les fissures des pierres qui les renferment ; ensuite, l'acide carbonique dégagé dans les cimetières, qui, la nuit surtout, par un temps lourd, si le vent ne souffle que d'une manière imperceptible, peut s'accumuler à la surface du sol sans se mélanger à l'air, y couler ensuite comme un liquide, et descendre dans les caveaux placés sur sa route. Enfin, quelques uns de ces caveaux étaient bâtis sur des terrains ayant servi de fosse commune à une époque antérieure, et dont la décomposition tardive des cadavres qui y avaient été accumulés faisait un foyer permanent d'émanations délétères, principalement formées d'acide carbonique et d'hydrogène sulfuré. Quelle que soit la valeur de ces explications, dont la seconde, surtout, est très contestable, le fait est constant : il a été confirmé par une observation de M. le docteur Lewis, dont nous aurons à faire connaître les belles recherches. Dans les caveaux de Saint-André, dans Holborn, où se trouvaient accumulés 500 cercueils, partie en bois, partie en plomb, sur une hauteur de 10 à 14 pieds, le gardien des caveaux, étant monté avec une lumière au dessus des cercueils accumulés, tout à coup le flambeau qu'il portait à la main faillit s'éteindre, et lorsqu'on accourut à ses cris, on le releva presque asphyxié. L'air contenait seulement une grande quantité d'acide carbonique.

En effet, on voit se produire dans ces caveaux ce que le docteur Reid avait signalé dans des cimetières encombrés de Londres, où quelques heures après qu'une fosse avait été creusée, elle se remplissait d'acide carbonique à ce point qu'il était impossible d'y redescendre. On parvenait bien à assainir ces caveaux en y jetant des corps enflammés, par exemple, mais au bout de quelques heures, ils étaient de nouveau remplis d'acide carbonique.

Nous aurons à revenir sur quelques points relatifs aux émanations cadavériques à l'occasion des caveaux de sépulture de Londres et des particularités que présentent les produits de la décomposition, suivant la nature des cercueils dans lesquels les cadavres sont renfermés.

Installation générale des cimetières. — Le problème hygiénique à résoudre, dans l'installation des cimetières, est celui-ci : faire en sorte que les produits de décomposition des cadavres humains ne se répandent dans l'atmosphère que dans un état de division, tel qu'ils ne puissent exercer aucune action nuisible sur la santé. Deux points dominent la solution de ce problème : éloigner autant que possible des habitations leslieux où se dégagent ces miasmes ou produits de décomposition ; diminuer, autant que possible, la somme des miasmes qui peuvent se dégager dans un temps et sur un espace donné.

L'histoire des cimetières dans les temps modernes, dans les contrées les plus civilisées, fournit un exemple remarquable de l'oubli dans lequel ont pu rester, jusqu'à nos jours, les notions les plus élémentaires de l'hygiène. Des populations encore barbares paraissent avoir mieux compris qu'on ne le faisait parmi nous, il y a moins d'un siècle, qu'on ne le fait à Londres encore aujourd'hui, le danger que peut faire courir aux vivants le voisinage des morts, et le mépris des précautions que semblent indiquer d'eux-mêmes les phénomènes de la putréfaction.

Les cimetières de Londres, malgré de réels essais d'amélioration tentés depuis quelques années, sont encore aujourd'hui dans un état difficile à concilier avec le luxe et la grandeur actuelle de cette capitale.

Les lieux de sépulture, à Londres, sont de deux sortes : les uns sont les cimetières ordinaires, à ciel ouvert, situés dans l'intérieur de la ville ; les autres sont les caveaux des églises. Les uns et les autres présentent les conditions les plus fâcheuses pour la salubrité. Dans la plupart, l'encombrement est extrême ; malgré les règlements, les cercueils sont quelquefois à peine recouverts de quelques pouces de terre ; dans quelques uns, les os des morts sont épars à la surface du sol, avec des dépouilles d'animaux et des ordures de toutes sortes.

Le docteur Waller Lewis a particulièrement examiné l'état des caveaux des églises qui servent de lieux desépultures, et a communiqué au *general board of health*, dans un rapport étendu, des observations intéressantes sur les effets des émanations cadavériques sur la santé, la composition chimique de l'air recueilli dans ces caveaux, la conservation des cercueils, suivant leur nature, etc.

On se ferait difficilement une idée de l'état où se trouvent ces caveaux, au sein d'une population riche et nombreuse. Prenons pour exemple ceux de Saint-Marg-at-Hill : là sont placés 150 cercueils, dans toutes les positions possibles, empilés les uns au-dessus des autres, les plus inférieurs écrasés par ceux qui sont au-dessus. La plupart sont usés ou brisés, et les restes humains tombent épars entre les rangées de cercueils. Dans tous, excepté dans les plus récents, l'enveloppe de bois est usée, et le plomb mis à découvert, les moisissures, les toiles d'araignées rendent les inscriptions impossibles à déchiffrer. Quelques uns de ces cercueils n'ont qu'une mince paroi de bois pourri, qui, au moindre contact, tombe en poussière, laissant les squelettes à découvert. Il n'est même pas prudent d'approcher de ces piles de cercueils, qui semblent toujours prêts à s'écrouler sur vous. Dans deux coins du caveau, on trouve de grands tas d'os jetés en désordre.

Une odeur extrêmement forte de putréfaction remplit ces caveaux, et, après y avoir passé une heure, le docteur Waller Lewis éprouva une vive oppression, et fut pris d'une diarrhée qui ne le quitta qu'après vingt-quatre heures ; il lui devint même impossible de visiter ces caveaux plus de deux fois par semaine.

Les symptômes qu'il a surtout observés sur lui et sur ceux qui l'accompagnaient sont les suivants : langueur générale et affaiblissement de tous les systèmes avec extrême difficulté de s'appliquer à aucune étude ; sentiment de courbature qui ne se dissipait qu'au bout de deux ou trois jours ; perte complète d'appétit et dégoût pour toute autre chose que de l'eau froide ; goût fade dans la bouche, dominant celui des substances les plus sapides ; enfin sentiment d'une odeur terreuse, semblable à celle qu'exhalent constammment les cholériques à la dernière période de la maladie.

Dans quelques uns des caveaux visités par le docteur Waller Lewis, il y a jusque à onze et douze cents cercueils, dont les plus anciens remontent au delà d'un siècle.

Une circonstance assez curieuse, c'est que l'état de conservation de l'enveloppe extérieure des cercueils, laquelle est en bois, est en raison du degré de ventilation. Là où il n'y a pas de courant d'air, on trouve ce bois détruit et transformé en une poussière brune foncée, que l'on voit en tas au pied des piles de cercueils. Cette destruction paraît être opérée par un insecte, le *rhynoculus lignarius*. Cet insecte, de couleur brune, d'un sixième de pouce environ de longueur, commun dans le voisinage de Londres, se rencontre généralement sous l'écorce de l'orme. On a remarqué encore que l'atmosphère des caveaux qui renferment des cercueils de bois est plus impure que celle des caveaux où il n'y a que des cercueils de plomb.

Dès 1779, les membres du clergé siégeant à la diète suédoise, demandèrent eux-mêmes que le roi prohibât les sépultures dans les églises et autour des églises. Le respect des droits acquis empêcha d'exécuter cette mesure avant 1815. A cette époque seulement, commença en Suède l'usage des sépultures extérieures. Le nom de *kyrkogard*, c'est-à-dire de cour de l'église ou jardin de l'église, en anglais *church-yard*, en allemand *kirch-hof*, conservé pour désigner le lieu de sépulture publique, lors même qu'aucune église n'est située dans son voisinage, est un témoignage des habitudes primitives.

En Russie, en général, et dans la Finlande, en particulier, le pays est si vaste et si peu peuplé, que les sépultures peuvent rester autour des églises, sans qu'il y ait danger pour la santé publique, les habitations étant fort écartées. La nature sablonneuse du sol permet d'ailleurs d'y laisser sans inconvénient séjourner les matières animales. La science qui transforme ces matières en d'utiles engrais est encore inconnue. —Là où quelque agglomération d'hommes constitue véritablement des villes, les sépultures depuis une trentaine d'années sont extérieures.

L'histoire des champs de sépulture, connus sous le nom de *Campo-Santo* (Campi-Santi), que l'on rencontre dans quelques villes d'Italie, intéresse vivement l'hygiène, en vue de laquelle sans doute ont été institués ces champs de repos. Voici quelques détails sur le *Campo-Santo* de Pise et celui de Naples.

Le *Campo-Santo* de Pise est un ancien cimetière de la ville, destiné à la sépulture des principales familles et des plus illustres habitants, construit par Jean de Pise au XIIIe siècle. Sa forme extérieure et intérieure est celle d'un vaste et long parallélogramme; sa construction extérieure est en briques et ne présente presque aucun ornement, mais elle est imposante par sa masse et son étendue. Quant à l'intérieur, il se compose premièrement d'un carré très allongé rempli de terre apportée des environs de Jérusalem, et qui avait, dit-on, la propriété de consumer les corps en vingt-quatre heures, parce qu'elle contenait du carbonate de soude, comme en contiennent encore plusieurs terrains de la Palestine et de l'Égypte... Ce carré est entouré sur les quatre faces d'un admirable portique en marbre blanc de Carrare, dont les arcades en ogive sont divisées par des colonnettes de dix-huit à vingt pieds de hauteur, et qui n'ont pas plus de six pouces de diamètre... La partie la plus curieuse de ce portique est son intérieur, dont les murs de fond sont ornés de fresques des XIVe et XVe siècles (1).

Le cimetière de Pise, ou les charniers, qu'on appelle *Campo-Santo*, dit encore M. de Lalande, est une des choses

---

(1) Fulchiron, *Voyage dans l'Italie méridionale*, t. I, p. 28.

singulières de cette ville. C'est une cour de 450 pieds de longueur, environnée d'un vaste portique, bâti en 1278 sur les dessins de Jean Pisan ; il a 60 croisées ou arcades qui sont d'un gothique très léger ; il est pavé de marbre, orné de peintures anciennes et rempli de monuments funéraires.

Le champ appelé proprement *Campo-Santo*, qui est environné de ce beau portique, contient, dit-on, 5 brasses ou 9 pieds de Terre sainte, apportée en 1218 de Jérusalem par les Pisans qui étaient allés secourir Frédéric Ier ; et sert de cimetière, et en 24 heures de temps, les corps y sont entièrement consumés ; on assure en avoir fait une fréquente expérience dans la dernière guerre d'Italie : autrefois il ne fallait que 24 heures, actuellement on en passe 48 ; peut-être les sels alcalins ou calcaires dont cette terre avait été imprégnée sont-ils en partie évaporés (1). Voici ce que Morrona disait en 1811 de cette propriété dissolvante des terrains du Campo-Santo de Pise : *Attività, già da gran tempo perduta* (2), activité, perdue depuis longtemps.

Bien que le mot *Campo-Santo* soit aujourd'hui en Italie le terme consacré pour désigner un cimetière, il n'en est pas moins vrai que c'est le fameux *Campo-Santo* de Pise qui a fait passer le mot dans la langue. C'était en effet un *campo-santo* que ce cimetière, dont la terre avait été rapportée par l'archevêque Ubaldo de Lanfranchi en 1188 sur la flotte pisane. Il est impossible de savoir au juste si le *Campo-Santo* de Pise a servi à l'inhumation de toute la ville ou seulement à celle des grandes familles. Le fait est qu'il est fermé aujourd'hui et que l'on n'y enterre plus que les grands citoyens ou les riches étrangers. Suivant toute probabilité, la multitude était enterrée dans les églises, comme l'était à la même époque toutes les populations de l'Italie. L'établis-

(1) *Voyage en Italie*, de M. de Lalande, t. II, p. 478, 1769, in-12.
(2) *Pisa illustrata.*

sement des cimetières en Italie comme en France est une chose moderne et qui ne remonte pas probablement au delà du dernier siècle.

Quant à la propriété dissolvante du terrain dans le *Campo-Santo* de Pise, elle existait encore vers le milieu du dernier siècle ; car on cite le mot d'un fossoyeur qui, ayant enseveli des Allemands tués dans les guerres d'Italie, disait : *En 48 heures toutes ces grasses bedaines de Germains étaient dévorées.*

Depuis la suppression de l'enterrement dans les églises, vers le milieu du dernier siècle, on a ouvert à Naples un *campo-santo* dans lequel sont pratiquées 366 fosses, recouvertes d'une pierre qu'on lève et qu'on scelle, après qu'on y a entassé les cadavres chaque soir, pour ne la rouvrir qu'un an après jour pour jour ; jetés pêle-mêle dans cet immense trou que l'on recouvre de chaux vive, nulle trace de vous n'existe plus sur la terre (1).

Si nous recherchons ce qu'étaient autrefois les lieux de sépulture en Orient, quelles réflexions ne suggère pas la comparaison de cet ancien système d'inhumation, avec celui qui est suivi de nos jours par le même peuple ! Comme les anciens entendaient autrement que leurs descendants l'hygiène nécessaire à leurs pays ! Aussi n'avaient-ils pas à redouter les épidémies de peste, si meurtrières et dont est menacé sans cesse l'habitant actuel de cette triste contrée. Les inhumations faites avec soin hors des villes, l'enfouissement des corps préalablement embaumés, dans des excavations pratiquées sur le flanc de la montagne, hors de portée des eaux, était le système suivi tout le long de la vallée du Nil. Il n'en faut pour preuve, que ces hypogées, ces galeries souterraines, dont sont criblées les sinuosités de la double chaîne arabique et libyque. Et que l'on compare ensuite cette pratique salutaire, appliquée aux cadavres humains, comme à ceux de presque tous les animaux, qu'on la com-

(1) Audot, *l'Italie*, t. I, 1823,

pare avec le mode d'inhumation suivi aujourd'hui dans les cimetières musulmans!

En effet, il y a à Beyrouth 12 cimetièrés consacrés aux différentes religions et aux différents rites du culte chrétien. Ils sont ainsi divisés : 3 pour les Musulmans, 1 pour les catholiques Grecs, 1 pour les catholiques Latins, 2 pour les Arabes Maronites, 1 pour les Jacobites, 1 pour les Grecs schismatiques, 1 pour les Arméniens, 1 pour les protestants et 1 pour les Juifs. Les cimetières chrétiens et juifs sont éloignés de la ville et quelques uns même sont placés à une très grande distance sur la limite des plantations, loin de toute habitation ; mais les cimetières musulmans sont situés à quelques pas des portes, ce qui est un grave inconvénient pour la santé publique, car les mahométans enterrent leurs morts à la profondeur d'un mètre seulement et les recouvrent d'un peu de terre ; souvent même lorsqu'ils mettent quelques pierres sur la fosse, ils laissent une ouverture qui pénètre jusqu'au cadavre. Quand on leur parle des inconvénients d'une pareille coutume, qui laisse un libre accès aux émanations cadavériques et doit être tantôt une cause de peste, tantôt un des auxiliaires les plus actifs de cette maladie épidémique, ils répondent que leur religion leur défend de placer leurs morts dans des fosses plus profondes, pour qu'au jour de la résurrection, ils puissent plus facilement sortir de leurs tombeaux. Il est impossible de lutter contre ce préjugé religieux, et l'autorité qui voudrait le braver ameuterait contre elle toute la population fanatique.

Les *cimetières turcs*, ou *champs des morts*, sont placés à proximité des villes et souvent enclavés dans leur enceinte. À Constantinople, ils entourent les faubourgs de plusieurs côtés. Le sol est schisteux (terrain de transition) et le terrain meuble est très peu épais. En sorte que l'enterrement a lieu en quelque façon plutôt par remblai que par fouille;

le plus ordinairement l'espace occupé par les sépultures présente des espèces de terrasses, au milieu desquelles on circule par des chemins en contrebas.

Dans tous les cas les fosses sont tout à fait contiguës et très peu profondes. Les habitants n'attribuent aucune influence malsaine à ce mode d'enterrement superficiel. Il est du reste, à remarquer que les différents champs des morts, principalement ceux d'Eyoub, de Pera et celui de Scutari sur la côte d'Asie, sont situés au sommet des coteaux qui entourent le port et le Bosphore, par conséquent dans des localités très aérées. Mais d'un autre côté les vents du nord, les plus fréquents en été, portent les émanations d'Eyoub et de Pera sur la ville. Les champs des morts sont couverts de cyprès magnifiques, surtout à Scutari ; leur situation et leur végétation en font des lieux de promenade très agréables. Les grandes pierres surmontées de turbans et plantées plus ou moins verticalement, concourent à rendre leur aspect très pittoresque. Il ne paraît pas qu'il y ait aucune règle d'aménagement du terrain. Les sépultures ne sont l'objet d'aucun entretien.

Rien n'est comparable au sentiment d'horreur et de dégoût que fait éprouver à l'étranger la vue d'un cimetière chrétien dans l'Inde (1). Dans les grandes villes anglo-hindoues, les terrains consacrés à recevoir les restes des malheureux morts loin de leur patrie sont bientôt comblés : une tombe ne se creuse qu'aux dépens d'une autre tombe ; et les ossements arrachés à leur dernière demeure blanchissent sur l'herbe et donnent à ces tristes lieux l'aspect d'un rebutant charnier. Les vautours peuplent les arbres des environs ; les murs en ruines servent de retraite à des chauves-souris monstrueuses ; les loups et les chacals viennent pendant la nuit rôder autour des sépultures et déchirer les

(1) *Des inhumations et des lieux consacrés aux sépultures dans l'Inde* (*Revue britannique*, collection décennale ; Paris, 1845, p. 61).

cadavres qu'ils peuvent dérober à la terre. Pour garantir les tombes de ces attaques, on a soin de les creuser à une grande profondeur et de les couvrir d'abord de fortes planches, puis d'un revêtement en maçonnerie ; mais jusqu'au moment où ces travaux sont terminés, on est obligé de laisser nuit et jour une garde sur les lieux.

Un spectacle non moins triste et non moins repoussant que le précédent est également celui qu'offre au voyageur, dans le voisinage de Calcutta, l'aspect du Gange, qui sert, comme on sait, de dépôt mortuaire aux castes d'un ordre inférieur qui habitent ses rives. Voici comment le décrit le capitaine Dugald Carmichaël, à qui nous empruntons ces détails. « Lorsqu'un Hindou est sur le point de mourir, dit-il, ses parents le portent au bord du fleuve, où ils l'étendent tout de son long, et, sans doute pour accélérer sa fin, remplissent de limon sa bouche et ses narines. Aussitôt qu'il a expiré, son corps est jeté dans la rivière, où il descend et remonte avec la marée, jusqu'à ce qu'il ait été avalé par un alligator, ou que, jeté à terre, il devienne la proie des chacals et des vautours.

« Cette horrible coutume, fondée sur les principes de la religion des Hindous, rend le passage de la mer, à Calcutta, très dégoûtant pour les Européens, et détruit entièrement le plaisir qu'ils sont disposés à éprouver, lorsqu'après un ennuyeux voyage, ils découvrent les plaines riantes de ce pays. On ne peut jeter un coup d'œil sur la rivière sans être repoussé par l'aspect de nombreux cadavres humains blanchis par le soleil, flottant par l'effet de la corruption, et dévorés par des oiseaux de proie qui se posent sur eux et flottent avec eux. Si l'on dirige ses regards sur les bords du fleuve, on le voit couvert de milans, de vautours, de hérons, de chiens, occupés du même travail. Les ombres de la nuit voilent ce spectacle dégoûtant ; mais à peine l'obscurité a-t-elle commencé, que les hurlements des loups et les cris des chacals frappent les oreilles, au moment qu'ils s'apprêtent à prendre part à cet affreux repas. Un séjour de quelques mois dans le pays accoutume, il est vrai, les Européens à tous ces objets, et l'eau du Hougly est réputée par les marins anglais comme la première après celle de la Tamise. »

Les musulmans sont, en général, bien plus soigneux de leurs cimetières que les chrétiens : ils choisissent presque toujours pour leurs champs de repos les sites les plus riants et les mieux exposés ; la plupart des montagnes qui les environnent sont, en outre, couronnées par des constructions tumulaires qu'on prendrait de loin pour des forteresses ; et, quoique la plupart des Hindous qui habitent les environs des villes soient presque tous pauvres, il est rare qu'ils négligent la tombe de leurs frères ; il se trouve toujours quelque main pieuse pour y jeter des fleurs et en arracher les plantes vivaces, qui, sans cela, en auraient bientôt envahi la surface.

Du reste, dans un grand nombre de stations de l'Inde, il n'y a pas de terrains consacrés aux sépultures. Les tombes sont alors placées dans le voisinage des habitations, au milieu des jardins, où elles sont entretenues avec plus de soin que dans les charniers fétides des villes.

« A l'entrée méridionale du Randal, ou *rapide* d'Atures, sur la rive droite de l'Orénoque, est située la caverne d'A-tarnipe, dont la célébrité s'étend au loin chez les Indiens. Tout autour, la contrée présente un caractère grandiose e sévère qui semblait destiner cette caverne à devenir un tombeau national…. La caverne d'Atarnipe est moins, à vrai dire, une caverne qu'une voûte profonde formée par la saillie d'un rocher, une espèce de baie qu'ont minée les eaux lorsqu'elles atteignaient à cette hauteur. Là est le tombeau d'une race éteinte. Nous avons compté environ 600 squelettes bien conservés : ils sont renfermés dans un nombre égal de corbeilles tressées avec les nervures de feuilles de palmier. Ces corbeilles, que les Indiens nomment *mapires*, forment des espèces de sacs carrés dont la dimension varie suivant l'âge des morts. Les enfants morts en naissant ont aussi leurs *mapires* distincts. Les squelettes sont si intacts, qu'il n'y manque ni une côte ni une phalange. Les ossements sont préparés de trois manières différentes : ils sont ou blanchis, ou colorés en rouge avec l'*onoto*, matière colorante tirée du *bixa orellana*, ou enduits d'une résine odorante, et enveloppés, comme des momies, dans des feuilles de bananier.

Les Indiens assurent que les cadavres étaient, aussitôt après la mort, déposés pendant quelques mois dans de la terre humide, où les chairs se consumaient peu à peu, qu'on les exhumait ensuite, et qu'on enlevait, à l'aide de pierres aiguës, la partie de la chair qui adhérait encore aux os. Tel est actuellement, dit-on, l'usage chez plusieurs tribus de la Guyane. Auprès des corbeilles ou *mapires* on trouve aussi des urnes d'argile à moitié cuite, qui paraissent contenir les restes de familles entières. Les plus grandes de ces urnes ont trois pieds de haut sur cinq pieds et demi de long. Elles sont d'une couleur verdâtre et d'une forme ovale agréable à voir. Les uns représentent des crocodiles et des serpents. L'extrémité supérieure est ornée de méandres et de labyrinthes. Ces ornements sont tout à fait semblables à ceux qui couvrent les murs du palais mexicain de Motla... Nos interprètes ne purent nous donner aucun renseignement certain sur l'âge de ces corbeilles et de ces vases. Cependant la plupart des squelettes ne paraissaient pas avoir plus de cent ans (1). »

Mettons maintenant en regard de ces pratiques, ce qui

_____

(1) De Humboldt, *Tableaux de la nature*, traduction de Ch. Galusky, t. Ier, p. 271-273. Paris, 1851.

se faisait encore à Paris, le foyer des lumières et de la civilisation, à la fin du siècle dernier.

Dans un rapport lu à la Société royale de médecine en 1777, et invoqué par Vicq-d'Azyr au nom d'une commission, on lit que la réforme des lieux d'inhumation, réclamée de toutes parts, est indispensable et difficile en même temps à Paris. Elle devait concerner particulièrement le cimetière des Saints-Innocents où vingt-deux paroisses pouvaient transporter leurs morts, sans compter les personnes décédées à l'Hôtel-Dieu et les cadavres de la basse-geôle. « On » doit ajouter, dit le rapporteur, qu'il n'y a aucune paroisse » dans Paris qui, moyennant une légère rétribution, ne puisse » faire enterrer ses morts dans le cimetière dont il s'agit... » Sa surface est de 1,600 toises. On est effrayé, lorsqu'on » apprend qu'une enceinte aussi étroite suffit chaque année » à l'inhumation de 2,000 et quelquefois 2,400 cadavres. »

Des maisons très élevées entouraient cette enceinte, ouverte au midi, du côté même de la halle, d'où s'élevaient des vapeurs presque aussi infectes que du cimetière même. On serait tenté de croire, poursuit Vicq-d'Azyr, d'après un Mémoire de Cadet le jeune, qu'il est impossible de rien ajouter à cette foule de maux. Cependant une circonstance imprévue vient s'y joindre encore.

Une rigole qui reçoit toutes les immondices des habitants est creusée autour de ce cimetière. Comme il n'y a de latrines qu'au cinquième étage, il n'est pas étonnant que ces fossés soient presque remplis tous les matins. Chaque jour on les vide, et l'on transporte ces immondices dans la rue voisine, d'où les charretiers les enlèvent. En les remuant plusieurs fois, on renouvelle plusieurs fois aussi l'infection qui en est une suite nécessaire. Elle est si grande, surtout après le dégel, qu'elle devient alors vraiment insupportable pour ceux mêmes qui y sont en quelque sorte accoutumés. L'acier, l'argenterie et le galon y perdent facilement leur brillant. Le vent ne renouvelle jamais l'atmosphère de cette enceinte ; les débris des cercueils y sont exposés à l'air par le fossoyeur, qui les destine à être brûlés pour son usage particulier. On met quelquefois dans des cases des ossements encore baignés de sanie. Ces cases sont placées à côté des arrière-boutiques situées sous ces parvis. Souvent pendant l'été une odeur cadavérique se répand dans toute leur étendue.

Ce n'est pas d'aujourd'hui que l'on sait combien le cimetière des Saints-Innocents peut influer sur les maladies putrides et épidémiques. En 1554, les célèbres Fernel et Houllier furent du nombre des commissaires nommés pour faire un rapport à ce sujet. Ils assurèrent bien positivement qu'*en temps dangereux les maisons prochaines audit cimetière ont toujours été les premières, et plus longtemps infectées de la contagion que les autres d'icelle ville.* Lors donc que l'on regarde cet enclos comme capable, par les émanations funestes qui s'en élèvent, de rendre les maladies aiguës plus fâcheuses, et d'en occasionner quelquefois de chroniques, souvent attribuées à d'autres causes, on n'avance point une proposition hasardée.

Le cimetière des Innocents n'était pas le seul qui, à cette époque, méritât l'attention du gouvernement. De Lassonne, Geoffroy, Lorry, Maloët et d'Arcet se joignirent au secrétaire perpétuel de la Société royale de médecine, pour que la plupart des champs de sépulture, trop étroits et entourés de maisons, fussent éloignés de l'enceinte des grandes villes, telles que Paris.

Navier s'élève avec force contre l'usage des charniers, où l'on expose des débris de cadavres et des os encore couverts de lambeaux putrides dont l'odeur affreuse infecte les églises et les villes. On n'aurait point tous ces dangers à craindre si l'on anéantissait la coutume barbare et déraisonnable d'enterrer, au milieu des vivants, des milliers de cadavres

qui portent la plupart le germe de maladies putrides et malignes de toute espèce.

Aujourd'hui, rien ne saurait plus donner une idée parmi
nous de ce que nous ont transmis les rapports ou les ouvrages de Haguenot, Maret, Navier, Vicq-d'Azyr, Thouret,
Fourcroy, Cadet de Vaux, etc. Cependant il suffit de
parcourir les rapports des conseils de salubrité des départements pour s'assurer qu'une réforme générale est nécessaire encore dans un grand nombre de cimetières de province : que cela dépende du vice de leur installation ou
de l'augmentation graduelle, soudaine dans quelques localités, de la population, presque tous sont au moins insuffisants, ou présentent des inconvénients plus ou moins pro-
noncés pour les agglomérations qui les avoisinent. Il nous
suffira de citer à cet égard quelques exemples.

Dans l'une des communes du département du Nord, à
Lomme, en 1844 (1), la translation du cimetière dans un
lieu isolé était réclamée attendu : 1° qu'il se trouvait au
milieu de l'agglomération des habitations et entouré, par
trois de ses faces, de rangs de maisons contiguës; 2° qu'il
était trop exigu pour la population de la commune, ce qui
obligeait de rouvrir les fosses tous les trois ou quatre ans,
et alors que les cadavres n'avaient pas encore subi une
décomposition complète; 3° que pendant les chaleurs de
l'été il s'en exhalait des émanations dangereuses pour le
voisinage; et 4° parce qu'il existait des forages à une distance moindre de 35 mètres dudit cimetière.

Le conseil municipal de la commune ayant, dans une
délibération spéciale, rejeté la réclamation adressée par la
demoiselle R...., M. le préfet, conformément à l'ordonnance royale du 6 décembre 1843, et à la circulaire du ministre de l'intérieur du 30 du même mois, a, par arrêté du

(1) *Rapport sur les travaux du conseil de salubrité du département du
Nord.* Lille, 1845, p. 38.

20 mars dernier, renvoyé l'examen de l'affaire au conseil
central de salubrité pour procéder à la visite des lieux et
constater les dangers ou les inconvénients qui peuvent résulter, soit de la situation topographique dudit cimetière,
soit de l'insuffisance de son étendue, soit de la nature du sol
ou de toute autre cause, pour, du tout, lui adresser un rapport
circonstancié qui le mette en situation de juger, en toute
connaissance de cause, ce qu'il serait opportun de prescrire.

C'est pour accomplir la mission dont le conseil avait été
chargé par l'arrêté précité, qu'une commission, composée
de MM. Kuhlmann, Gosselet et Loiset, s'est transportée à
Lomme, et s'est mise en rapport avec M. le maire de la
commune, qui a bien voulu l'accompagner et l'aider dans
les investigations qu'elle avait à faire.

De l'examen attentif auquel elle s'est livrée, il résulte
que le cimetière de Lomme est situé sur l'un des points
les plus culminants de la commune; il forme un carré irrégulier, borné au nord par une rangée de maisons dont il
n'est séparé que par une voie étroite d'environ 2 mètres, et
ne possède de ce côté, pour toute clôture, qu'une haie
vive récemment plantée; à l'ouest il est contigu à la route
royale de Lille à Dunkerque, et n'en est séparé que par un
mur d'un peu plus de 1 mètre d'élévation : sur la rive opposée de la route se rencontre une très longue ligne d'habitations; au sud un chemin communal sépare aussi le cimetière d'un rang de demeures, et il a pour clôture un mur de
même élévation que celui ci-dessus cité; enfin, à l'est, il
est contigu à des terres en labour et à une petite ferme :
une haie vive en défend seule l'accès de ce côté.

Sur la surface de ce carré, dont la contenance totale est
d'environ 4,500 mètres, est érigée l'église, qui occupe près
de 1,500 mètres; vers l'un des angles existe aussi un cal-
vaire; de sorte que l'espace accordé aux chemins qui conduisent à l'un et à l'autre édifice n'est pas moindre de 1,000

mètres ; d'où il résulte que le terrain consacré aux sépultures ne dépasse pas 2,000 mètres, desquels il faut encore déduire environ un cinquième pour diverses concessions occupées par des monuments funéraires, ce qui, en définitive, limite l'espace disponible pour les inhumations à 1,600 mètres.

D'après les relevés de mortalité communiqués par M. le maire de Lomme, la moyenne des inhumations serait, dans la commune, de 71 par an, qui, calculées à 4 mètres chaque, exigeraient un espace de 284 mètres ; mais, comme, au vœu de la loi, il faut au moins cinq ans avant que le même terrain puisse recevoir de nouvelles sépultures, la surface rigoureusement indispensable pour assurer ce service communal, dans la proportion des besoins actuels, serait donc de 1,420 mètres, c'est-à-dire à peu de chose près égale au terrain libre du cimetière consacré aux inhumations.

Mais si, d'un côté, on considère les rapides progrès de la population dans une commune située aux portes de Lille, et sur laquelle reflue déjà le mouvement industriel de la métropole du Nord ; si, d'un autre côté, on tient compte des dispositions des familles riches de notre cité, qui, pour la plupart, tiennent à désigner les lieux de leurs sépultures dans les communes rurales environnantes, et à se faire accorder à cet effet des concessions de terrain ; si, à ces considérations, on ajoute que la nature alumineuse du sol tend à y retarder considérablement la décomposition putride, ce qui doit rendre le retour quinquennal des inhumations sur le même terrain très rapproché ; si enfin on tient compte du fait dont nous avons été témoin, et qui dérive de l'inobservation des distances légales qui doivent séparer les sépultures, on demeurera convaincu que le cimetière de Lomme ne peut suffire aux éventualités d'un avenir prochain, et qu'il est indispensable, dès ce moment, de songer à en opérer la translation dans un lieu mieux approprié à sa destination. Il y a d'ailleurs, dans la situation

actuelle des choses, de graves inconvénients qui ne sauraient être niés, et qui réclament puissamment en faveur de
cette translation. Placé au milieu de la grande aggloméra-
ration des habitations de la commune, le cimetière dont il
est question peut donner, à certaines époques de l'année,
des qualités nuisibles aux eaux provenant des nombreux
forages circonvoisins ; dans certaines années de sécheresse
et alors que les sols argileux se fendillent, il peut aussi
fournir des émanations dangereuses.

Le conseil central de salubrité des Bouches-du-Rhône
s'exprimait ainsi dans son rapport général pour 1851 (1) :
« ...Appelé, dans la limite de sa circonscription, à veiller
aux intérêts de l'hygiène publique, le conseil central a toujours placé la question qui se rattache aux sépultures au
nombre de celles qui doivent le plus spécialement fixer son
attention. C'est pour remplir ce devoir que, dans un dernier rapport général publié en 1848, il signalait à M. le préfet l'insuffisance du seul cimetière qui existe en ce moment
à Marseille. Il espérait, aux divers points de vue de l'espace,
de la saturation des terres et des convenances religieuses ,
avoir démontré cette insuffisance et indiqué la nécessité de
parer aux embarras qui devront inévitablement, si l'on n'y
prend garde, en résulter. Soit que les assertions produites
à cette époque n'aient pas, et nous le regrettons vivement,
été acceptées comme sérieuses, ou soit que la question fi-
nancière que doit nécessairement soulever la pensée de
translation d'un champ de repos destiné aux besoins d'une
population de 150,000 âmes ait fait obstacle à la prévoyance
administrative, la situation précaire que nous signalions
alors a survécu à nos remarques ; bien plus, elle s'est aggra-

(1) *Rapport général des travaux du conseil d'hygiène et de salubrité des
trois arrondissements du département des Bouches-du-Rhône.* Marseille, 1851,
p. 219.

vée par les nombreuses concessions de terrain faites depuis pour sépultures particulières. »

Nous citerons encore le passage suivant, utile à consulter comme étude des rapports qui doivent exister entre l'étendue d'un cimetière et la population qu'il est destiné à desservir :

« Le seul cimetière qui existe en ce moment à Marseille nous paraît, par l'insuffisance de son étendue, peu en rapport avec le chiffre de la population, qui s'est considérablement accrue depuis trente ans, et qui tend à s'accroître encore.

» Cette insuffisance est subordonnée à la question numérique qui résulte des considérations suivantes :

» Marseille compte aujourd'hui 145,000 âmes de population.

» Cette population, toujours en voie de progrès, a donné, pendant ces quatre dernières années, pour les catholiques, la mortalité suivante :

<pre>
        Année 1844. . . . 4,606 décès.
          —   1845. . . . 4,771   —
          —   1846. . . . 5,154   —
          —   1847. . . . 5,963   —
</pre>

» En ajoutant à ce chiffre celui qui correspond à la mortalité des habitants appartenant aux diverses communions, on arrive à une mortalité moyenne annuelle de 3 pour 100.

» Les fosses communes permettaient autrefois l'entassement des cercueils les uns au-dessus des autres par rangées de trois, quatre et cinq ; par une disposition récente et plus sage, elles ne sont plus que de longues tranchées, creusées à une profondeur ordinaire, et au fond desquelles les cercueils sont juxtaposés les uns à la suite des autres. Une inhumation exige 2 mètres carrés de terrain ; mais, en tenant compte d'abord des enfants décédés, compris dans le chiffre de la mortalité annuelle et des indigents inhumés sans cercueil, et occupant ainsi moins de surface, on peut admettre que 1 mètre 1/2 de terrain suffit pour une inhumation.

» 5,943 sépultures, chiffre de la mortalité de l'année 1847, demandent 8,914 mètres carrés de terrain.

» Le décret de 1804 exige, pour les emplacements des cimetières, des dimensions telles, que le même lieu ne puisse servir à de nouvelles inhumations qu'après un laps de temps de cinq ans. Ce terme a paru suffisant pour la destruction des cadavres.

» La surface destinée spécialement aux inhumations doit donc avoir, pour Marseille, une étendue de 44,170 mètres.

» Mais, en déduisant du chiffre de la mortalité annuelle celui qui correspond au nombre des corps inhumés dans les caveaux établis sur les concessions de terrain faites par la ville, on peut réduire à 5,000 les corps destinés aux fosses communes, ce qui nécessite 37,500 mètres de surface pour les cinq années.

» Examinons quelles sont, sur ce point, les conditions du système actuel.

» En faisant abstraction des terrains déjà concédés pour sépultures particulières et de celui qui est consacré aux allées établies pour en faciliter le parcours, aux bâtiments nécessaires aux besoins du service et pour logement des employés, ce cimetière peut fournir, pour sépultures communes, une surface totale de 39,550 mètres.

» Il résulte de ces calculs que le cimetière de Marseille offre une surface à peu près suffisante pour la mortalité normale. Qu'adviendrait-il de cet état de choses si la population avait, ce qu'à Dieu ne plaise, à endurer une épidémie, quelque légère qu'elle fût (1), et que fera-t-on si, comme il y a tout lieu de l'espérer, le chiffre de cette popu-

(1) Ceci était écrit en 1848.

lation demeure dans des conditions toujours progressives ?

» Nous devons ajouter que cette surface est constamment amoindrie par les concessions perpétuelles de terrain pour sépultures particulières. La surface servant à loger ces sépultures, comprise dans le périmètre du cimetière, va toujours se rapetissant, puisqu'elle est envahie par le nombre toujours croissant des concessions. Cette circonstance réclamerait une modification particulière dans l'acquisition des terrains à sépulture, si l'on ne veut pas se trouver sans cesse dans la nécessité de faire de nouveaux cimetières.... »

Cependant il n'est pas en France une seule localité que nous puissions comparer, sous le rapport qui nous occupe, à la capitale de l'Angleterre, où plus de quarante cimetières et un nombre peut-être égal de caveaux mortuaires renfermés dans les églises, reproduisent au sein même de la cité la plus populeuse de l'Europe un tableau non moins révoltant que celui que nous a tracé l'histoire du cimetière des Innocents. Nous avons déjà dit quelques mots de ces cimetières, et nous avons donné des détails sur les caveaux mortuaires des églises de la métropole : ajoutons ici, pour ne rien laisser ignorer sur ce sujet peu connu en France, la description du premier lieu de sépultures venu, *St.-Ann's Blackfriars*, parmi les trente-trois cimetières dont il est question dans le rapport du *General Board of health*.

« Ce cimetière, dit le docteur Milroy, chargé d'en faire l'inspection, est de petite dimension, complétement enfermé dans un cercle de tombes; le sol y est tellement envahi, que ce n'est qu'après avoir creusé çà et là que le fossoyeur finit par trouver un endroit où il puisse placer une sépulture nouvelle. Ce fonctionnaire a avoué que le fait rapporté par le *Times* du 4 septembre 1849, d'une portion de corps mutilée qui s'était trouvée jetée dans une fosse où l'on venait de déposer un cercueil, était exact. Il paraît que cette portion de cadavre s'était détachée d'un des côtés de la fosse pendant qu'il la creusait à coups de pioche. Les locataires des maisons qui dominent la partie du cimetière consacrée aux pauvres, disent avoir vu des crânes encore recouverts de peau et de cheveux, rouler au milieu du sable retiré des fosses. Nous-même avons vu le sol jonché de nombreux fragments d'os. Les habitants des maisons environnantes se plaignent des émanations infectes qu'ils ont à subir, surtout depuis deux ou trois mois, et durant cet espace de temps, le choléra a fait beaucoup de ravages parmi eux. Les effluves provenant d'une fosse en particulier, ont présenté un degré d'intensité inusité. Cette fosse avait été ouverte, il y a quatre ou cinq semaines, et n'a été entièrement fermée que le 2 septembre, après avoir reçu huit ou neuf corps (1) ».

Que dire maintenant de ces coutumes nées de l'erreur et du fanatisme qui peuvent produire des résultats tels que ceux que nous allons rapporter et dont nous empruntons le récit à l'un de nos médecins sanitaires, M. le docteur Fauvel, qui a su porter si haut à Constantinople l'honneur et l'influence de la médecine française?

« Un des vœux le plus sacrés et le plus scrupuleusement accompli chez les Persans, c'est que leurs cendres reposent à côté de celles des grands imans de l'islamisme qu'ils ont en vénération. Des milliers de cadavres sont exhumés chaque année, à certaine époque, et dirigés vers les lieux saints. La Turquie en reçoit pour sa part de huit à dix mille par an qui arrivent dans la province de Bagdad par Zanequine et Bassora, et qui sont distribués selon le vœu de chacun aux tombeaux de l'iman Ali à Nedjeff, de l'iman Housseïn à Kerbela, de Hassan à Zamora et de l'iman Moussa près de Bagdad. Aucun procédé n'est mis en usage pour la conservation de ces cadavres qui sont de toutes les dates et présentent tous les degrés de la fermentation putride, depuis

(1) *Report on a general scheme*, etc., p. 13.

les os privés de parties molles jusqu'à l'état le plus complet
de la putréfaction. Les caisses, bières ou sacs qui les renferment n'offrent aucune garantie contre l'émanation des
miasmes au dehors. Quand il s'agit d'ossements, une caisse
pour les pauvres contient quelquefois les débris de plusieurs générations d'une même famille.

» Pour les riches il en est autrement; chaque cadavre a sa
caisse couverte de cachemires; il a sa tente, etc. Ces bières
ont le privilége de n'être ouvertes qu'au lieu de l'enterrement et jamais en présence des autorités. Aussi les Persans,
chez qui le sentiment religieux n'éteint pas l'idée du lucre,
profitent-ils ordinairement de cette tolérance pour emplir
les caisses de coings frais d'Ispahan et surtout d'épices
qu'ils vendent plus tard dans le bazar au peuple sunnite
(les Turcs sectateurs d'Omar) mais dont ils se gardent bien
de dévoiler l'origine. Cette émigration de cadavres est naturellement accompagnée de pèlerins persans qui arrivent
isolément à Bagdad à toute époque de l'année ; mais leur
entrée imposante et en masse a lieu vers le mois de moha-
rem pour lequel les Chütes (les Persans, sectateurs d'Ali)
professent un culte particulier. Leur nombre, dans une année ordinaire, peut être évalué de quinze à vingt mille;
mais lorsque le hasard ou quelque événement grave fait
ajourner ce voyage de dévotion, l'affluence devient en proportion plus considérable l'année suivante. C'est ainsi qu'en
1848, par suite de la mort du shah et des troubles qui en
ont été la conséquence, les pèlerins ne sont venus qu'en
petit nombre et qu'en 1849, ils ont atteint le chiffre de
trente mille. Quoi qu'il en soit du nombre des pèlerins, ces
sectateurs d'Ali attachent à leur pieuse entreprise un sentiment religieux qui va jusqu'au fanatisme. Ils se croient
heureux de mourir dans les lieux où sont morts ceux qui
font l'objet de leur vénération et d'être ensevelis dans la
même terre.

» Ajoutons, pour compléter le tableau, que ces pèlerins apportent des maladies épidémiques et que la mortalité est toujours très grande parmi eux. Telles sont les circonstances signalées par les inspecteurs. La commission devait naturellement s'en préoccuper et rechercher jusqu'à quel point il était possible de les concilier avec les exigences de la quarantaine. Devait-on se borner à quelques mesures de précaution à l'égard des pèlerins et laisser pénétrer sans garantie, comme par le passé, sur le territoire turc cette multitude de cadavres , véritables foyers d'infection que les pèlerins traînent avec eux ? Évidemment non. C'eût été annuler tout le bénéfice de la quarantaine; car, s'il est contestable que celle-ci puisse s'opposer à toute communication illicite, il est certain qu'elle doit et qu'elle peut contribuer à détruire les causes nuisibles à la santé publique. Ce doit être là, quant à présent, dans ces contrées surtout, le principal rôle de l'administration sanitaire. Nous ne pouvions donc rester indifférents aux inconvénients de cette singulière importation. Deux moyens d'y remédier se présentaient à nous ; ou bien il fallait interdire absolument l'entrée des cadavres sur le territoire ottoman ; ou ne les y admettre qu'à certaines conditions. Le premier de ces moyens était sans contredit le plus simple ; mais était-il admissible ? La commission ne l'a pas pensé. Après mûres délibérations, elle s'est arrêtée au principe que tout cadavre à l'état de putréfaction devait être repoussé , à moins d'avoir été soumis préalablement à un procédé convenable de désinfection. »

Après avoir étudié les dispositions générales des lieux de sépultures, nous avons à examiner les conditions particulières de leur installation, qui se rapportent : 1° à la *topographie*, c'est-à-dire au choix du lieu où il convient de les établir, eu égard aux conditions météorologiques, au voisinage, à la nature du sol, etc. ; 2° au *mode d'inhumation*, c'est-à-dire aux fosses et aux cercueils ; 3° enfin, à certaines conditions accessoires, telles que les *plantations* dans les cimetières et les *maisons mortuaires ;* 4° à la durée des *concessions de terrains.* — Nous terminerons par quelques observations sur les *cimetières abandonnés.*

1° *Topographie.* — La topographie proprement dite des cimetières peut donner lieu à plusieurs considérations utiles : telles que l'exposition et la connaissance des vents qui soufflent sur l'emplacement à choisir, le degré d'élévation du sol, la distance des villes et des habitations, des cours d'eau, etc. ; enfin la nature même, soit chimique, soit physique du sol. Nous allons passer en revue chacun de ces points.

Exposition. — Les vents portant les miasmes putrides sur les habitations qui sont dans leur direction, il faut arrêter ce transport ou en diminuer les effets. Les moyens reconnus les plus efficaces sont de placer, autant qu'il sera possible, les cimetières au nord et à l'est, à l'abri de montagnes ou de forêts, qui rendent moins vif le cours de ces vents. Ceux qui soufflent des deux autres points de l'horizon, presque constamment chauds et humides, qualités qui augmentent l'activité de la putréfaction, porteront les miasmes soit sur la pente de la montagne, soit parmi les arbres de la forêt, où leurs propriétés nuisibles ne trouveront pas à s'exercer, ou même seront modifiées par leur décomposition.

Si la disposition des lieux ne permettait d'établir le cimetière que dans une plaine, on l'éloignerait des habitations plus que celui placé au pied d'une montagne ou d'une forêt, et, entre la ville et lui, on formerait une plantation d'arbres élevés, qui couperait le cours du vent, et préserverait, au moins en partie, des fâcheux effets d'un pareil voisinage (1). Le cours d'une rivière, entre une ville et un

(1) *Rapport* fait par les citoyens Hallé, Desessarts, etc., chargés par l'insti-

cimetière, serait encore une utile protection ; mais l'embarras des communications ne permettra pas toujours de l'utiliser.

On tiendra toujours compte, dans l'orientation d'un cimetière, eu égard aux centres de population, des vents régnant le plus habituellement dans la localité, des courants d'air que déterminent les gorges de montagnes, la direction des vallées, les grands cours d'eau, etc.

L'inhumation dans les églises et dans l'intérieur des villes est proscrite aujourd'hui. Nous avons étudié ailleurs cette question, sous le rapport historique et sous le rapport administratif. Il nous suffira de rappeler ici, d'après le décret du 7 mars 1808, qu'aucune habitation ne doit être à une distance moindre de 100 mètres des cimetières, et que la même distance est exigée pour les puits qu'on voudrait creuser dans leur voisinage. Il est également défendu, par un décret de 1807, d'élever aucune construction à une distance moindre de 100 mètres des murs d'un cimetière ; prescriptions qui sont bien loin d'être suivies, et qui d'ailleurs, il faut le reconnaître, ont perdu de leur intérêt là où, comme à Paris, les cimetières sont convenablement établis.

En Prusse, la distance des cimetières, par rapport aux villes, est de 100 à 1000 pas ; à Sigmaringen, de 275 pieds ; à Bade, de 717 pieds.

Gmelin conseille une distance de 1000 à 2000 pieds ; Atkinson, 500 ; Copland et Walker, 2000 (1) ; le docteur A. Rieke, 150 pas pour les communes de 500 à 1000 âmes ; 500 pas pour les communes plus peuplées.

La nature du sol est une des circonstances qui exercent

lut national des sciences et des arts de l'examen des *Mémoires envoyés au concours proposé par le gouvernement sur les questions relatives aux cérémonies funéraires et aux lieux de sépultures.*

(1) Riecke, *Ueber den Einfluss der Verwesungsdünste,* loc. cit.

le plus d'influence sur les phénomènes que produit la décomposition des corps inhumés dans un cimetière.

La situation, le degré d'humidité, la constitution physique et la nature chimique du terrain, telles sont les principales conditions que l'on ait à considérer.

C'est surtout par le plus ou moins d'humidité qui en résulte, que la situation d'un terrain peut influer sur la marche de la putréfaction. L'humidité est un élément essentiel de la décomposition des corps ; celle-ci marchera donc d'autant plus lentement que l'élévation, la pente d'un terrain (1), la température et les vents auxquels il sera exposé le tiendront dans un état de sécheresse plus habituel (2). Dans les terrains bas au contraire, destinés à recevoir les eaux des parties environnantes, à l'abri des vents, plus rapprochés des couches ou des infiltrations d'eau qui se rencontrent dans beaucoup de localités d'une certaine profondeur, la putréfaction marchera le plus rapidement possible. M. Vingtrinier (3), dans son beau rapport sur les cimetières de Rouen et des environs, après avoir signalé l'influence désastreuse des émanations cadavériques sur la population agglomérée, insiste sur l'importance qu'il y a à bien choisir le terrain ; il faut éviter avec un soin réel qu'il soit disposé de manière à recevoir des eaux des terrains supérieurs et à les transmettre aux plans inférieurs, en charriant alors des matières animales en putréfaction dont l'odeur est infecte. Ailleurs si l'eau ne s'écoule pas elle rend le terrain humide à ce point que les cadavres soulevés sont portés à la surface de la tombe, et quelquefois même en contact avec l'air.

(1) Orfila, *loc. cit.*, p. 674.

(2) « La momification a très souvent lieu dans les inhumations partielles, quand le terrain est sec et exposé à une température élevée » (Orfila, *loc. cit.*, p. 680).

(3) *Rapport général sur les travaux du conseil de salubrité du département de la Seine-Inférieure.* Rouen, 1832-1833, p. 11.

Un mot d'explication sur l'importance que l'on doit attacher au plus ou moins de rapidité avec laquelle se développe la putréfaction, dans les cimetières, est ici nécessaire.

Dans un grand nombre de localités, villes ou villages, l'accroissement, quelquefois considérable de la population, finit par déterminer l'encombrement de cimetières qui n'avaient pas été construits dans une semblable position. Si la décomposition s'y opère lentement, il faut rouvrir les anciennes fosses avant que les cadavres précédemment inhumés en aient disparu : de là, sans parler des convenances profondément outragées par cette espèce de violation de la sépulture, de graves inconvénients pour la santé publique. Les terres ainsi remuées autour de cadavres encore en voie de fermentation putride, déterminent le dégagement de miasmes essentiellement nuisibles aux fossoyeurs d'abord, et ensuite à tous ceux qui respirent l'air du cimetière ou même l'atmosphère environnante. Ensuite, en renouvelant ainsi à des époques trop rapprochées le dépôt de cadavres au sein d'une terre incapable de les décomposer dans le temps voulu, on arrivera bientôt à cet état de saturation des cimetières dont nous parlerons tout à l'heure, et qui est une des pires conditions qu'ils puissent acquérir.

On choisira donc, pour l'emplacement des cimetières, des terrains secs et aérés, de préférence aux terrains bas et humides. Seulement une condition qui est la conséquence nécessaire du retard apporté dans la décomposition des cadavres, est la suivante : Que le terrain soit suffisamment étendu pour qu'une fosse ne soit jamais ouverte dans un endroit ayant déjà servi de sépulture, sans que la décomposition des cadavres précédemment inhumés y soit complétement accomplie. On s'assure aisément, lorsque l'on consulte les travaux des conseils d'hygiène des départements, que cette condition est loin d'être remplie dans une foule de cimetières de province qui, dans beaucoup de localités, se rapprochent de l'état où se trouvaient, avant les réformes contemporaines, les cimetières des églises, où se trouvent encore aujourd'hui les cimetières de la ville de Londres. Cependant, comme on ne peut songer à laisser envahir indéfiniment le sol utile aux vivants par les demeures consacrées aux morts, il faut une mesure dans cette règle de modérer le travail de décomposition des corps. S'il faut se garder de demander à l'humidité et à la température des moyens artificiels de hâter leur destruction, il faut chercher dans la nature même du terrain des éléments propres à l'accomplir dans un espace de temps qui permette d'utiliser d'époque en époque les mêmes parties d'un cimetière.

La nature chimique des terrains exerce effectivement une influence importante sur la destruction des cadavres. L'action des terrains argileux est moins énergique que celle des terrains calcaires. Les premiers ont l'inconvénient de former avec les cadavres une masse compacte qui se dessèche rapidement et ne se laisse ensuite que très difficilement pénétrer par les insectes, les fluides aériformes et l'humidité (1).

Nous avons vu plus haut que les terrains du *Campo-Santo* de Pise passaient pour emprunter, à une terre fortement alcaline, la propriété de consommer les cadavres avec une extrême rapidité.

On voit derrière le village de *Joal,* à la côte de Sénégal, des amas de coquilles d'huîtres qui ont une destination religieuse et sont peut-être une mesure d'hygiène et de salubrité publique : c'est au centre de ces immenses tertres de substance calcaire que les habitants de Joal ensevelissent leurs morts.

(1) *Rapport général des travaux des conseils d'hygiène et de salubrité des trois arrondissements du département des Bouches-du-Rhône.* Marseille, 1851.

M. Orfila (1), afin de connaître l'influence des terrains sur la marche de la putréfaction, et en même temps le genre d'altération que chacun de ces terrains fait éprouver à la matière animale, a fait des expériences avec des parties d'un même cadavre, enveloppées d'un même linge et enterrées au même moment.

Quatre terrains ont été soumis à l'expérience :

La terre de Bicêtre jaunâtre, calcaire, ne présente aucun des caractères des terres végétales.

La terre du jardin de la Faculté de médecine de Paris diffère de la précédente en ce qu'elle contient beaucoup moins de matière organique *azotée*, et renferme des détritus de végétaux dont la décomposition est déjà très avancée ; aussi est-elle noire et offre-t-elle l'aspect d'une terre végétale ; du reste, elle est également très riche en carbonate de chaux et contient aussi une assez grande quantité de sulfate de chaux.

Le terreau est principalement caractérisé par la forte proportion de détritus de végétaux qu'il renferme ; ces détritus sont loin d'être aussi pourris que ceux qui existent dans la terre du jardin ; en sorte que le terreau constitue véritablement un terrain beaucoup plus végétal ; il est principalement formé d'acide silicique et de carbonate de chaux.

Le sable de carrière est essentiellement siliceux et très ferrugineux ; on y voit quelques traces de mica et à peine de carbonate de chaux.

Il résulte des expériences faites dans ces quatre terrains :

1° Que la putréfaction est loin d'avoir marché dans chacun d'eux avec la même rapidité.

2° Qu'elle a été beaucoup plus lente dans le sable et beaucoup plus prompte dans le terreau que partout ailleurs,

(1) Orfila, *loc. cit.*, p. 676.

jusqu'au moment où il y a eu une certaine quantité de gras de cadavre de formé.

3° Qu'à cette époque la décomposition putride a fait au contraire beaucoup plus de progrès, là où il y avait moins de gras, comme dans la *terre de Bicêtre*, que dans le *terreau* et dans la terre du *jardin* qui en renfermaient davantage; et que si dans le sable où il ne s'était point formé de savon, la putréfaction était beaucoup moins avancée, cela tient à ce que ce terrain jouit à un très haut degré de la propriété de ralentir la décomposition.

4° Que tous les terrains ne sont pas également propres à opérer la saponification de nos tissus, et qu'en général le terreau et les terres végétales semblent être ceux qui la déterminent le mieux et le plus promptement.

5° Que cette transformation graisseuse paraît commencer par la peau et le tissu cellulaire sous-cutané, pour gagner ensuite les muscles.

6° Que, quelle que soit la rapidité avec laquelle a lieu la putréfaction jusqu'à l'époque où la saponification a envahi une assez grande partie de la peau, elle s'arrête en quelque sorte dès cet instant, ou du moins ne suit plus la même marche, puisque, au lieu de se ramollir de plus en plus, de devenir pultacés et de disparaître, les tissus sous-jacents passent au gras, et finissent par former une masse d'un blanc grisâtre, sèche, dans laquelle il n'est plus possible de les reconnaître.

Nous ne devons pas omettre de mentionner la présence de l'arsenic dans certains terrains qui servent à la sépulture. Ce fait, dont on ne saurait méconnaître l'importance au point de vue de la médecine légale, est loin d'avoir la même portée en ce qui touche l'hygiène publique. Le retard que les préparations arsenicales apportent dans les phénomènes de la putréfaction, se montre-t-il également sur les cadavres inhumés dans les terrains arsenicaux ?

La nature du sous-sol doit être encore soigneusement étudiée dans le choix de l'emplacement d'un cimetière, sous d'autres points de vue ; ainsi la proximité de l'eau ou au contraire d'une couche rocheuse qui ne permettrait pas de donner aux sépultures la profondeur exigée par les règlements, au moins 1 mètre 50 centimètres, rend les terrains tout à fait impropres à servir de cimetière. Un terrain où l'on ne peut creuser à 2 mètres de profondeur sans que l'eau vienne à paraître, en quelque faible quantité que ce soit, doit être absolument rejeté. Quant à la nature rocheuse du sous-sol, on pourra y suppléer en transportant de la terre friable dans une épaisseur convenable, comme il avait été question de le faire pour un cimetière voisin de Marseille (1).

Dans la même ville, en 1832, le conseil de salubrité constatait que le cimetière du quartier Saint-Louis, très peu étendu, ne présentait que quelques points isolés où l'on pût creuser les fosses à une profondeur convenable, le rocher étant presque à découvert en divers lieux de ce cimetière, et surtout sur les parties latérales. Ainsi la dernière fosse qui avait été creusée n'étant qu'à 85 centimètres de profondeur, le cercueil reposant sur le rocher n'avait pu être recouvert que de 65 centimètres de terre, ce qui est évidemment insuffisant, des émanations putrides résultant de la décomposition des cadavres devant nécessairement s'élever et se répandre dans l'atmosphère, puisqu'il est bien reconnu que, pour éviter cet inconvénient, il faut que chaque fosse ait 2 mètres de profondeur, et que le fond de la fosse repose sur la terre meuble, afin que les liquides puissent s'infiltrer, et que les gaz putrides résultant de la décomposition, ne puissent pas se dégager dans l'atmosphère.

____

(1) *Rapport général*, 1851, p. 248, et 1840, p. 39.

Le voisinage des ruisseaux, torrents, etc., doit encore être sérieusement pris en considération.

Il faut d'abord s'assurer avec certitude que l'élévation du terrain du cimetière, comparée à celle de l'autre rive du cours d'eau, mette à l'abri de toute inondation. On doit ensuite prendre toutes les précautions possibles pour qu'il ne puisse s'établir aucune communication, par infiltration, entre le terrain du cimetière et le lit du cours d'eau. L'excès d'humidité à l'entour des cercueils et l'altération de l'eau par le mélange de produits de décomposition offriraient, à des degrés divers, de sérieux inconvénients. Dans une semblable circonstance, le conseil d'hygiène et de salubrité du département des Bouches-du-Rhône a décidé, à l'effet de préserver le ruisseau d'un moulin voisin d'un cimetière à construire, que le mur de clôture serait établi à 3 mètres de distance du ruisseau, sur des fondations en maçonnerie hydraulique de 0,75 d'épaisseur ; et que le bas des fondations serait amené à 1 mètre au-dessous du niveau du fond du ruisseau. Avec cette précaution, il a paru que les eaux qui s'infiltraient dans le sol, et qui pourraient ainsi y puiser des matières organiques, ne pouvaient dépasser les limites du cimetière, qu'à une profondeur qui rendrait impossible leur mélange aux eaux du ruisseau (1).

Il ne faut pas oublier cependant qu'à Londres, on a vu les infiltrations de matières organiques provenant des cimetières, pénétrer dans des puits et des égouts, à travers non seulement la brique, mais encore le ciment, à 30 pieds de distance (2). Ce n'est sans doute qu'au bout d'un temps assez éloigné que de semblables phénomènes s'observeront, à de telles distances et à travers de pareils obstacles ; mais c'est surtout en vue de l'avenir, que l'on doit s'occuper

(1) *Rapport général des travaux des conseils d'hygiène des Bouches-du-Rhône, déjà cité.* 1851, p. 341.

(2) *Report on a general Scheme*, p. 8.

d'éventualités de ce genre, et nous n'hésitons pas à proscrire toute construction de cimetière à une distance plus rapprochée que 15 mètres, de tout cours d'eau, égout, puits, etc.

Il semblerait résulter d'un fait rapporté par M. Guérard (1), que la filtration, à travers les cimetières, des eaux destinées aux usages domestiques, loin d'avoir toujours sur la santé l'influence fâcheuse qu'on lui a attribuée, peut parfois produire de bons effets. Dans une visite, qu'il fit avec ses collègues du conseil de salubrité, au cimetière de l'Ouest, il eut l'occasion d'examiner l'eau du puits creusé au milieu du terrain : cette eau, au lieu d'être crue, comme la nature calcaire du sol devait le faire supposer, dissolvait le savon, cuisait les légumes, etc.; elle était limpide, inodore et de bon goût. Barruel, qui faisait partie de la commission du conseil, jugea aussitôt que, dans sa filtration à travers un terrain imprégné de sels ammoniacaux, le sulfate calcaire qu'elle renfermait avait été décomposé; que, par conséquent, cette eau devait contenir des sels à base d'ammoniaque. L'analyse vint confirmer l'induction de ce savant chimiste.

Indépendamment du voisinage immédiat d'un cours d'eau, il faut s'assurer que le terrain occupé par un cimetière ne puisse se couvrir d'eau dans aucune circonstance. Plusieurs cimetières, récemment construits en Angleterre, l'ont été dans de telles conditions, qu'ils se trouvent submergés tous les hivers (2). Nous n'avons pas besoin d'insister sur le vice d'une pareille installation, auquel il n'est possible de remédier aujourd'hui qu'au moyen de dépenses incalculables.

Modes d'inhumations. — Le mode d'inhumation exerce une influence incontestable sur la salubrité des cimetières.

(1) *Thèse citée*, p. 82.
(2) *Report on a general scheme*, etc., p. 77.

Nous nous occuperons en premier lieu des **fosses**. Leur degré de profondeur et de largeur, l'espace qui les sépare, leur destination à un ou à plusieurs cadavres, tels sont les points divers qui nous intéressent spécialement.

La profondeur des fosses a été fixée dans presque tous les pays, par des règlements administratifs. M. Orfila pense, contrairement à l'opinion de M. Leigh, que nous avons citée plus haut, que la pression exercée par le sol retarde la putréfaction (1). Le docteur A. Riecke dit aussi que plus la fosse est profonde, plus la putréfaction est lente à s'accomplir (2). Vicq-d'Azyr pense avec Maret, que si trois ans suffisent pour qu'un corps soit détruit dans une fosse de 4 à 5 pieds, ce temps ne suffirait pas dans une de 6 à 7 pieds, parce que la pression retarde la putréfaction (3). Il est probable, du reste, que le degré de compacité du sol est un élément important de cette influence de la profondeur de l'inhumation sur la marche de la putréfaction.

En France, les fosses doivent avoir de 1 mètre 50 cent. à 2 mètres de profondeur, sur 8 décimètres de largeur, et être distantes l'une de l'autre de 3 à 4 décimètres sur les côtés (décret du 23 prairial an XII). Mais ces prescriptions importantes sont loin d'être toujours rigoureusement suivies. C'est ainsi que dans le cimetière de Marseille, dont nous avons déjà signalé l'état d'encombrement, les fosses parallèles sont séparées par une épaisseur de terrain si exiguë, qu'elles nécessitent, de la part des ouvriers chargés de les creuser, des précautions très minutieuses. Cette économie dans l'emploi des surfaces dont on dispose, disent les rapporteurs du conseil de salubrité des Bouches-du-Rhône, serait très louable si elle n'avait pour conséquence de hâ-

(1) *Rapport général*, etc., p. 226.
(2) *Loc. cit.*
(3) **Vicq-d'Azyr**, *loc. cit. Discours préliminaire*, p. XXXV.

ter la saturation des terres et de mettre obstacle à la saturation des cadavres. Il est évident que ce surcroît d'action désorganisatrice que celles-ci doivent favoriser ne peut s'effectuer qu'à la condition de leur faire atteindre, dans un délai très court, la limite de leur saturation de matières animales. La masse de terre ne se trouve donc plus en rapport avec celle des cadavres. Cet état d'encombrement peut avoir, sur la salubrité publique une action dont il importe de prévenir les effets.

Voici quelle est profondeur réglementaire des fosses, dans diverses parties de l'Europe :

Autriche, 6 pieds 2 pouces.

Hesse-Darmstadt, de 5 p. 7 p. à 6 p. 1/2.

Munich, 6 p. 7 p.

Francfort, 4 p. 7 p.

Stuttgart, 6 p. 6 p. pour les adultes, 5 p. 4 p. pour les enfants.

Russie, de 6 à 10 pieds.

L'évêque de Londres prescrit de 4 à 5 pieds.

On trouve dans le rapport fait par le docteur Sutherland, sur la pratique des inhumations en France et en Allemagne, que dans quelques parties de cette dernière contrée, la profondeur des fosses irait jusqu'à 11 pieds.

Quant à l'étendue en surface du terrain concédé, elle varie dans les différentes contrées. C'est dans les cimetières de Stuttgart que l'on trouve les proportions les plus considérables sous ce rapport : 10 pieds de long sur 5 de large (mesure de Wurtemberg); la fosse est creusée au milieu de cet espace.

Il n'est permis d'inhumer qu'un seul corps dans les fosses privées. En Allemagne également partout, à une seule exception près. la loi ou la coutume obligent de ne placer qu'un seul corps dans une fosse. Mais à Leipzig, on en met quelquefois deux ou trois.

Fosses communes. — On a été obligé, pour ménager le terrain, d'établir dans les cimetières des grandes villes, des fosses communes, affectées à l'inhumation des décédés pour lesquels il n'a pas été demandé de concession de terrain. Il y a douze ou quinze ans, on creusait une fosse variable en profondeur, suivant la nature du sol. Chaque couche de cercueils, placés les uns contre les autres, était séparée par une couche de chaux vive et de terre. Actuellement, la fosse commune consiste en une longue tranchée de 1 mètre 50 centimètres environ de profondeur, sur 2 ou 3 mètres 50 centimètres de largeur. Au cimetière du Sud, à Paris, la fosse commune à 3 mètres et les cercueils sont placés *tête-bêche*. Au cimetière du Père-Lachaise, la fosse commune n'a que 2 mètres 1 ou 2 centimètres. Dans tous les cimetières, les intervalles qui peuvent rester libres entre les cercueils d'inégale longueur sont remplis par des cercueils d'enfants ; les cadavres sont recouverts de plus de 1 mètre de terre bien foulée. Autrefois les cadavres étaient superposés dans les fosses communes ; leur décomposition marchait très lentement dans un sol imprégné de matières animales (1).

Le conseil de salubrité du département des Bouches-du-Rhône a fait, au sujet des fosses communes du cimetière de Marseille, des observations (2) qu'il peut être utile de reproduire ici : Autrefois, les restes humains qui subsistent d'ordinaire après cinq années de séjour dans la fosse commune, étaient, après le délai prescrit par la loi, exhumés, transportés dans une grande fosse et recouverts d'une couche épaisse de terre. L'espace occupé par ces fosses n'avait pas d'autre destination. On laissait à la terre le soin de dévorer le dépôt qui lui était confié. Il n'en est plus de même

(1) Bayard, *Mémoires sur la police des cimetières* (*Annales d'hygiène publique et de médecine légale*, 1837, t. XVII, p. 296).
(2) *Rapport général*, etc., p. 237.

aujourd'hui que la place manque. On s'est ravisé. Afin que ces grandes fosses, destinées à recevoir le produit des exhumations, puissent encore être consacrées aux sépultures, on a recours à un procédé fort ingénieux sans doute, mais très peu salubre. A cet effet, on creuse à une profondeur de 6 mètres, au moins, de grandes fosses. Le fond de ces cavités reçoit dans un ordre symétrique 1 mètre et demi à 2 mètres d'ossements humains. Ces petits ossuaires, après avoir été recouverts d'une légère couche de terre, laissent encore à la fosse une profondeur qui permet d'y placer des rangées de cercueils. Cette méthode a, comme on le voit, l'immense inconvénient d'accumuler sur un même point de nombreux éléments d'infection. L'action du terrain qui sert ordinairement de lit aux cercueils et qui facilite la destruction des cadavres est ici complétement annihilée.

Relativement aux **caveaux** qui servent de sépulture, nous n'avons rien à ajouter de particulier à ce que nous avons dit précédemment.

La marche de la décomposition des corps peut être modifiée sensiblement par la **nature des cercueils**, dans lesquels ils sont inhumés.

M. Orfila (1) s'est assuré, au moyen d'expériences répétées, que plus les corps sont immédiatement en contact avec la terre, plus ils pourrissent facilement, tout étant égal d'ailleurs. Comparant l'influence de l'enveloppe extérieure du cadavre, linceul et cercueil, à celle de la peau, eu égard aux viscères dont elle retarde la destruction, il a vu qu'un cadavre enterré nu se pourrit plus promptement que s'il était enveloppé d'un drap ou d'une serpillière; que la putréfaction suit une marche plus ou moins rapide, suivant la nature de l'épaisseur du cercueil, suivant que celui-ci était en plomb, en chêne ou en sapin. L'exhumation du corps de

(1) Orfila, *loc. cit.*, p. 671.

l'empereur Napoléon, à Sainte-Hélène (1), a fourni un exemple remarquable du degré de conservation qui pourrait s'opérer sous l'influence d'une séparation absolue entre le cadavre et le milieu où il est enseveli. La présence des vêtements, en empêchant le contact entre les différentes parties du corps, n'est peut-être pas étrangère au retard de la putréfaction. Les ensevelisseuses ont l'habitude de faire pénétrer les replis du drap qui enveloppe les morts, aussi avant que possible dans l'intervalle des membres.

On lit dans le *Courrier des États-Unis*, que les Américains, après avoir inventé des cercueils métalliques, suivant des systèmes assez divers, font quelquefois usage aujourd'hui de cercueils en verre.

Quant à l'influence que la nature même du cercueil, indépendamment de son action isolante et protectrice, peut exercer sur les phénomènes de putréfaction, nous citerons les observations du docteur Waller Lewis sur les cercueils de plomb.

Relativement à la qualité et à la quantité des gaz produits par la décomposition des corps dans les cercueils de plomb, je suis persuadé, dit le docteur Waller Lewis (2), qu'il existe beaucoup d'idées fausses. C'est ainsi que l'on a assuré que le résultat de cette action était des sulfures, carbures et phosphures hydrogénés et cyanogénés. Sans assurer positivement qu'on ne puisse rencontrer de semblables gaz dans certaines conditions, nous nous sommes assuré que dans plus de soixante cercueils, contenant des restes de nouveaux-nés, d'adultes et de vieillards, enterrés depuis une semaine jusqu'à quatre-vingt-dix ans, il n'a pas

(1) *Mémoire sur les mesures qu'il convient de prescrire lors de l'exhumation des restes de l'empereur Napoléon*, par MM. Boutron, d'Arcet, Pelletier et Ollivier (d'Angers). *Ann. d'hyg. et de méd. lég.*, t. XXV, p. 11, 1841.

(2) *On the chemical and general effects of the practice of interment in vaults and catacombs* (*The Lancet*, April 1851, et *Report*, p. 34).

été une seule fois possible de découvrir aucune trace de ces gaz, soit à l'aide de réactifs, soit au moyen de l'olfaction.

Dans tous les cas, ces gaz éteignaient la flamme et étaient eux-mêmes incombustibles. Ils paraissaient dans tous les cas formés d'azote et d'acide carbonique, tenant en suspension des matières animales putréfiées. Quelquefois il s'y joignait de grandes quantités d'ammoniaque. Celle-ci se reconnaissait aussitôt à son odeur piquante et aux vapeurs blanchâtres et épaisses qu'elle formait au contact de l'acide hydrochlorique. Une autre preuve de la rareté de la présence des gaz sulfurés, c'est que le plomb était dans tous les cas converti en carbonate, et n'offrait jamais de traces de sulfure. Excepté dans les cas où l'on distinguait l'odeur de l'ammoniaque, l'odeur dominante était celle de la putréfaction.

M. Waller Lewis a trouvé les mêmes gaz dans les cercueils de plomb soit peu d'heures après la mort, soit après soixante-dix ans, et même dans un cas après cent ans. La présence de l'ammoniaque y était encore très manifeste; la putréfaction est donc fortement retardée par le séjour des corps dans les cercueils de plomb.

Il est très rare que les gaz restent enfermés dans ces cercueils; la porosité du métal leur permet de s'échapper par transsudation; mais, dans des cas très exceptionnels, 1 sur 1000 environ, suivant M. Lewis, les cercueils sont distendus par l'expansion des gaz et *soufflés*, suivant l'expression des fossoyeurs; mais même, dans cet état, ils ne se rompent pas brusquement. L'auteur n'a trouvé aucune preuve authentique de ce fait. Du reste, c'est une pratique habituelle pour les gardiens des caveaux de percer avec une vrille les cercueils soufflés.

Nous devons ajouter maintenant que, indépendamment de la nature ou de la configuration du sol, de la profondeur des fosses, de la nature des cercueils, etc., il est encore d'autres conditions auxquelles la marche de la putréfaction se trouve étroitement soumise : ainsi l'état de conservation ou au contraire de putréfaction commençante du cadavre au moment de l'inhumation, la saison et le temps écoulé entre le décès et l'inhumation, la nature de la maladie, l'âge du sujet, enfin la présence d'œufs qui, en été, sont souvent, en très peu d'heures, déposés par certaines mouches, à la surface du cadavre, et qui deviennent un agent très actif de putréfaction.

Parmi les *conditions accessoires* de l'installation des cimetières, il en est une qui présente un intérêt particulier. Nous voulons parler des plantations.

Plantations dans les cimetières. — L'utilité des plantations n'a pas été jugée de la même manière par tous ceux qui se sont occupés de la réforme hygiénique des cimetières. Cela vient peut-être de ce qu'elles n'ont pas toujours été considérées sous le même point de vue.

« Il faut, dit Maret (1), pour qu'un cimetière ne soit pas dangereux, il faut non seulement que son étendue soit proportionnée au nombre des cadavres qu'on y enterre, mais encore que l'air y circule avec la plus grande aisance, et surtout qu'il y soit le plus pur qu'il est possible; qu'ainsi tous les vents y abordent librement, et principalement ceux du nord et de l'est.

» Un usage assez uniforme paraît autoriser les plantations d'arbres faites dans les cimetières; mais il est abusif et dangereux. Les arbres diminuent l'espace destiné aux sépultures; cela seul suffirait pour engager à faire cesser cet usage : il est cependant encore un autre motif qui doit y déterminer. Si le mouvement des branches peut agiter l'air qui couvre les cimetières, les arbres, en rompant les courants d'air, s'opposent à l'action des vents sur les vapeurs,

(1) Maret, *loc. cit.*, p. 55.

et ces vapeurs, arrêtées par les feuillages, sont forcées de retomber sur la terre, et y entretiennent une humidité pernicieuse. Qu'aucun édifice, aucun arbre n'interrompent donc les courants d'air, et ne s'opposent à la dispersion des vapeurs qu'ils doivent entraîner. »

Dans une sentence du bailliage de Troyes, rendue en 1766 pour obliger à construire des cimetières hors de la ville, il est défendu de planter dans ces cimetières des arbres ou des arbrisseaux (1).

Navier (2) a soutenu la même thèse.

« On peut avancer avec fondement, dit-il, que ces sortes de plantations, devenues si communes par le défaut de réflexion, loin de contribuer à la salubrité de l'air, ne sont propres qu'à produire un effet opposé. Aussi n'était-ce pas sans raison que les saints conciles les ont défendues de la manière la plus formelle. *Ex cimeteriis vites, arbores frugiferæ cujusvis generis, aut arbusta stipesve omnino convellantur atque excidantur* (3).

Les exhalaisons cadavéreuses qui s'élèvent sans cesse des corps qui reposent dans les cimetières, rencontrant une espèce de couverture dans le feuillage touffu que forment durant l'été les branches des arbres, ne peuvent s'échapper ni gagner le plein air qu'avec beaucoup de peine. Aussi reste-t-il dans toute l'étendue de l'espace qu'il y a du sol aux branches, une atmosphère d'air épais, chargé d'exhalaisons émanées de la colliquation des cadavres. Quoi de plus dangereux que de respirer un air aussi malsain !

Il est très vrai que des plantations accumulées sans règle et sans mesure dans les cimetières peuvent, en recouvrant le sol d'un épais ombrage et en interceptant la libre cir-

(1) *Les Éphem. Troyennes* de M. Grosley, an. 1768, p. 107
(2) *Loc. cit.*, p. 65.
(3) *Ex Constitutionibus et Decretis Synodalibus Concilii primi Mediolanensis,* S. Carolo præside, habiti anno 1565. Vide *Actus Eccles. Mediol.*, p. 217.

culation de l'air, dans ses couches les plus inférieures, s'opposer à l'évaporation de l'humidité du sol qui ne s'élève pas sans entraîner des produits de décomposition, et à la dispersion des molécules qui ne peuvent, sans cette condition, arriver au degré de diversion qui peut seul les empêcher de nuire.

Mais ne saurait-on trouver dans la plantation méthodique et discrète d'arbres dans les cimetières, de réels avantages, à la place des inconvénients signalés par les auteurs que nous venons de citer ?

Le docteur Priestley avait déjà fait remarquer que les végétaux, en aspirant les émanations putrides, étaient propres à purifier l'air.

M. Pellieux, dont nous avons cité précédemment les recherches intéressantes sur les gaz méphitiques des caveaux mortuaires, met les plantations d'arbres au nombre des principaux moyens d'assainissement des cimetières. On sait, dit-il, que les végétaux absorbent l'acide carbonique pour en fixer le carbone à leur profit, en dégageant l'oxygène. Si l'on établissait dans les caveaux un double conduit d'air, qui introduisît celui du dehors à mesure que l'air intérieur serait chassé extérieurement, ces caveaux s'assainiraient d'une manière parfaite, et les arbres, en absorbant les gaz en quelque sorte au fur et à mesure de leur production, contribueraient également à l'assainissement de l'atmosphère (1).

Les plantations des cimetières sont, du reste, d'un antique usage, qui semble consacrer leur utilité. Le trente-cinquième statut du règne d'Édouard Ier a pour titre : *Ne rector arbores in cœmeterio prosternat.* Nous ne rechercherons pas ici ce que les cimetières peuvent gagner en décence ou en agrément, dans l'établissement de plantations diverses, ou dans le

(1) *Ann. d'hyg. et de méd. lég.*, t. XLI, p. 139.

choix d'arbres symboliques (1). Mais nous signalerons un point de vue d'après lequel les arbres des cimetières pourraient remplir un but utile, non seulement par leur feuillage, mais par leurs racines encore.

Le remarquable rapport déjà plusieurs fois cité dans cette thèse du *general Board of Heath*, énumère, parmi les conditions qui tendent à régulariser l'évolution des produits de décomposition, l'action d'une abondante et vigoureuse végétation.

Il résulte du témoignage des fossoyeurs, sacristains et autres employés des paroisses, que la décomposition marche invariablement avec plus de rapidité dans le voisinage des racines des arbres, que dans les autres parties du cimetière ; que la terre est toujours plus sèche autour des racines qu'ailleurs ; que les fibres des racines se dirigent du côté des tombes, et souvent pénètrent dans les fentes du bois des cercueils. Il est donc probable que ces racines sont activement et incessamment employées à absorber les produits de décomposition, à mesure qu'ils se forment, et préviennent de cette manière leur dégagement à la surface du sol, et ainsi leurs pernicieux effets.

Le docteur Sutherland (2) dit s'être assuré, à Paris, que lorsqu'une fosse ne renfermait qu'un seul cadavre, les arbres que l'on pourrait planter à la surface suffiraient, en absorbant les parties nutritives du sol, pour abréger la période de sépulture de ce corps.

Nous résumerons ainsi ce qu'il faut considérer dans cette importante question des plantations dans les cimetières.

Des plantations trop serrées et disposées sans réflexions peuvent être nuisibles en recouvrant le sol d'un épais feuillage, qui en entretient l'humidité et fait obstacle à l'évapo-

(1) Em. Forgues, *La réforme des funérailles* (*Revue britannique*, 5e série. t. XXXI, 1844.

(2) *Report on a general scheme....*, p. 117.

ration des vapeurs chargées des produits de décomposition, et en opposant une barrière à la libre circulation de l'air et des miasmes qu'il entraîne avec lui. Mais il est facile de remédier à de pareils inconvénients.

Les allées des cimetières seront plantées dans la direction des vents les plus habituels; les arbres droits et élancés, comme les ifs, seront préférés aux cèdres dont la branchure est horizontale, aux saules pleureurs dont les rameaux flexibles retombent en couche épaisse jusqu'au sol; les trembles, les peupliers d'Italie dont les feuilles toujours en mouvement agitent et tamisent l'air en quelque sorte, aux feuillages plus lourds et plus épais du tilleul et du marronnier. On se gardera surtout de changer un cimetière en bosquets (1). Ceux-ci ne pourraient que servir de réceptacle aux miasmes condensés. Des arbres élancés, des troncs dégagés, permettront à l'air de circuler partout. Ne serait-il pas utile, si les observations du docteur Sutherland et les remarques faites dans les cimetières d'Angleterre sont justes, de prescrire la plantation d'un arbre sur chaque fosse (2)?

Nous nous contenterons de mentionner ici les **maisons mortuaires** (3), dont l'usage, établi dans quelques parties de l'Allemagne, n'a point été adopté en France, et dont la place naturelle est dans le cimetière. On sait que l'institution des maisons mortuaires est basée surtout sur ce fait, que la putréfaction serait le seul signe certain de la mort, et a pour objet de prévenir les inhumations prématurées. C'est à ce titre seulement que ces salles nous intéressent, puisque, servant de dépôts à des cadavres en voie de décomposition, comme les morgues et les amphithéâtres d'anatomie, elles ajoutent une cause d'insalubrité

(1) *Revue britannique*, 5ᵉ série, t. XXXI.

(2) *Vues d'un citoyen sur les sépultures* (mémoire couronné par l'Institut national des sciences et des arts).

(3) Bouchut, *Traité des signes de la mort.* Paris, 1849, p. 211.

à celles qui sont propres aux cimetières eux-mêmes. Elles offrent même cette condition, plus défavorable encore que les deux espèces d'établissements dont nous venons de parler, que l'on devrait y respecter les phénomènes de putréfaction, et qu'il serait interdit, par l'objet même de cette exposition des corps, de les soumettre aux procédés les plus efficaces de désinfection.

« Peut-être, dit Hufeland, qui a fait construire, en 1790, à Weimar, la première maison mortuaire, objectera-t-on que les émanations putrides pourront vicier l'air et nuire à la santé générale, que la police médicale doit sauvegarder ; mais l'excès de notre zèle pour les vivants nous rendra-t-il injuste pour les morts ? Cette sollicitude n'est-elle pas imaginaire et exagérée ? Que sont les émanations de quelques cadavres, comparées à la masse des débris animaux au milieu desquels nous vivons, qui se décomposent autour de nous sans que la santé publique en éprouve le moindre dommage ? Le monde n'est-il pas une tombe ouverte où des millions d'êtres meurent et se putréfient ? Nous avons des cimetières, des amphithéâtres au milieu de nos villes : les cadavres y séjournent, non pas des jours, mais des mois, et nous irions refuser aux morts ce court séjour sur la terre ! Eh quoi ! nous savons que le pays le plus beau et peut-être le plus sain de la terre, Otahiti, est celui où on laisse les morts se putréfier à l'air libre ! Ni la basse Saxe, qui garde ses morts plus longtemps ; ni la Hollande, où on ne les enterre jamais avant le cinquième jour, mais souvent après le dixième ou le quatorzième, n'ont ressenti de dommages de cette habitude. Pour épargner toute crainte, qu'on éloigne les maisons mortuaires de celles des vivants, et que les morts subissent à distance leur quarantaine ! » Du reste, pour réunir les meilleurs conditions, la maison mortuaire doit être établie dans le cimetière ; elle doit être traversée par un fort courant d'air et chauffée en hiver. Une chambre doit être réservée aux gardiens pour éviter les émanations. Néanmoins, Schwabe, qui critique la maison mortuaire de Weimar, affirme que le deuxième étage, destiné à l'habitation du fossoyeur, est empesté, et qu'il a eu l'occasion d'observer les funestes effets des émanations sur ses habitants.

Mais ces considérations perdent beaucoup de leur importance en raison du peu de faveur qui a accueilli le projet d'établissement des maisons mortuaires.

Durée des concessions de terrain. — Il est nécessaire, sous peine de voir les cimetières envahir peu à peu le domaine des vivants, de réitérer les inhumations dans les mêmes emplacements; l'époque à laquelle ces inhumations successives peuvent être pratiquées est généralement fixée par des règlements. On appelle *concessions de terrain* la durée de temps durant laquelle il est interdit de rouvrir une ancienne sépulture, pour y ensevelir un nouveau cadavre.

Parmi ces concessions, les unes sont purement réglementaires, et concernent, soit les fosses communes, soit les fosses privées au sujet desquelles il n'a été pris aucun arrangement particulier; les autres se traitent de gré à gré, pour une durée de temps quelconque.

On remarquera que, pour ces dernières concessions à temps ou même à perpétuité, elles peuvent avoir pour effet, si elles se multiplient, de rétrécir indéfiniment la surface disponible d'un cimetière, et d'entraver ainsi le service régulier des inhumations, en empêchant d'utiliser les terrains pour des inhumations successives, au terme voulu par les règlements. C'est ainsi que le conseil central de salubrité du département des Bouches-du-Rhône (1) prévoyait, l'année dernière, que la ville de Marseille serait obligée, dans un avenir très prochain, de renoncer au système de conces-

(1) *Rapport cité*, **p. 231.**

sions particulières, à cause de l'insuffisance du terrain, insuffisance telle, qu'il a fallu faire servir les allées elles-mêmes d'auxiliaires aux fosses communes.

Une des mesures les plus propres à prévenir de pareils résultats, c'est de proportionner l'étendue des cimetières à la population qu'ils sont appelés à desservir.

Le décret de 1804 exige, pour les emplacements des cimetières, des dimensions telles, que le même lieu ne puisse servir à de nouvelles inhumations qu'après un laps de temps de cinq ans, temps qui a paru suffisant pour la destruction des cadavres. Il suffit alors d'établir une proportion entre la moyenne de la mortalité et la dimension des fosses, pour connaître l'étendue qu'il faut donner à un cimetière.

Le conseil de salubrité des Bouches-du-Rhône, dont nous ne saurions prendre trop souvent pour guide le remarquable rapport (1), établit qu'une inhumation exige 2 mètres carrés de terrain ; mais qu'en tenant compte des enfants décédés et des indigents inhumés sans cercueil, et occupant ainsi moins de surface, on peut admettre qu'un mètre et demi de terrain suffit pour une inhumation. Mais nous pensons qu'il est sage de prendre 2 mètres carrés comme base des évaluations, d'abord parce qu'il faut avoir égard aux éventualités qui peuvent résulter d'épidémies répétées ou d'un accroissement rapide de population, et ensuite parce que l'inhumation des indigents *sans cercueil* ne saurait être admise là où l'assistance publique est sérieusement organisée. Partout l'administration doit, comme à Paris, fournir gratuitement des cercueils aux malheureux à qui leur famille ne peut en procurer. Si nous admettons la moyenne indiquée pour Marseille, c'est-à-dire une mortalité de 3 pour 100, dans une population de 100,000 âmes, par exemple, nous trouvons que 6,000 mètres carrés sont nécessaires pour sub-

(1) *Rapport cité*, p. 320.

venir aux inhumations d'une année; mais le laps de temps exigé pour procéder, dans le même emplacement, à des inhumations successives étant de cinq ans, il faut multiplier ce chiffre par 5, ce qui donne 30,000 mètres de terrain pour une population de 100,000 âmes. Il faut, bien entendu, ajouter à cela les allées, les bâtiments de service, etc.

La seule règle à laquelle puisse être soumise la durée des concessions de terrain est le temps nécessaire pour que la décomposition des corps soit consommée d'une manière complète. Mais ce que nous avons dit plus haut des conditions multiples et variées auxquelles est soumise la marche de ce phénomène, fait comprendre aisément qu'il ne saurait y avoir rien d'absolu dans cette fixation.

Les auteurs varient singulièrement d'opinion sur le temps nécessaire à la destruction du cadavre enterré, ce qui tient probablement à la différence des conditions dans lesquelles ils ont observé. Gmelin fixe de 30 à 40 ans; Wildberg (1), 30 ans; Frank, de 24 à 25 ans; Walker (2), 7 ans; Tyler, 14 ans; Tagg, propriétaire d'un cimetière à Londres, 12 ans; Maret, 3 ans, dans une fosse de quatre à cinq pieds. M. Orfila (3) a trouvé, dans la plupart de ses expériences, les cadavres déjà presque réduits à l'état de squelettes, au bout de quatorze, quinze ou dix-huit mois, même enterrés dans des bières.

Aussi la législation ne varie pas moins dans les différents pays. Voici un relevé des époques fixées dans plusieurs parties de l'Europe :

(1) *Jahrb. d. Staats-Arzneikunde*, t. 1.

(2) Gatherings, *From grave-yards, particulary those of London, with a concise history of the modes of interment*, etc. London, 1839.

(3) Orfila. *loc. cit.*, p. 673.

Hesse-Darmstadt,		30 ans.
Prusse,		30 —
Sigmaringen,	20 à	25 —
Francfort-sur-le-Mein,		20 — (1)
Wurtemberg,		18 —
Leipzig,		15 —
Milan (1791),		10 —
Stuttgard,		10 —
Munich,		9 —
France,		5 —

On emploie quelquefois la chaux vive pour hâter la décomposition des corps. Frank rapporte que c'est une des prescriptions du Talmud. Il y a une ordonnance de l'empereur Joseph (1784) qui prescrit de remplir la fosse avec de la chaux. De semblables prescriptions ont existé en Hesse-Darmstadt (1786) et à Milan (1791).

De l'abandon des cimetières. — Une question d'un grand intérêt est celle qui se rapporte à l'abandon des cimetières. On abandonne les cimetières dans deux circonstances : ou par ce qu'ils sont devenus, par leur insuffisance et un état d'encombrement, impropres à servir plus longtemps de lieu de sépulture, ou parce que des raisons de convenance y font renoncer, pour choisir un autre emplacement.

Quelques mots sur ce que l'on appelle *saturation* du sol des cimetières trouveront ici leur place.

Nous avons déjà plusieurs fois parlé de la saturation du sol des cimetières, condition qui provient de ce que des cadavres nouveaux y étant incessamment inhumés, avant que les cadavres plus anciens aient eu le temps de se consommer, le sol devient impropre à opérer les changements qui constituent la putréfaction, il se sature.

(1) Mais il paraît qu'à Francfort il existe une telle répugnance à pratiquer des exhumations successives qu'on préfère agrandir les cimetières (*Rapport* du docteur Sutherland).

Cette saturation, mot que nous employons d'après M. Orfila et d'après les médecins anglais, s'observe dans deux circonstances : soit dans certaines parties de cimetières, ainsi dans les fosses communes où un nombre disproportionné de cadavres se trouve accumulé dans un espace donné, soit dans un cimetière tout entier, lorsqu'on a continuellement devancé, dans les inhumations secondaires, le temps nécessaire à la décomposition des cadavres précédemment inhumés.

Nous avons déjà donné, en parlant du cimetière des Innocents, à Paris, une idée de terrains saturés par la matière organique en décomposition. Le passage suivant, emprunté à un rapport du docteur Sutherland, en complétera la description.

« Dans plusieurs cimetières que j'ai visités moi-même, le sol semble uniquement formé d'os écrasés et d'un terreau animal onctueux. Je voyais, il y a peu de jours, creuser une fosse dans un cimetière de Whitecross-Street, appartenant à la paroisse de Saint-Giles. Cette fosse avait six pieds de profondeur et semblait avoir été creusée dans une muraille d'os humains. Le fossoyeur, à chaque coup de pioche, écrasait ou éparpillait sur le sol de larges fragments d'os ; près de là gisaient cinq crânes, dont quatre entiers, et les ossements, autour de moi, qui paraissaient appartenir à bien des squelettes différents, semblaient tellement frais qu'il semblait que les parties molles vinssent à peine d'en être détachées.

« Le sacristain me disait pourtant qu'on n'avait pas touché, depuis vingt ans, à cette partie du cimetière ; mais cela prouve la nécessité d'un espace suffisant, pour assurer la décomposition (1). »

On remarquera surtout cette circonstance, que cette par-

___

(1) *Rapport* de M. John Sutherland, 13 février 1850 (*General report on the practice of intramural interment in the metropolis*, extrait de *Report on a general scheme...*, p. 149.

tie du cimetière de Whitecross-Street n'avait pas été tou-
chée depuis vingt ans. Il est donc permis d'établir, avec
M. Michel Lévy, qu'au bout d'un temps qui varie suivant la
qualité de leur sol et le rapport de la masse des terres avec
celle des cadavres inhumés, les cimetières atteignent les
limites de saturation des matières animales et deviennent
impropres à provoquer la fermentation putride (1).

Fourcroy et Thouret(2) avaient déjà attribué la formation
du *gras de cadavre*, trouvé en si grande quantité dans le
cimetière des Innocents, à ce que la terre qui recouvrait
les corps avait été promptement saturée des gaz provenant
de la première période de putréfaction. M. Orfila a proposé
la même explication de la saponification des cadavres dans
les fosses communes : « La cause de cette saponification, dit
le savant professeur, paraît tenir à ce que la terre, étant
trop peu abondante autour de l'immense quantité des corps
contenus dans les caveaux, ne tarde pas à être *saturée* des
produits volatils de putréfaction ; dès lors elle ne hâte plus
la décomposition putride par sa disposition à recevoir les
produits (3).

En effet, d'après les remarques du même auteur, on n'a
presque jamais observé cette transformation complète dans
des corps isolés ou enterrés seuls ; c'est dans les fosses
communes seulement que l'on observe des saponifications
complètes, et surtout dans les couches inférieures de cadavres. Une des conditions de leur formation paraît être une
inhumation profonde. Enfin, cette transmutation ne s'établit pas également bien dans les diverses espèces de terre (4).
Est-ce à cela qu'il faut attribuer le silence de la plupart des
médecins anglais, qui ont signalé l'état de saturation des

---

(1) Michel Lévy, *Traité d'hyg. publ. et privée*, 2ᵉ édit., 1850, t. II, p. 596.
(2) *Loc. cit.*
(3) Orfila, *Traité de médecine légale*, 4ᵉ éd., 1848, t. I, p. 697.
(4) Orfila, *loc. cit.*, p. 696.

cimetières de Londres, sur l'existence de la saponification.
L'encombrement du cimetière de Marseille, encombrement
tel qu'il a fallu utiliser les allées pour pratiquer des inhumations, et pendant l'épidémie du choléra, jeter les morts
pêle-mêle dans des puits appartenant à d'anciennes *bas-
tides* aujourd'hui comprises dans le cimetière (1), n'a donné
lieu non plus à aucune observation sur ce sujet.

Il est donc permis de croire que, lorsque le sol est saturé
de matières organiques en voie de décomposition, cette
heureuse transmutation, qui tarit en quelque sorte le foyer
de putréfaction, ne peut pas toujours s'accomplir. La décomposition continue alors à s'opérer, mais avec une lenteur
relative, car la surface du sol n'en continue pas moins de
produire avec une activité funeste des émanations putrides
dont le cours n'est plus subordonné qu'aux vicissitudes de
l'atmosphère elle-même. Alors on trouve, non pas des cadavres saponifiés, ce qui ne réclame que trois ans de séjour
dans la terre (Orfila), mais au bout de plusieurs années, des
parties molles encore reconnaissables ; au bout de vingt
ans, des os frais encore en apparence.

On a cité des exemples d'accidents graves déterminés
par d'anciennes sépultures dont le siége venait à être mis à
découvert. A Riom, en Auvergne, dit Vicq-d'Azyr (2), on
remua la terre d'un ancien cimetière, dans le dessein d'em-
bellir la ville. Peu de temps après, on vit naître une maladie épidémique qui enleva un grand nombre de personnes,
particulièrement dans le peuple, et la mortalité se fit surtout sentir aux environs du cimetière. Le même événement
avait causé six ans auparavant une épidémie dans une petite
ville de la même province appelée Ambert.

Un emplacement où avait été situé un couvent de filles

<hr>

(1) *Rapport des Conseils d'hygiène des Bouches-du-Rhône*, 1851, p. 229.
(2) Vicq-d'Azyr, *loc. cit.*, p. 113.

de Sainte-Geneviève à Paris, fut destiné dans la suite à la construction de plusieurs boutiques. Tous ceux qui les habitèrent les premiers, surtout les plus jeunes, souffrirent à peu près les mêmes maux, que l'on attribua avec raison aux exhalaisons des cadavres enterrés dans ce terrain.

Les remarques que d'anciens observateurs, Haguenot, Maret, etc., ont faites sur l'atmosphère lourde, nauséeuse des églises qui servaient de lieux de sépulture, se rattachent au même ordre de faits.

M. Chadwick, dont le traité sur les classes pauvres et le savant rapport (1) font autorité en Angleterre, rapporte une observation extrêmement intéressante qui doit trouver place ici : « Dans le cours des recherches que je faisais de concert avec M. le professeur Owen, dit ce savant observateur, nous eûmes à examiner la santé d'un boucher, qui nous mit sur la trace d'un ordre de faits assez curieux. Cet homme avait habité longtemps Bear-Yard, près de Clare-Market, où il était exposé à deux influences également redoutables, car sa maison était située entre une boucherie et l'étalage d'une tripière. Amateur passionné d'oiseaux, il ne put jamais en conserver tant qu'il logea dans cet endroit. Ceux qu'il prenait l'été ne vivaient pas plus de huit jours dans leur cage. Entre autres odeurs malfaisantes, celle qui leur nuisait le plus était la vapeur du suif qui s'exhale des tripes pendant l'opération du dégraissage. Il nous disait : « Vous pouvez suspendre une cage à n'importe quelle fenêtre des greniers qui entourent Bear-Yard, et pas un oiseau n'y restera vivant plus d'une semaine. » Quelque temps auparavant, il habitait une chambre dans Portugal-Street, au-dessus d'un cimetière très peuplé. Il voyait souvent le matin s'élever du sol un brouillard épais, dont l'odeur offensait

_____

(1) *Supplementary report on the results of a special inquiry into the practice of interment in towns.* Lond., 1843.

l'odorat. Les oiseaux y mouraient vite ; bref, il ne put les conserver qu'en transportant son domicile dans Vere-Street, Clare-Market, au delà des limites dans lesquelles agissent les émanations dont nous parlons. »

Nous avons, de notre côté, entendu raconter bien des fois par des personnes qui occupaient à Paris l'une des maisons contiguës à l'église Saint-Séverin que, par certains temps doux et humides, il s'élevait du sol, qui avait pendant des siècles servi aux inhumations, une vapeur épaisse et visible, et tellement nauséabonde, qu'elle forçait à tenir les fenêtres closes, sous peine d'incommodité sérieuse.

Enfin, il n'est pas sans intérêt de rappeler que des inhumations provisoires ayant eu lieu, en 1830, au marché des Innocents, sur l'emplacement de l'ancien cimetière, au milieu de la partie qui se trouve entre la fontaine et les abris du marché, du côté de la rue de la Lingerie, on creusa une fosse d'environ 12 pieds de long sur 7 de large, et environ 10 pieds de profondeur. Quand le pavé eut été enlevé, et sous une couche de sable d'environ un demi-pied de profondeur, on découvrit dans une terre noire et grasse, une grande quantité d'ossements, des débris de cercueils et même des bières assez bien conservées qu'il fallut briser, et d'où s'échappèrent des miasmes tellement fétides, qu'un des ouvriers fut subitement suffoqué (1).

Les faits que nous venons de rapporter, et il ne serait pas difficile de multiplier les exemples de ce genre, intéressent autant sans doute l'histoire des inhumations actuelles dans les caveaux ou dans les églises, que celle des cimetières abandonnés ; mais il était utile de les reproduire ici afin de rappeler qu'il ne suffit pas de fermer et d'interdire un lieu de sépultures pour que tout danger cesse d'exister, et que toutes précautions deviennent inutiles.

(1) *Notice sur les inhumations provisoires faites sur la place du Marché-des-Innocents, en 1830*, par M. Troche, chef de bureau de l'état civil du quatrième arrondissement.

Les articles 8 et 9 du décret du 23 prairial exigent que les cimetières qui viennent à être fermés ne servent à aucun usage, au moins pendant dix années. Ils peuvent être ensuite affermés, mais n'être qu'ensemencés et plantés sans qu'on puisse faire aucune fouille ni fondation pour constructions, jusqu'à ce qu'il en soit autrement ordonné.

Les précautions nécessitées par l'abandon d'un cimetière ne seront pas de même nature lorsqu'il s'agira d'un cimetière abandonné par suite d'encombrement, et sans doute parvenu à l'état de saturation, ou lorsqu'il ne s'agira que de placer en un lieu plus convenable un cimetière entretenu jusque-là suivant les règles de la salubrité.

Dans le premier cas, ainsi que pour les cimetières actuels de Londres, qui ne tarderont sans doute pas à être tous fermés, il est difficile de préciser à quelle époque il sera possible de les utiliser sans danger. Nous n'hésiterons pas même à renvoyer à un temps très reculé la possibilité d'y établir des habitations. Jusque-là, tout travail de nature à creuser le sol à une profondeur qui se rapprocherait de celle des anciennes sépultures, pourrait déterminer les effets les plus funestes chez les ouvriers qu'on y emploierait, et avoir également des conséquences nuisibles pour les habitants du voisinage. Jusque-là, nous nous bornerons à conseiller d'utiliser cette action, que nous avons signalée plus haut, de la végétation, sur les produits de décomposition. S'il est vrai que les végétaux, au moyen de l'absorption exercée par leurs racines, hâtent la consommation des produits organiques enfouis dans le sol, et s'en emparent à leur profit, il y a tout lieu d'espérer qu'ils pourront être usités très efficacement pour assainir les anciens cimetières, et enfin ce sera un moyen d'utiliser des terrains qui ne pourraient, presque indéfiniment, être employés à aucun autre usage sans danger. Il faudra se garder, en faisant ces plantations, de creuser des trous trop profonds, dans la crainte de tomber sur quelque foyer de décomposition, propre à fournir des miasmes délétères. Si l'on peut être suffisamment renseigné sur les règles suivies dans un cimetière, relativement à la profondeur des inhumations, on se réglera là-dessus. On voit du reste que nous ne considérons pas comme utile, d'une manière absolue, la prescription qui ne permet en France de semer ou planter la superficie d'un ancien cimetière, que dix ans après sa fermeture. Cependant il nous paraît indispensable de soumettre à la surveillance et à l'autorisation spéciale de l'administration toute espèce de tentative pour utiliser un cimetière abandonné pendant l'espace de temps indiqué.

Dans les cimetières qui ne présenteront pas le caractère de saturation, les règles prescrites par l'administration seront suffisantes pour prévenir tout accident. Cependant nous pensons que, dans les cimetières où il y aura eu des fosses communes, la partie consacrée à ces dernières devra être signalée comme devant être l'objet de précautions plus grandes et plus longtemps observées que les autres portions du cimetière.

CONSIDÉRATIONS GÉNÉRALES.

VOIRIES ET CIMETIERES.

I. Si nous jetons un coup d'œil en arrière, et que nous cherchions à rassembler dans un dernier aperçu les résultats généraux de la double étude que nous venons d'entreprendre, nous sommes arrêtés dès le principe par une considération frappante. Il existe dans la nature même des débris organiques qui sont rassemblés dans les voiries ou déposés dans la terre des cimetières ; il existe dans le genre de décomposition auquel chacun d'eux est soumis, et par suite dans les produits que celle-ci enfante, des différences profondes qui devraient se traduire par des modes d'action divers, mais déterminés, qui en seraient comme le corollaire naturel. En effet, si l'on pouvait trouver entre les variations que présente la décomposition putride et les conditions particulières où sont placées les matières putrescibles un rapport constant, il serait facile de se rendre compte, non seulement de l'insalubrité relative des diverses espèces de voiries et des cimetières, et des procédés d'assainissement qui leur conviennent le mieux, mais encore des effets comparés des émanations putrides de nature animale et des effluves végétales.

Mais les mêmes difficultés que nous signalions au début de ce travail reparaissent ici avec plus de force. Il règne sur ces questions si intéressantes et si élevées une obscurité que les efforts et tout le génie de la science moderne n'ont pas encore dissipée. Cependant un lien si étroit rattache ici les applications pratiques à la donnée théorique, que nous ne pouvons nous dispenser de rappeler sur ce point quelques principes de doctrine et d'observation pure.

II. Les corps organisés sont principalement formés de combinaisons d'un petit nombre d'éléments : l'oxygène, l'hydrogène, le carbone, l'azote, le soufre et le phosphore. Aussitôt que la vie a cessé, l'équilibre mobile qu'elle maintenait est rompu, et ces combinaisons, très complexes au point de vue des proportions chimiques, tendent en se métamorphosant, en se réduisant successivement, à former des composés de plus en plus simples des éléments intégrants.

La décomposition générale de ces corps consiste en une série d'actions identiques dans leurs principes, mais diverses à la fois dans leur marche et dans leurs effets. La *fermentation*, qui constitue la première phase des phénomènes de décomposition des matières organisées, est immédiatement suivie, et en quelque sorte mêlée de phénomènes d'oxygénation considérables ou de *combustion lente*. Cette deuxième phase peut s'effectuer presque directement si les corps organisés se trouvent placés à l'abri de l'humidité ou exposés à une température élevée et desséchante. Alors la fermentation est pour ainsi dire supprimée, ou du moins réduite à une faible durée, qui en modifie profondément les manifestations et les effets. On dit alors que le corps organisé se détruit par voie de *pourriture sèche*. C'est ainsi que les animaux se réduisent en poussière dans les déserts de l'Égypte.

La fermentation est aussi complétement, nous ne dirons pas supprimée, mais suspendue, par un froid persistant. On peut citer, à cet égard, l'exemple frappant des mastodontes anté-diluviens enfouis dans les alluvions glacées de la Sibérie, et conservés jusqu'à nos jours à l'état comestible.

Mais, dans les conditions atmosphériques moyennes, c'est-à-dire à des températures comprises entre + 15° et + 55°, et avec le concours de l'humidité, la fermentation occupe toujours une place importante dans la décomposition complète des débris organisés.

III. La *fermentation putride*, c'est-à-dire celle qui s'exerce sur les matières organisées, dont les éléments, outre l'oxygène, l'hydrogène et le carbone, sont encore l'azote toujours et le plus ordinairement le soufre et le phosphore, et qui donne, entre autres produits, des composés très complexes, mal définis, mais parfaitement caractérisés par l'odeur ou plutôt les odeurs putrides, cette fermentation, en se combinant avec les phénomènes d'oxygénation secondaire, constitue la *putréfaction*, dont nous devons chercher à reconnaître les caractères particuliers dans les différentes espèces de matières putrescibles, et les variations suivant les diverses circonstances naturelles ou artificielles.

Quant à la nature des matières putrescibles, il y a lieu de faire une distinction capitale de ces matières en deux catégories. La première est celle des matières organisées, azotées, sulfurées et phosphorées, comprenant la plupart des produits ou débris animaux en une partie de débris végétaux. La seconde est formée des matières organisées peu azotées, comprenant la majeure partie des débris végétaux.

Les matières de la première catégorie entrent très facilement en fermentation putride, et cette fermentation joue le plus grand rôle dans la putréfaction. Les produits sont en partie alcalins, et d'autant plus infects que les proportions du soufre et du phosphore sont plus grandes.

Les matières de la deuxième catégorie, au contraire, entrent difficilement en fermentation; et la fermentation joue un faible rôle dans leur putréfaction. Ses produits sont plutôt acides et beaucoup moins infects que ceux de la première catégorie.

Nous joignons ici, d'après le *Traité de chimie* de M. Girardin (1),

(1) *Leçon de chimie appliquée aux arts industriels*. 3ᵉ édit. Paris, 1846, p. 102.

le tableau comparatif des produits de la putréfaction des deux catégories constatés ou admis par la chimie.

PREMIÈRE CATÉGORIE.	DEUXIÈME CATÉGORIE.
Matières facilement putrescibles.	*Matières difficilement putrescibles.*
Gaz acide carbonique.	Gaz acide carbonique.
— hydrogène carboné.	— hydrogène carboné.
— azote, beaucoup.	— azote, traces.
— hydrogène sulfuré.	Eau.
— hydrogène phosphoré.	Acide acétique.
Ammoniaque.	Substance huileuse.
Eau.	Résidu noir dans lequel le charbon prédomine.
Acide acétique.	
Résidu terreux peu considérable composé de sels, de charbon, d'huile et d'ammoniaque.	

On doit remarquer dans ce tableau la division des produits en matières gazeuses ou volatiles et en matières fixes.

Les proportions de ces deux classes de produit varient beaucoup avec les circonstances de la putréfaction, les résidus solides portent le nom vulgaire de *terreau*, et constituent les engrais naturels, qui sont susceptibles de s'oxygéner complétement, mais sont ordinairement utilisés pour la végétation avant l'accomplissement de cette dernière période de destruction.

IV. Quant à la putréfaction en elle-même, elle se modifie suivant les circonstances, et particulièrement suivant le degré de la température, la quantité d'humidité, la lumière, l'électricité, l'accès plus ou moins facile de l'air, et la nature du milieu où s'accomplit la décomposition. Toutes ces conditions diverses sont suffisamment connues pour que nous ne nous y arrêtions pas longuement ; nous avons d'ailleurs développé celles qui se rapportent spécialement à l'installation des cimetières.

Pour les voiries, c'est surtout à la nature et au caractère particulier des matières putrescibles que tiennent les différences. Il est certain, en effet, que plus les phénomènes d'oxygénation seront avancés et la transformation de la matière organisée complète, moins les émanations putrides seront actives ; de même que leur fétidité tiendra principalement à la proportion de soufre et peut-être de phosphore qu'elles contiendront. Ce fait ressort bien manifestement des différences considérables que l'on rencontre dans les exhalaisons des immondices dont la composition est toujours si complexe et si variée. On peut également comparer, sous ce rapport, le caractère essentiellement distinct des émanations cadavéreuses qui sont principalement dues à la fermentation putride et celles des matières fécales qui appartiennent à une période plus avancée de la décomposition.

Ce sont-là des faits d'observation presque vulgaires qui ne sont, d'ailleurs, pas sans analogie avec les remarques que Parent-Duchâtelet exposait très nettement dans les lignes suivantes : « Deux éléments distincts concourent, par leur réunion, à fournir les émanations qui sortent de la voirie de Montfaucon. Ces deux éléments sont, d'une part, les bassins qui reçoivent toutes les matières fécales de Paris, et de l'autre les chantiers d'équarrissage. Quels que soient l'intensité et le désagrément des émanations fournies par ces deux sources distinctes, il est essentiel d'observer qu'elles présentent des différences notables, suivant qu'elles proviennent de l'une ou de l'autre de ces sources ; ainsi ceux qui ont fréquenté Montfaucon et qui ont fait de cette localité une étude spéciale, ont reconnu, par une suite d'observations, que si les monceaux de matières animales en putréfaction répandent sur le lieu même une odeur bien plus repoussante que les matières fécales, cette odeur putride se dissémine et se fond, pour ainsi dire, plus facilement dans l'air que celle qui provient des matières fécales réunies en très grande quantité. Ainsi, l'odeur particulière à ces dernières matières sera encore reconnaissable à plusieurs kilomètres de distance, tandis que l'odeur des premières cessera d'être sensible à quelques centaines de pas ; c'est, du reste, ce qui s'explique aisément par l'ammoniaque que les matières fécales fournissent en bien plus grande quantité que les autres matières animales. On sait, en effet, que l'ammoniaque est, en quelque sorte, le véhicule des odeurs, qu'il les développe et leur donne pour ainsi dire des ailes (1). »

V. Ces différences dans la nature des matières putrescibles et dans le mode de décomposition auquel elles sont soumises ne peuvent-elles pas, jusqu'à un certain point, déterminer ou du moins expliquer les différences qui paraissent exister dans leur mode d'action et dans l'influence qu'elles exercent sur la santé et sur la vie.

Nous ne reviendrons pas sur les effets généraux que l'on attribue aux émanations putrides; nous ajouterons seulement quelques remarques.

Une première distinction très importante à établir est celle qui existe entre les actions des matières animales et celle des matières végétales. Mais l'une et l'autre se composent de deux éléments qu'il faut ne pas confondre : d'une part, les gaz toxiques et asphyxiants qui donnent lieu au méphitisme, et d'une autre part, le miasme animal ou végétal. Personne n'ignore, en effet, que là où se trouvent réunies les conditions qui donnent naissance aux effluves palustres et à la production de l'hydrogène sulfuré; la fièvre résulte des unes et non de l'autre. De même le *plomb* des fosses d'aisances, qui tue comme un poison, diffère complétement dans son action de ces émanations infectes qui ont produit parfois, tantôt ces accidents si graves, du côté des fonctions digestives et du système nerveux, tantôt ces fièvres épidémiques dont nous avons cité des exemples.

Considérée dans sa nature intime, cette action des émanations miasmatiques offre encore des caractères tout à fait spéciaux, suivant qu'elle a sa source dans un foyer de matières végétales ou animales. La putridité qui résulte des dernières est surtout marquée par la dissolution du sang, c'est-à-dire la diminution de la fibrine et la tendance aux hémorrhagies; les premières, au contraire agiraient sur l'élément globulaire et l'al-

(1) *Mémoire sur les préjugés relatifs à l'hygiène* (loc. cit., p. 245).

bumine du sang, en déterminant la tendance aux hydropisies.

Ces vues très générales et sans doute encore très confuses, ne sont cependant pas étrangères à l'influence que peuvent exercer sur la santé des populations et des individus les émanations putrides qu'élaborent et que versent incessamment dans l'atmosphère les grands foyers de décomposition organique parmi lesquels les voiries et les cimetières occupent une si grande place.

VI. Quel que soit d'ailleurs le degré de nocuité des émanations des corps organisés en décomposition, que leur funeste énergie réside dans les produits de constitution minérale de la combustion lente ou dans des miasmes résultant, soit immédiatement de la fermentation putride, soit de l'acte plus compliqué de la putréfaction ; enfin, que les effets de ces émanations soient seulement du même ordre que les effets des odeurs fortes en général, il n'en est pas moins évident que l'on doit chercher à masquer, à abréger, à modifier, ou enfin à supprimer les phénomènes de la *putréfaction* dans le voisinage des habitations, surtout pour les grandes accumulations forcées de matières putrescibles.

Les procédés les meilleurs à suivre pour arriver à ce but ne sauraient être indiqués d'une manière tout à fait rationnelle dans chaque cas que par une étude approfondie des différentes conditions d'insalubrité de la putréfaction, et de leur développement relatif dans les différentes périodes du phénomène, ainsi que des variations qu'il présente sous l'influence de circonstances bien déterminées. Mais on vient de voir que les progrès les plus récents des sciences chimiques et physiologiques permettent à eine de tracer le programme raisonné d'une telle étude.

Nous devons donc, pour l'application actuelle et comme conclusion de la partie technique de notre travail, nous borner à résumer les principes des méthodes fournies et consacrées par l'expérience en indiquant les rapports de ces principes avec les considérations théoriques précédemment exposées.

Ces principes se réduisent à quatre, actuellement appliqués, savoir :

1° L'*enfouissement sous terre*, dans les terrains meubles et humides. On ramène ainsi principalement la putréfaction à la fermentation et l'on dissémine les produits gazeux et les miasmes dans le sol, d'où ils s'échappent ensuite insensiblement en se brûlant à la surface ou en alimentant directement la végétation. Ce procédé s'applique également aux débris animaux et végétaux. Le seul produit utile est le résidu solide ou terreux qui sert d'engrais. Suivant l'expression hardie de M. Lewis, le but de l'enterrement est de permettre au corps humain, après qu'il a rempli sa destination de retourner aussi rapidement que possible à ses éléments.

2° La *cuisson dans l'eau bouillante* avec perte du bouillon dans les eaux courantes et dessiccation rapide des résidus solides.

L'eau chaude dissout les parties les plus putrescibles, fond et sépare les graisses ; enfin coagule et dégage le reste des matières et les prépare, par conséquent, à la dessiccation. Ce procédé n'a été appliqué et n'est guère applicable, en grand, que pour les débris animaux ; il n'évite qu'incomplétement la putréfaction et exige des précautions particulières pour la perte du bouillon. Les produits utiles sont les graisses séparées et les résidus desséchés qui constituent un engrais.

3° Le mélange avec les *antiseptiques*, principalement l'acide pyroligneux brut et les sels métalliques, notamment le vitriol ou sulfate de fer et le sulfate de zinc.

Par ce procédé on peut à la fois désinfecter et arrêter la putréfaction, car les oxydes métalliques détruisent les composés complexes sulfurés pour former des sulfures ; les acides se combinent avec l'ammoniaque, et le sel lui-même en quantité suffisante se combinerait avec les matières non encore altérées. Ce rôle des antiseptiques n'est pas bien défini ; mais dans l'application qui se fait pour les matières fécales, on n'ajoute ordinairement que la quantité de sel métallique nécessaire pour la désinfection momentanée par des raisons économiques, et aussi, sans doute, pour ne pas nuire à l'emploi des résidus comme engrais. Quand l'opération se fait sur des matières solides et liquides mélangées, il y a toujours précipitation de la partie solide, qui est utilisée pour engrais; la partie liquide qui contient les sels solubles est utilisée dans les fabriques de produits chimiques ou perdue.

4° La *désinfection* par les corps poreux, principalement le *charbon*.

Ce dernier procédé repose seulement sur l'absorption des gaz et matières volatiles, ou l'absorption de l'eau qui amène une dessiccation plus ou moins complète.

C'est seulement lorsque la dessiccation est produite complétement que la putréfaction peut être considérée comme définitivement arrêtée. Mais ordinairement le procédé n'est appliqué que pour la désinfection momentanée des matières fécales et se combine avec le précédent.

Nous pourrions ajouter à ces principes les trois méthodes suivantes :

1° La *combustion vive*, qui remplace complétement la putréfaction, mais n'est plus appliquée de nos jours.

2° La *distillation sèche*, avec condensation des matières volatiles et combustion des gaz. Dans ce procédé, proposé pour tous les débris et produits animaux, on supprime aussi complétement la putréfaction. Le résidu est du noir animal ; les produits condensés sont utilisés en grande partie pour les industries chimiques. Les gaz sont utilisés pour l'éclairage, auquel ils sont très propres.

3° Enfin la *décomposition par la chaux vive*, qui n'est employée qu'accidentellement, et dont on ne paraît pas avoir utilisé les produits, mais qui mérite d'être examinée, car ces produits formeraient, sans doute, d'excellents engrais, et elle a l'avantage de supprimer aussi complétement la putréfaction.

On le voit, le caractère général de ces différents procédés est de fournir, indépendamment de certains produits utiles à diverses industries spéciales, des engrais qui, répandus sur le sol et repris par la végétation, font rentrer immédiatement dans le cercle de la vie universelle la plus grande partie des matières que la mort en avait momentanément fait sortir.

VII. Nous n'aurions qu'imparfaitement fait voir le lien qui, à une certaine hauteur de vue, unit dans l'étude des phénomènes physiques et des applications hygiéniques les voiries et les cimetières, si nous ne montrions en finissant que ces deux questions se tiennent non moins étroitement dans le domaine de l'administration sous le double rapport de la sûreté et de la salubrité publiques. Et, dans ce rapprochement, nous prions qu'on n'oublie pas les réserves que nous avons faites en commençant, au nom des sentiments les plus respectables et les plus sacrés de la morale et de la religion.

Mais, pour peu qu'on veuille bien se reporter aux développements théoriques et pratiques dans lesquels nous sommes entré, on verra que les inhumations et les pompes funèbres sont aux cimetières ce que l'extraction et le transport des matières sont aux voiries. Pour les premières, l'autorité a compris que, dans ce même intérêt de la sécurité et de la santé des populations, elle devait en conserver l'exploitation sous sa dépendance, et lui imposer, par conséquent, telles obligations qu'il lui plairait. L'autorité a compris encore que, dans ce même but, autant que dans l'intérêt des familles, elle ne pouvait laisser multiplier ni les cimetières, ni les entreprises d'inhumations, ni laisser à celles-ci la faculté, soit de porter le tarif de leurs frais à un taux trop élevé, ni tolérer une concurrence qui tournerait inévitablement au préjudice de l'hygiène et de l'ordre public.

Sous ce rapport, l'autorité a donc fait ce qu'elle a le droit de faire dans l'intérêt général ; elle a prescrit pour chaque ville ou village un ou plusieurs cimetières ; elle n'autorise qu'une entreprise d'inhumations et de pompes funèbres ; elle prescrit les formalités à remplir lors des décès, les déclarations, les délais pendant lesquels doit s'opérer l'enlèvement des corps, la présence d'agents de l'autorité ; elle prescrit encore la forme des voitures destinées au transport des corps, les heures du jour pendant lesquelles peut s'opérer ce transport ; elle règle le tarif des prix des différentes classes de convois, en fait la répartition comme bon lui semble, enfin en agit en toute circonstance à l'égard de ce genre d'entreprise, d'après un droit de mainmise que tout le monde approuve, parce que tout le monde reconnaît que ce droit est dans un but d'intérêt général.

Malgré tout ce que le respect humain inspire d'éloignement pour un rapprochement quelconque à établir entre deux opérations, à l'une desquelles président constamment les plus graves intérêts et les émotions les plus douloureuses, tandis que l'autre n'inspire que le dégoût, disons que dans les formes matérielles et dans le but il se trouve cependant une grande analogie. La pratique de la médecine légale fournit, à cet égard, les plus curieux exemples. La recherche des crimes s'étend à la fois dans le cimetière, d'où on exhume le cadavre, et dans la voirie, où l'on découvre si souvent dans le résidu des vidanges d'irrécusables pièces à conviction. Il ne se passe pas de mois où l'on ne rencontre au dépotoir de la Villette des cadavres d'enfants nouveau-nés apportés dans des tonnes dont la provenance connue met presque toujours sur la trace des coupables. Aussi le jour où l'on proclamerait la liberté absolue de l'industrie des vidanges la justice aurait perdu un moyen sûr et facile d'arriver, dans plus d'un cas, à la constatation de la vérité. Citerons-nous enfin cette curieuse remarque d'un entrepreneur de vidanges, dont la rudesse montre dans toute sa nudité la portée du rapprochement que nous indiquions. C'est que l'analogie se retrouve jusque dans le nombre des opérations, et qu'il y a, à peu de choses près, autant de fosses à vider quotidiennement dans Paris que d'inhumations à faire.

Nous avons vu dans quel intérêt l'autorité a conservé sous sa domination l'entreprise des pompes funèbres et celle des cimetières. Maintenant examinons quelle est la position des voiries et des entreprises de vidange, comparée à celle des deux entreprises que nous venons de signaler. Exactement la même sous le rapport de la domination que l'autorité exerce sur elles. Seulement l'administration n'a pas limité le nombre des entreprises de vidange, et elle ne réglemente pas ses prix; mais elle a le droit de prescrire le mode d'opérer les travaux, d'indiquer le lieu de dépôt des matières, de verbaliser, suspendre et même interdire; elle prescrit le mode de transport, les heures de travail, les formalités à remplir avant et après la vidange; elle exige un certain matériel; elle en vérifie annuellement la quantité, son bon ou son mauvais état, et, dans ce dernier cas, en interdit l'usage. Enfin, à l'exception du règlement du tarif et de la fixation du nombre d'exploitants, les voiries et les vidanges sont exactement, vis-à-vis de l'autorité, dans la même situation que celle où se trouvent les cimetières et les pompes funèbres.

Sans pousser plus loin cette comparaison, qui n'est pas seulement spécieuse, nous terminerons en proclamant très haut que, dans la plupart des grandes villes de France, et surtout à Paris, les améliorations les plus importantes, les progrès les plus réels ont été accomplis récemment dans la salubrité des voiries et des cimetières; et que si, dans un trop grand nombre de localités, et surtout de communes rurales, il reste encore beaucoup à faire sur ces deux points, le zèle éclairé des conseils d'hygiène publique d'arrondissement et des administrateurs qui s'inspirent de leurs lumières est un sûr garant de la constante sollicitude avec laquelle sera poursuivie, partout dans notre pays, une réforme qui touche à la fois aux plus graves intérêts de la salubrité et de la prospérité agricole de la France.

TABLE DES MATIÈRES.

DEUXIÈME PARTIE. — CIMETIÈRES.

CONSIDÉRATIONS GÉNÈRALES.

Paris. — Imprimerie de L. MARTINET, rue Mignon, 2

ANNALES
D'HYGIÈNE PUBLIQUE

ET

DE MÉDECINE LÉGALE,

PAR MM.

ADELON, ANDRAL, BAYARD,
BOUDIN, BRIERRE DE BOISMONT, CHEVALIER, DEVERGIE,
GAULTIER DE CLAUBRY, GUÉRARD, KERAUDREN,
LEURET, ORFILA, AMB. TARDIEU, A. TRÉBUCHET, VILLERMÉ.

L'hygiène, qui, chez les anciens, occupait une si large place dans les institutions sociales, a été, parmi les modernes, longtemps laissée dans un oubli aussi injuste qu'inexplicable, ou abandonnée aux efforts trop souvent impuissants de quelques savants isolés.

On a droit d'être surpris d'une pareille indifférence envers une science à laquelle se rattache tout ce qui intéresse la santé de l'homme, depuis l'air qu'il respire jusqu'aux aliments et aux boissons dont il se nourrit, depuis la demeure qu'il habite jusqu'aux vêtements dont il se couvre, la profession qu'il exerce, les passions qui l'agitent, les maladies qui le frappent isolément ou qui exercent leurs ravages sur des populations entières.

Toutefois, à diverses époques, et particulièrement depuis le milieu du siècle dernier, on a senti le besoin de mettre en harmonie les prescriptions administratives avec les données scientifiques. La Société royale de médecine, alors de création récente, s'est empressée de répondre à l'appel qui lui était fait d'éclairer l'autorité supérieure sur une foule de questions hygiéniques. Les travaux de cette célèbre Société sur les épidémies, les endémies, les épizooties, les ateliers et professions insalubres, les voiries, les fosses d'aisance, les exhumations, les matières alimentaires, l'éducation physique des enfants, la topographie médicale, etc., sont des modèles de ce genre de recherches, et peuvent encore être consultés aujourd'hui avec le plus grand fruit.

Le conseil de salubrité, établi en 1802 près la préfecture de police, est la première institution régulière placée comme auxiliaire et sous la main de l'administration, qui renvoie à son examen toutes les questions intéressant plus ou moins directement la santé publique.

Les services rendus par cette institution l'ont fait promptement adopter par presque toutes les grandes villes de France, et lui ont valu récemment l'honneur de servir de modèle à la nouvelle organisation qui vient d'être adoptée par le gouvernement dans la création des *Conseils d'hygiène et de salubrité.*

En 1829, une réunion de savants entreprit la publication d'un recueil périodique consacré à l'*hygiène publique* et à la *médecine légale.* Ce recueil , qui est devenu comme les archives de ces deux sciences , a publié les travaux les plus importants émanés du conseil de salubrité ; il a enregistré toutes les découvertes concernant les sciences auxquelles il était consacré , et, par suite de l'organisation des Conseils d'hygiène, il peut seul fournir l'ensemble des documents nécessaires à la solution de la plupart des questions qui sont du ressort de ces Conseils.

Des documents relatifs à la population, aujourd'hui plus complets qu'ils n'ont jamais été, permettent d'aborder et de résoudre une foule de questions sur les conceptions, les naissances, les chances de maladies, l'influence des professions, les lois de la mortalité, etc. ; le compte rendu du ministère de la justice a rendu faciles des recherches jusqu'alors inabordables , celles qui ont pour objet l'état moral de l'homme, ses perversions, ses crimes.

Les acquisitions récentes faites dans les sciences physiques et naturelles , une analyse plus rigoureuse des phénomènes de l'intelligence, ont fourni aux médecins appelés devant les tribunaux d'utiles renseignements pour la juste application des lois.

Sans entrer dans des détails fastidieux sur les matières traitées dans nos *Annales*, nous nous bornerons, pour donner une idée de leur importance , à énoncer quelques unes de celles qui sont d'un intérêt général.

Aliments et boissons. — Note sur le lait vendu à Paris , *Barruel*. — Mémoire sur le lait, *Quevenne*. — Falsifications du lait, *Quevenne, Gaultier de Claubry*. — Maladie aphtheuse des vaches laitières, *Huzard*. — Sur les bonbons colorés, *Barruel*. — Mémoire sur le café chicorée, *Chevallier*. — Effet des émanations putrides sur les aliments, *Parent-Duchâtelet*. — Altération de l'eau des puits de Chaville, *Fremy*. — Altération de l'eau pluviale, *d'Arcet*. — Filtrage des eaux par les appareils de Fonvielle et par le charbon. — Rendement des farines, *Hausmann*. — Analyse du blé, *Millon*. — Emploi des substances salines dans la préparation du pain, *Kuhlmann*. — Le blé contenant des charençons peut-il être vendu? — Du chaulage des grains par les substances toxiques, *Chevallier*. — Fabrication du pain, moyens de reconnaître dans la farine le mélange do substances étrangères, et Rapport sur le rendement de la farine en pain, *Gaultier de Claubry*. — Inconvénients des ustensiles en zinc, *Chevallier et Arthaud*. — Falsifications des farines et du vinaigre, *Chevallier, Gobley et Journeil*. — Falsifications du sel marin , *Chevallier*. — Effets de l'abus des boissons spiritueuses, *Roesch*. — Effets des boissons froides, *Guérard*. — Empoisonnement par des viandes altérées, *Ollivier d'Angers*. — Commerce de la viande à Paris , *de Kergorlay*. — De la production et de la consommation de la viande au point de vue de l'hygiène, *Boudin*. — Subsistances de la France, *Hausmann*. — Rapports des subsistances avec les maladies et la mortalité, *Mélier*. — Influence de l'aisance et de la misère sur la mortalité, *Marc d'Espine*.

Professions. — Mémoire sur la durée des familles nobles en France. — De la durée de la vie humaine dans les principaux états de l'Europe, *Benoiston de Châteauneuf*. — Mémoire sur la santé des ouvriers employés dans les manufactures de tabac, *Parent-Duchâtelet et d'Arcet*. — Même sujet, *Mélier*. — Sur les débardeurs de la ville de Paris, *Parent-Duchâtelet*. — Maladies des imprimeurs, des cérusiers, des couteliers, des ouvriers qui travaillent le cuivre, le vert arsenical, etc., *Chevallier*. — De

a mortalité des nègres dans les sucreries de la Martinique, *Rufz*.
— Influences de certaines professions sur le développement de la
phthisie pulmonaire, *Benoiston de Châteauneuf*, *Lombard*. — État
sanitaire et mortalité des armées de terre et de mer : Études hygiéniques sur le recrutement de l'armée, *Boudin*. — De la santé des ouvriers des fabriques de soie, de coton et de laine, *Villermé*. — Accidents
causés par les filatures, *Pigeotte*. — Des accidents causés par les mécaniques dans les établissements industriels. — Préparation des poudres
fulminantes, *Barruel*, *Gaultier de Claubry*. — Influence de l'industrie
sur la santé des populations, *Thouvenin*. — Modifications physiques et
chimiques déterminées par les professions, *Ambroise Tardieu*. — Des
sociétés de prévoyance et de secours mutuels ; des cités ouvrières, *Villermé*. — Des lois de la population, *Boudin*.

Air, Ventilation, Miasmes. — Assainissement des salles de spectacle,
d'Arcet. — Moyen de respirer les gaz délétères, *d'Arcet*, *Gaultier de
Claubry*, *Parent-Duchâtelet*. — Nomenclature et note sur les établissements insalubres, *Trébuchet*. — Curage et assainissement des égouts,
d'Arcet, *Gaultier de Claubry*, *Parent-Duchâtelet*, etc. — De la suppression de la voirie de Montfaucon, *Gaultier de Claubry*. — Gaz méphitiques des caveaux mortuaires des cimetières, *Pellieux*. — Asphyxie par le
gaz de l'éclairage, *Devergie et Paulin*. — Sur les égouts de Paris, de
Londres et de Montpellier, *Chevallier*. — Assainissement des salles de
dissection, *Parent-Duchâtelet*, *d'Arcet*. — Chantiers d'écarrissage de
Paris, *Parent-Duchâtelet*. — Désinfection instantanée des matières putrides, *Parent-Duchâtelet*. — Influence des féculeries sur la santé, *Orfila et Parent-Duchâtelet*. — Influences des marais sur la vie, *Villermé*.
— Influence des localités marécageuses sur la production de la phthisie
et de la fièvre typhoïde, *Boudin*. — Ventilation des hôpitaux, *Poumet et
Papillon*. — Ventilation des édifices publics, *Guérard*. — Mémoire
sur les marais salants, *Mélier*. — Acclimatement dans les pays chauds,
Aubert-Roche. — Acclimatement en Algérie, *Perrier et Boudin*. —
Études d'hygiène publique sur l'Angleterre, *Ostrowski*. — Travail des
enfants dans les houillères de la Grande-Bretagne et de la Belgique,
Ducpetiaux, *Villermé*. — Améliorations à introduire dans le travail des
fosses d'aisance, *Parent-Duchâtelet*, *Chevallier*, *Labarraque*, *Gaultier de
Claubry*. — Fonte des suifs, *Gaultier de Claubry*. — Nettoiement de la
ville de Paris, *Chevallier*. — Eclairage de Paris, *Trébuchet*. — Statistique
des décès dans la ville de Paris, *Trébuchet*. — Topographie médicale de
Paris, *Bayard*. — Hygiène des hôpitaux de Paris, *Bouchardat*. — Hygiène et mortalité de la ville de Rennes, *Toulmouche*. — Mortalité, épidémies, endémies, etc.; chorée épidémique du moyen âge, *Hecker*. —
Mortalité et folie dans le régime pénitentiaire, *Moreau Christophe*. —
Des épidémies considérées sous le rapport de l'hygiène publique, *Villermé*. — Influence des saisons sur la mortalité, *Lombard*. — Mortalité
dans les prisons, *Villermé*. — Régime pénitentiaire, *Benoiston de Châteauneuf*. — Influence du régime pénitentiaire sur le poids des prison-
niers, *Marc-Despine*. — Influence des prisons sur la santé des détenus,
Boileau-Castelneau. — Histoire et statistique de la maison de Charenton,
Esquirol. — Des établissements d'aliénés en Angleterre, en Belgique,
en Hollande, *Brierre de Boismont*. — Construction et direction des
asiles des aliénés, *Girard*. — De l'insalubrité des rizières, *Boileau*. —
Des causes d'insalubrité et de stérilité des terres d'une vallée du Jura,
Germain.

Analyses des travaux du Conseil de salubrité. — Rapport sur l'organisation du Conseil de salubrité de Paris, *Parent-Duchâtelet*. — Rapport sur l'établissement des conseils de salubrité départementaux, *Marc*, etc.

Des attributions respectives du médecin et du chirurgien dans les maisons d'aliénés, *Adelon*. — Du secret en médecine, *Trébuchet*. — Responsabilité médicale, *Dalboussière*. — Question de vie et de viabilité, *Marc*. — De la déclaration à l'état civil des enfants morts-nés, *Tardieu*. — Question d'embryologie médicale et théologique, *Kerkaradec*. — Du sexe de l'enfant considéré comme difficulté dans la parturition, *Chereau*. — Appréciation des causes de fractures des os des enfants dans les enquêtes judiciaires, *Ollivier d'Angers*. — Histoire médico-légale des grossesses simulées, *Tardieu*. — Secours aux asphyxiés, *Marc*. — Essai sur les cicatrices, *Malle*. — Maladies simulées, *Ollivier d'Angers*. — Recherches médico-légales et microscopiques sur la matière cérébrale desséchée, *Orfila* et *Robin*. — De la combustion humaine spontanée, *Tardieu* et *Rota*. — Incendies spontanés, *Chevallier*. — Considérations sur la monomanie, *Marc*. — Recherches sur les noyés, *Devergie*. — Examen du squelette dans les recherches concernant l'identité, *Ambroise Tardieu*. — Cas divers d'identité, *Bayard*. — Taches sur le linge, moyens d'en reconnaître la nature, *Chevallier*, *Bayard*. — Histoire médico-légale des blessures mortelles et des plaies par arrachement, *Tardieu*. — Exhumations juridiques, *Orfila*. — Marche de la putréfaction cadavérique et caractère des brûlures faites pendant la vie, *Champouillon*. — Commerce des sangsues, *Chevallier* et *Soubeiran*. — Diverses espèces de suicides, *Brierre de Boismont*. — Rapport médico-légal sur la folie homicide, *Aubanel*. — Statistique de la folie, *Thurnam*. — Observations médico-légales sur l'état d'ivresse, *Tardieu*. — Empoisonnements pratiqués par les nègres, *Rufz*. — Enfin tous les travaux de MM. *Orfila*, *Chevallier*, *Gaultier de Claubry*, *Devergie*. etc., sur les empoisonnements par l'arsenic, le plomb, le mercure, les acides chlorhydrique, sulfurique, cyanhydrique, etc. — Les mémoires sur la suspension et l'asphyxie par MM. *Marc*, *Duchesne*, *Ollivier d'Angers*, *Devergie*, etc. Celui de M. *Tourde*, sur les blessures de l'artère mammaire interne, etc., etc.

Les *Annales d'hygiène publique et de médecine légale* paraissent depuis 1829 régulièrement tous les trois mois par cahiers de 15 à 16 feuilles d'impression in-8, environ 250 pages, avec des planches gravées.

Le prix de l'abonnement par an pour Paris est de. . . . . 18 fr. 24 fr., *franc de port*, pour les départements. — 24 fr. pour l'étranger.

La collection complète de 1829 à 1850, dont il ne reste que peu d'exemplaires, 44 vol. in-8, fig., prix : 396 fr. — Les dernières années séparément ; prix de chaque. . . . . 18 fr.

ON SOUSCRIT A PARIS,

CHEZ J.-B. BAILLIÈRE,

LIBRAIRE DE L'ACADÉMIE NATIONALE DE MÉDECINE,

Rue Hautefeuille, 19.

A Londres, chez H. BAILLIÈRE, 219, Regent-Street.
A Madrid, chez C. BAILLY-BAILLIÈRE, Calle del Principe, 11.

PARIS. — IMPRIMERIE DE L. MARTINET, RUE MIGNON, 2. Quartier de l'École-de-Médecine.